국가란 무엇인가

유시민 지음

2011년 4월 18일 초판 1쇄 발행
2017년 1월 23일 개정신판 1쇄 발행
2024년 12월 27일 개정신판 43쇄 발행

펴낸이 한철희 | 펴낸곳 돌베개 | 등록 1979년 8월 25일 제406-2003-000018호
주소 (10881) 경기도 파주시 회동길 77-20 (문발동)
전화 (031) 955-5020 | 팩스 (031) 955-5050
홈페이지 www.dolbegae.co.kr | 전자우편 book@dolbegae.co.kr
블로그 blog.naver.com/imdol79 | 트위터 @Dolbegae79 | 페이스북 /dolbegae

주간 김수한
책임편집 윤현아
표지디자인 민진기 | 본문디자인 민진기·이은정·이연경
마케팅 심찬식·고운성·조원형 | 제작·관리 윤국중·이수민
인쇄·제본 영신사

ISBN 978-89-7199-801-4 (03340)
이 도서의 국립중앙도서관 출판시도서목록(CIP)은 서지정보유통지원시스템(http://seoji.nl.go.kr)과
국가자료공동목록시스템(http://www.nl.go.kr/kolisent)에서 이용하실 수 있습니다.(CIP제어번호:
CIP2017001069)

개정신판

국가란 무엇인가

유시민 지음

돌베개

1. 이 책은 2011년에 출간된 유시민의 『국가란 무엇인가』(돌베개)의 개정신판이다.

2. 외국 인명과 지명, 도서명 등은 국립국어원 외래어 표기법과 용례를 따랐다. 다만 국내에서 이미 굳어진 인명과 지명의 경우에는 통용되는 표기로 썼다. 또한 국내에 번역소개된 책은 번역된 제목을 그대로 썼다.

3. 단행본과 정기간행물, 신문명에는 겹낫표(『 』)를 논문, 기사에는 낫표(「 」)를, 영화에는 홑꺾쇠(〈 〉)를 썼다.

바람을 거슬러 나는 새들에게

이 책 초판 원고를 쓴 때는 2010년이었다. 쉼 없이 이어진 회의와 지방 출장의 틈새시간을 이용해 국회도서관에서 대출받은 국가론 관련 문헌을 읽고 중요한 내용을 메모하면서 초고를 썼다. 이제 겨우 6년이 지났을 뿐이다. 그런데도 개정신판을 내기로 한 것은 두 가지 사정 때문이다.

첫째, 내가 하는 일이 달라졌다. 초판을 쓸 때 나는 국민참여당이라는, 지금은 사라지고 없는 작은 정당의 대표였다. 직업정치인으로서 국가와 정치에 관해 시민들과 의견을 나누고 싶어서 책을 썼다. 당연히 정치인의 시각과 문제의식이 녹아들 수밖에 없었다. 서문과 7장, 8장, 9장, 맺음말이 특히 그랬다. 그런데 나는 2013년 이후 직업정치의 세계를 벗어나 전업 작가로 살고 있다. 이 책은 정치인으로서 쓴 것이니 시간이 흐르면 자연스럽게 절판하게 되리라고 생각했다. 그런데 예상과 다르게, 많지는 않아도 찾는 독자가 꾸준히 있었다. 직업정치인으로서 무엇인가를 주장한 대목을 덜어내고 객관적인 입장에서 국가와 정치를 분석하는 지식인의 시각을 더 분명하게 입히면 그런대로 읽을 만한 국가론 교양서가 될 수도 있을 것 같았다.

둘째, 정치상황이 바뀌었다. 초고를 썼던 2010년은 이명박 정부 3년차였다. 이명박 정부 첫해였던 2008년에는 미국산 쇠고기 수입 위생조건을 전격 완화한 정부 방침을 비판하는 시민들이 대규모 촛불시위를 벌였다. 2009년 1월에는 용산참사라 일컬어지는 비극이 터졌고, 5월에는 퇴임한 지 1년이 갓 지난 전직 대통령이 스스로 목숨을 끊는 사건이 벌어졌다. 나는 이 모두가 '권력의 폭주(暴走)'가 부른 참사라고 판단하고 그런 문제의식을 책에 담았었다.

그런데 2016년 10월 24일 JTBC가 최순실 등의 국정농단과 박근혜 대통령의 헌법 파괴 행위를 입증하는 태블릿PC 관련 사실을 보도한 이후 펼쳐진 정치상황은 새로운 문제의식을 던져주었다. JTBC의 태블릿PC 보도 이후 7주가 채 지나기 전에 국회가 대통령 탄핵소추안을 의결한 그 사태에서는, 이명박 정부 때와 달리 권력의 폭주가 아니라 국가의 사유화와 정부의 오작동이라는 문제가 국민의 관심사로 떠올랐다. 시민들은 2014년 세월호 참사와 2015년 메르스 파동 때 드러난 정부의 무능과 국가의 무기력은 단순한 우연이 아니었다는 것을 알게 되었다. 국가권력을 사유화하고 오남용한 대통령과 측근들의 행위가 만인의 눈앞에 노출되자 대통령의 정치적 정통성이 무너지고 정부의 기능이 사실상 정지되었다. 주말마다 대규모 촛불집회가 벌어졌고 압도적 다수의 시민들이 대통령의 하야와 국회의 탄핵을 요구했다. 평화롭지만 혁명적이었던 촛불집회의 파도는 결국 국회의 대통령 탄핵을 이끌어냈다. 숨 가쁘게 몰아쳤던 정치적 소용돌이는 일단 가라앉았다. 그러나 촛불을 든 시민들이 던졌던 질문은 광장에 그대로 남아 있다. '이것이 국가인가?' 나도 스스로 이 질문을 던지며 다시 한 번 대답을 찾아보았다.

초판본을 읽은 독자라면 개정신판을 굳이 읽을 필요가 없다는 점을 분명하게 말씀드린다. 색조가 바뀌고 일부 수정하거나 덧붙인 데가 있을 뿐 근본적으로 달라진 게 없기 때문이다. 덧붙여서 독자들이 더 쉽고 명료하게 이해할 수 있도록 문장을 전반적으로 손보았다는 사실을 말씀드린다. '떡 본 김에 제사 지낸다'는 게 괜히 나온 말은 아닌 모양이다. 지난 몇 년 동안 글쓰기 강연을 다니고 글쓰기 관련 책을 쓰면서 초판의 문장이 만족스럽지 않다고 느꼈던 터라 개정신판을 내는 기회를 활용해 문장을 손보았다. 다만, 초판 서문만큼은 최초의 문제의식을 보여드리기 위해 그대로 두었다.

이 책에는 인용문이 많다. 초판에서는 대부분 원문 그대로 가져다 본문에 넣었지만 개정신판에서는 원문의 취지와 논리를 훼손하지 않는 범위에서 표현과 문장형태를 바꾸고 내용을 축약했다. 독자들이 더 편하고 명확하게 독해할 수 있도록 하기 위해서였다. 원저의 문장을 확인하고 싶은 독자들은 어느 책 몇 쪽에서 인용했는지 표시해둔 미주(尾註)를 참고해주시기 바란다.

더 훌륭한 국가에서 살고 싶은 시민들에게 본문에 나오는 아리스토텔레스의 말을 미리 들려드리고 싶다. 100만 개의 촛불 가운데 하나가 되고 싶다는 소망을 품고 눈보라 치는 광장에 섰던 시민들에게 따뜻한 응원이 될 것이라 믿는다.

"훌륭한 국가는 우연과 행운이 아니라 지혜와 윤리적 결단의 산물이다. 국가가 훌륭해지려면 국정에 참여하는 시민이 훌륭해야 한다. 따라서 시민 각자가 어떻게 해야 스스로가 훌륭해질 수 있는지 고민해야 한다."

2017년 1월
'자유인의 서재'에서
유시민

분노에 찬 함성을 지르며 내달리는 시민들, 돌과 최루탄이 난무하는 거리, 시민들에게 총을 쏘는 군인들, 폭탄 트럭을 몰아 군부대로 돌진하고 스스로 몸을 불태우며 저항하는 젊은이들, 도처에 널린 시신, 약탈당한 상점, 국경 검문소 앞에 인산인해를 이룬 난민 행렬, 부모를 잃고 울부짖는 아이들, 굶주림과 갈증에 지쳐 쓰러진 노인들, 외국으로 달아나는 독재자. 2011년 벽두, 아프리카와 중동의 나라들이 누구도 예상하지 못했던 시민혁명의 해일에 휩쓸렸다. 우리는 텔레비전 화면에서 이 모든 광경을 보고 들었다. 그곳에서는 모든 이의 삶이 위험에 직면했다. 독재자와 그 추종자들의 삶조차도 안전하지 않았다. 누구도 자신이 꿈꾸는 훌륭한 삶을 살 수 없었다.

우리는 광복 직후의 혼란기와 한국전쟁, 1960년 4·19혁명과 다음 해의 5·16군사쿠데타, 1980년 '서울의 봄'과 5·18광주민중항쟁,

그리고 1987년 6월 민주항쟁 때 비슷한 일들을 직접 보고 겪었다. 오늘날 한국 언론이 이집트혁명과 리비아 내전을 보도한 것과 꼭 같이, 당시 외국 언론은 시민혁명의 물결이 덮친 한국 상황을 보도했다. 대한민국은 그런 나라였다. 대규모 시위와 혁명, 내전이 벌어지는 곳에서 사람들은 훌륭한 삶을 살 수 없다. 그리고 혁명은 사람들이 훌륭한 삶을 살 수 없는 사회에서 일어난다. 인류 문명의 역사에서 수없이 터져 나왔던 혁명들은 우리에게 이렇게 말한다. "훌륭한 국가 없이는 시민들의 훌륭한 삶도 있을 수 없다." 그렇다. 그 모든 혁명의 중심문제는 언제나 '국가'였다.

우리는 훌륭한 국가에서 살고 있는가? 흔쾌히 답할 수가 없다. 우리는 독재와 억압, 혁명, 내전, 절대빈곤과 정치적 혼란을 극복했다. 그러나 아직 대한민국이 '훌륭한 국가'라고 말할 수는 없다. 생생한 기억이 그대로 남아 있고 지금 이 시각에도 진행 중인 사건들을 둘러보라. 촛불을 들고 찬바람 부는 거리로 쏟아져 나온 시민들, 일터를 빼앗기고 절망감에 빠져 목숨을 버리는 노동자들, 대학 건물 귀퉁이 청소용구를 쌓아둔 콘크리트 바닥에 쪼그리고 앉아 밥을 먹는 여성 노동자들, 칼바람 몰아치는 한겨울 아스라이 높은 타워크레인 위에 몸을 실은 노동조합 활동가들, 빈 건물 옥상에 망루를 설치하고 자신의 권리를 돌려달라며 울부짖는 철거민들. 그리고 갑옷으로 무장한 채 그 모두에게 몽둥이와 방패를 휘두르는 경찰관들, 헬리콥터의 굉음, 물대포, 불타오르는 망루, 목숨을 잃은 시민들, 통곡하는 유족들. 이것은 훌륭한 삶이 아니다. 그 누구도 그런 삶을 꿈꾸지 않는다. 그런데도 지금 여기서, 대한민국 안에서, 이 모든 일들이 벌어지고 있다. 사람들 사이에 정의가 수립되지 않았고, 국가는 시민을 보호하지 않는다. 정의를 외면하는 국가, 선량한 시민 하나라도 버리는 국가는 결코 훌륭한 국가라고 할 수 없다. 이런 국가에서는 시민의 삶도 훌륭하기 어렵다.

당신은 자신의 삶에 만족하는가? 만약 그렇다면 그것은 스스로 노력한 결과일 것이다. 잘 길러주고 공부할 수 있게 해준 부모님 덕분이기도 하다. 그러나 적어도 그 절반은 당신이 대한민국에서 태어났다는 데 힘입은 것이다. 국가가 융성한다고 해서 그 나라의 모든 국민이 풍요롭고 행복할 수는 없다. 그러나 혼란스럽고 가난하고 폭력과 무질서가 판치는 나라에서 태어난 사람이 훌륭한 삶을 누릴 가능성은 매우 희박하다. 주어진 기회를 살리는 것은 개인의 몫이지만, 어떤 기회를 얻을 수 있는지는 일차적으로 국가의 상황에 좌우된다. 우리 삶에서 훌륭한 나라에서 태어나 살고 후손들에게 더 훌륭한 나라를 물려주는 것만큼 가치 있는 일은 별로 많지 않다.

지구 행성에서 살아가는 70억 인류는 거의 다 '국민국가'(nation state)라는 정치적·경제적·역사적·문화적 공동체 안에서 삶을 영위한다. 국민국가는 자기의 영토와 국민에 대해 배타적 권리와 책임을 보유하며 모든 국민에게 합법적이고 정당하다고 간주되는 강제력을 행사한다. 좋든 싫든 국가와 관계를 맺지 않고 살아갈 수 있는 사람은 없다. 삶의 절반은 어느 나라에서 태어났는가에 따라 결정된다. 우리의 생각은 국민국가의 울타리를 넘어 세계로 우주로 뻗어나갈 수 있지만, 우리의 몸과 삶은 국민국가를 떠나지 못한다.

당신은 대한민국이 마음에 드는가? 그럴 수도 있고 그렇지 않을 수도 있다. 우리들 각자는 이 나라를 좋아하거나 싫어할 자유가 있다. 내가 이 나라를 싫어한다고 해서 누가 나를 해치지는 않는다. 그런데 대한민국이 내 마음에 들지 않는다면, 나는 무엇을 할 수 있을까? 또는 무엇을 해야 할까? 선택할 수 있는 대안이 둘 있다. 하나는 다른 국적을 취득하는 것이다. 지난 100여 년 동안 강제로 다른 나라에 가서 살아야 했던 한국인도 많았지만, 스스로 이민을 선택한 사람도 많았고 지금도 마찬가지이다. 자발적 이민은 존중해야 마땅한 삶의 설계이며, 누구도 비난할 수 없는 실존적 선택이다. 모든 지구인에게 그렇게 할 자유와 권리를 무제한 부여한다면, 지금 당장 수십억 명이 그런 선택을 할 것이다. 다른 하나는 내 마음에 들도록 국가를 바꾸는 길이다. 이것 역시 존중해야 마땅한 실존적 선택이다. 다른 국적을 취득한 사람보다 훨씬 더 많은 한국인이 이 길을 걸었다. 이 일을 하기 위해 나라 밖으로 간 분들도 적지 않았다.

오늘 우리가 사는 대한민국은, 다른 모든 국민국가가 그런 것처럼 수많은 사람들이 바친 열정과 헌신, 눈물과 희생의 산물이다. 나는 대한민국이 더 훌륭한 국가가 되기를 소망한다. 그 소망을 이루기 위해 내가 할 수 있는 일을 하려고 애썼으며, 앞으로도 할 수 있다면 그 무엇이든 하고 싶다. 그렇다면 어떤 국가가 훌륭한 국가일까? 어떤 객관적 지표나 평가기준을 만들 수도 있겠지만, 종국적으로는 각자의 철학과 가치관에 따라 판단을 달리할 수 있을 것이다. 나는 "사람들 사이에 정의를 세우고 모든 종류의 위험에서 시민을 보호하며 누구에게도 치우치지 않게 행동하는 국가"가 훌륭한 국가라고 생각한다. 국가는 수천 년 전에 생겨났으며 오로지 악만 행하지도 오직 선만 행하지도 않았다. 오늘날에도 모든 국가들이 악과 선을, 불의와 정의를 동시에 행하고 있다. 그렇지만 국가는 과거에 비해 악을 더 적게, 선을 더 많이 행하는 쪽으로 진화해왔다고 믿는다. 이것이 문명과 역사와 인간의 진보라고 생각한다.

훌륭한 국가 없이는 훌륭한 삶을 살 수 없기에, 사람들은 묻고 시도하고 좌절하고 또 도전한다. 도대체 국가란 무엇인가? 누가 국가를 다스려야 하는가? 국가의 도덕적 이상은 무엇인가? 어떤 방법으로 그 이상에 다가설 수 있는가? 대한민국을 더 훌륭한 국가로 만들려면 국민은 각자 무엇을 어떻게 해야 하는 것일까? 정치를 통해 이 목적을 추구하는 사람은 어떤 자세로 일해야 하는가? 나는 이런 의문들에 대한 답을 찾고 싶었다. 이 책은 오늘의 시점에서 내가 찾은 대답이다. 이 대답이 옳을 수도 있고 옳지 않을 수도 있다. 옳다고 해도 절대적 진리라고 할 수는 없다. 국가에 대해서는 절대적 진리라는 것이 있을 수 없다는 생각도 든다. 나는 다만 사람들과 더 깊은 대화를 나누고 싶어서 이 책을 썼다. 어떤 공동체를 원하는지, 어떤 방법으로 그 공동체를 만들 수 있는지, 각자의 소망과 신념을 분명히 하고 함께 토론함으로써 우리 모두가 더 훌륭한 국가의 더 훌륭한 시민이 될 수 있다고 나는 믿는다.

이 책을 만들면서 많은 분들의 도움을 받았다. 국회의원 홍영표 님은 참고문헌과 자료를 찾는 것을 기꺼이 도와주셨다. 돌베개출판사 대표 한철희 님과 편집부의 소은주 님, 김태권 님은 초고를 꼼꼼하게 검토하여 논리의 비약이 있거나 서술이 불명료한 부분을 교정하고 보충할 수 있도록 힘을 보태주셨다. 민진기 님은 책에 멋진 옷을 입혀

주셨다. 참여정책연구원 부원장 노항래 님과 연구실장 이한복 님, 홍보실장 김시중 님, 연구위원 김희숙 님은 바쁜 업무에도 불구하고 자료 수집과 분류, 주제 선정과 마지막 원고 교정 단계까지 자기 일처럼 관심과 지원을 아끼지 않았다. 국민참여당 대변인 이백만 님도 마무리에 도움을 주셨다. 이 모든 분들과 아울러, 평범한 독자의 눈으로 초고를 검토하여 날카로운 비평과 따뜻한 격려를 주었던 아내 한경혜 님에게 큰 감사의 마음을 전하고자 한다.

2011년 4월

유시민

차례

개정신판 서문   6
초판 서문   10

제1장   국가란 무엇인가 1—합법적 폭력

남일당 빌딩에 나타난 국가   24
리바이어던, 국가의 탄생   29
전제군주제—홉스의 이상국가   32
만약 국가가 없다면—소말리아와 시리아   35
마키아벨리의 통치술   40
대한민국의 기원—한국전쟁   44
이념형 보수—국가주의   46

제2장   국가란 무엇인가 2—공공재 공급자

법치주의—통치자에 대한 구속   54
자유가 너희를 풍요롭게 하리라—스미스   59
국가와 정부는 다르다—루소   64
어떤 경우에도 침해할 수 없는 자유—밀   69
가장 적게 다스리는 정부—소로   74
시장형 보수—자유주의   77

제3장 　국가란 무엇인가 3 — 계급지배의 도구

프롤레타리아트에게는 조국이 없다 　　　　　　　　　84

공산주의 혁명과 국가의 소멸 　　　　　　　　　　87

근본적 변화에 대한 열망과 정치적 냉소주의 　　　　92

좌절한 사회혁명의 꿈 　　　　　　　　　　　　　95

제4장 　누가 다스려야 하는가

철학자가 왕이 되어야 한다 — 플라톤 　　　　　　104

군자가 다스려야 한다 — 맹자 　　　　　　　　　109

정의는 강자의 이익 — 트라시마코스 　　　　　　111

악을 최소화하는 방법 — 민주주의 　　　　　　　114

누가 다스려야 하는가 　　　　　　　　　　　　119

제5장 　애국심은 고귀한 감정인가

애국심의 두 얼굴 　　　　　　　　　　　　　　130

영원한 것은 조국뿐이다 — 피히테 　　　　　　　134

애국심은 사악한 감정 — 톨스토이 　　　　　　　142

함께 귀속되고자 하는 인민의 의지 — 르낭 　　　　145

제6장　　혁명이냐 개량이냐

국가는 사멸하지 않는다　　　　　　　　　　　　158

혁명은 언제 일어나는가　　　　　　　　　　　　163

톨스토이의 절망　　　　　　　　　　　　　　　167

유토피아적 공학과 점진적 공학 ─ 포퍼　　　　　170

개량의 길이 봉쇄되면 혁명의 문이 열린다　　　178

겁에 질린 자유주의자 ─ 하이에크　　　　　　　181

논리의 덫에 갇힌 자유지상주의　　　　　　　　188

미끄러운 비탈 이론　　　　　　　　　　　　　194

제7장　　진보정치란 무엇인가

인간은 모두 보수적이다 ─ 베블런　　　　　　　204

진보는 자본주의를 극복하는 것 ─ 김상봉　　　212

인간의 자유를 확대하는 것 ─ 이남곡　　　　　216

국가의 텔로스는 정의 ─ 아리스토텔레스　　　220

보론 ─ 복지국가론　　　　　　　　　　　　　226

제8장 국가의 도덕적 이상은 무엇인가

도덕적 인간과 비도덕적 사회 — 니버   238

정의란 무엇인가   242

시장은 정의를 실현하지 않는다   251

진보자유주의   259

제9장 정치인은 어떤 도덕법을 따라야 하는가

너 자신의 준칙에 따라 행동하라 — 칸트   268

정치는 결과로 책임지는 일 — 베버   277

졌지만 이긴 정치인 — 베른슈타인   285

연합정치와 책임윤리   295

맺음말 훌륭한 국가를 생각한다   309

미주·317

찾아보기·329

제 1 장

국가란 무엇인가 1
─ 합법적 폭력

용산참사 철거민 희생자들의 범국민장 장례식이 거행된 2010년 1월 9일 오전,
서울 용산구 한남동 순천향대병원에서 발인식을 마친 운구행렬이 서울역 광장으로 이동하고 있다.

주권자의 어떤 행위도 백성의 권리를 침해하지 않는 것으로 간주한다. 입법권과 사법권, 전쟁선포권도 모두 주권자의 것이다. 주권은 분할할 수도 없고 견제를 받아서도 안 된다. 주권자의 명예는 백성 전체의 명예보다 위대하다. 주권자 앞에서 백성은 태양 앞의 별빛과 같다.

— 토마스 홉스, 『리바이어던』

남일당 빌딩에 나타난 국가

'용산참사'가 언제 적 일이었는지 정확히 기억하는 사람이 많지는 않을 것이다. 큰 사건이 너무 자주 터지는 나라에서 살다보니 기억하기가 쉽지 않다. 그 참사가 벌어진 날은 2009년 1월 20일이었으며, 시작은 서울특별시 용산구 한강로의 빈 건물에 철거민 서른두 명이 들어간 1월 19일 새벽이었다. 남일당 빌딩은 서울역과 한강 사이, 50조 원 규모의 초대형 건설사업이 벌어진 용산 4구역에 있었다. 용산 4구역 사업은 삼성물산이 주도했으며, 포스코건설과 대림건설 같은 대형 건설업체가 시공에 참여했다. 4구역 상가 세입자와 철거민단체 간부 서른두 명은 남일당 옥상에 망루를 세우고 인화물질을 반입해 화염병을 만들었다. 자신들이 정당하다고 여기는 수준의 보상을 받을 때까지 농성하기 위해서였다. 재개발사업이 확정된 시점의 용산 4구역 세입자 890명 가운데 434명이 상가 세입자였다.[1]

그들이 빌딩 옥상을 점거한 후 스물네 시간이 막 지났을 때, 건설회사의 용역을 받은 철거전문업체 직원들과 경찰특공대가 건물 계단으로 진입했고 옥상에는 경찰 헬기가 테러 진입 전문 특공대를 투입했다. 치열한 공방전이 벌어지던 와중에 불이 났고, 농성자 다섯 명과 경찰특공대원 한 명이 그 불에 목숨을 잃었다. 경찰은 살아남은 농성자를 모두 체포했고, 법원은 전원에게 유죄판결과 징역형을 선고했다. 정부의 행동을 비판하고 대통령의 사과와 구속자 석방을 요구하면서 현장 근처에서 촛불집회를 열고 시위를 벌였던 인권단체 활동가들도 유죄선고를 받았다. 남일당 빌딩은 철거되어 영원히 사라졌고, 불이 난 경위는 끝내 분명하게 밝혀지지 않았다.

이 비극을 불러들인 책임이 누구에게 있다고 생각하든 간에, '용산참사'를 보면서 많은 사람들이 마음의 고통을 느꼈다. 돈을 향한 욕망, 빼앗긴 권리를 찾으려는 몸부림, 로보콥을 연상시킨 경찰특공대의 복장, 타오르는 불길과 무너지는 망루, 소음을 내뿜는 경찰 헬리콥터, 비명을 지르며 죽어간 사람들을 실시간으로 지켜보았다. 그리고 그 참극의 한가운데 '국가'(國家)가 있었다. 이 사건은 평범한 시민들이 잘 생각하지 않았던 질문을 던져주었다. 도대체 국가는 무엇인가? 삶의 터전을 빼앗긴 상가 세입자들은 억울한 일을 당했는데도 국가가 들어주지 않는다고 생각해서 마지막 수단으로 남일당 빌딩 농성을 선택했다. 그에 대한 국가의 대응은 즉각적 무력진압이었다. 국가는 억울함을 하소연할 최소한의 기회도 주지 않은 채 그들을 '도시게릴라'로 규정하고 진압했다. 거기서 죽어간 시민들에게 국가는 과연 무엇이었나? 이 질문에 대해서 네 가지 대답이 나왔다. 서로 다른 이 대답들은 우리가 국가에 대해서 이야기할 수 있는 거의 모든 것을 보여준다.

첫째, 국가가 할 일을 제대로 했다는 주장이다. "농성자들의 폭력
은 무고한 시민의 재산과 생명을 심각하게 위협하는 도심 테러행위로
볼 수 있다. 경찰특공대의 임무는 시설불법점거, 난동 등 주요 범죄를
예방, 진압하는 것이다."[2] 범죄와 무질서에서 국민의 생명과 재산을
지켜주는 것이 국가의 임무이니, 사람이 죽은 것은 안타까운 일이지
만 남일당 빌딩에서 국가는 마땅히 할 일을 했다는 이야기다.

둘째, 국가가 절대 하지 말아야 할 일을 했다는 견해다. 도시재개
발은 지주와 건물주, 시행사와 시공사가 도시공간을 재창조하여 토지
의 수익성을 높임으로써 개발이익을 얻으려는 사업이다. 따라서 "사
업 속도를 높일수록 개발이익이 커진다. 어떤 주체도 수십 년간 거주
하면서 영업을 해온 세입자의 생존권을 충분히 배려하지 않는다."[3] 남
일당 빌딩 농성은 개발이익의 분배를 둘러싸고 벌어진, 건설회사와
재개발조합을 한편으로 하고 세입자들을 다른 한편으로 하는 집단적
이익분쟁이었다. 민간의 이익분쟁에 곧바로 뛰어들어 폭력을 행사함
으로써 사람을 죽게 만드는 것은 국가가 하지 말아야 할 일이라는 것
이다.

셋째, 국가는 원래 그런 것이라는 시각이다. "국가라는 이름으로
자행된 폭력으로 사랑하는 가족마저 저세상으로 보낸 철거민을 향해
거침없이 징역 8년을 구형한 검찰의 행태는, 국가란 곧 자본과 권력을
독점한 자들의 기득권 강화와 유지를 위한 도구이자 수단임을 거듭
일깨운다."[4] 경찰특공대의 모습으로 남일당 빌딩에 출현한 국가, 살아
남은 농성자들에게 징역형을 구형하고 선고한 검사와 판사의 행위를

통해 모습을 드러낸 국가, 이런 국가는 기득권자만을 떠받드는 '계급 지배의 도구'이다. 용산참사는 국가가 원래 그런 존재이며, 그 성격은 변하지 않았음을 보여주었다는 뜻이다.

넷째, 국가가 해야 할 일을 제대로 하지 않았다는 주장이다. "전세권자의 재산권과 주거권을 위태롭게 하면서 재개발조합과 건설업체의 이익을 편향되게 보호하는 법률 개선에 대해서는 일언반구도 없이 전세권자에게만 법을 준수하라고 강요하는 것은 진정한 '법의 지배'가 될 수 없다."[5] 국가의 법은 정의를 구현하는 것이어야 한다. 국가는 모든 시민을 공정하게 대하면서 사람들 사이에 정의를 실현해야 한다. 용산참사는 국가가 불의한 법을 고치려는 노력을 하지 않고 어느 한편에 치우쳐 법을 집행했기 때문에 발생했다. 요컨대 국가가 해야 할 일을 바르게 하지 않아서 참사가 벌어졌다는 것이다.

어느 것이 '올바른' 견해일까? 사람마다 다르게 볼 것이다. 어떤 견해도 전적으로 옳다거나 틀렸다고 단정하기 어렵다. 그러나 용산참사와 같은 사건이 일어나는 나라는 평화로운 국가가 아니며 훌륭한 국가도 아니다. 이것만은 다툴 여지가 없다. 자기가 마땅히 받을 권리가 있다고 여기는 어떤 것을 얻기 위해 건물을 점거하고 인화물질을 반입한 것이 명백한 불법행위였다고 할지라도, 공권력을 무분별하게 행사하여 사람들을 죽음의 구렁텅이로 밀어 넣는 국가의 행위는 훌륭하다고 할 수 없다. 남일당 빌딩에서 국가가 마땅히 해야 할 일을 했다고 생각하는 사람조차도, 이런 일이 벌어지는 국가를 훌륭하다고 하지는 않을 것이다.

우리 모두는 대한민국이 훌륭한 국가이기를, 앞으로 더 훌륭한 국가가 되기를 바란다. 그런데 훌륭한 국가를 상상할 수 있다면, 반대로 나쁜 국가 또는 훌륭하지 않은 국가도 생각할 수 있을 것이다. 따라서 훌륭한 국가에 대해서 말을 하려면, 먼저 국가 그 자체에 대해서 이야기해야 한다. 훌륭하든 그렇지 않든, 국가가 국가인 이상 모든 국가에는 공통적인 그 무엇이 있기 때문이다. 도대체 국가란 무엇인가? 이것이 국가와 관련하여 검토해보려는 첫 번째 질문이다. 제1장에서 제3장까지, 우리는 이 간단해 보이는 질문에 대한 대답 세 가지를 살펴볼 것이다.

같은 질문을 다르게 표현해보자. 국가는 무엇을 하는, 또는 무엇을 해야 하는 존재인가? 국가의 본질에 대해서 깊이 탐구하지 않아도 용산참사와 같은 사건을 보면 저절로 이 질문이 떠오른다. 이 질문을 두고 수천 년 동안 동서고금의 철학자들이 상충하는 대답을 여럿 내놓았다. 그런데 이것은 단순한 철학적 견해 차이에 그치지 않았다. 문명의 역사에서 국가가 생겨난 이후 벌어졌던 수많은 정변과 폭동, 대규모 살육, 혁명, 전쟁이 이 질문과 관련되어 있다. 오늘날 대한민국에서 벌어지는 정치적·사회적·이데올로기적 대립과 분쟁도 그렇다. 국가의 본질과 역할에 대한 견해 차이는 때로 목숨을 건 집단혈투를 부른다.

국가의 본질과 역할이 무엇인지를 해명하는 철학과 이론은 몇 가지 큰 흐름으로 나눌 수 있다. 첫째는 국가주의 국가론이다. 이것을 신봉하는 사람들을 가리켜 전체주의 성향을 지녔다고 한다. 국가주의 국가론의 논리체계를 처음으로 분명하게 세운 인물은 영국 철학자 토마스 홉스(Thomas Hobbes, 1588~1679)였다. 둘째는 자유주의 국가론이다. 존 로크(John Locke, 1632~1704)에서 애덤 스미스(Adam Smith, 1723~1790)를 거쳐 프리드리히 하이에크(Friedrich August von Hayek, 1899~1992)까지 소위 고전적 자유주의자와 신자유주의 철학자들이 오랜 세월에 걸쳐 이 이론을 만들었다. 이것은 오늘날 모든 문명국가의 자유주의자들이 신봉하는 이론이다. 셋째는 마르크스주의 국가론이다. 카를 마르크스(Karl Marx, 1818~1883)가 창안한 이 이론은 150여 년 동안 헤아릴 수 없이 많은 지식인과 정치인을 끌어당겼지만 이젠 그 위력을 상실했다. 넷째는 목적론적 국가론으로, 고대 그리스 철학자 플라톤(Platon, 기원전 427~347)과 아리스토텔레스가 펼쳤던 이론이다.

리바이어던, 국가의 탄생

1651년 영국 철학자 홉스가 정치철학의 역사에서 가장 유명한 책 가운데 하나인 『리바이어던』*Leviathan*을 출간했다. 홉스는 '사회계약'이 국가의 기원이라는 이론을 펼쳤다. 그의 주장은 명료했다. 국가는 사회 내부의 무질서와 범죄, 외부 침략의 위협에서 인민[6]의 생명과 안전, 재산을 보호하기 위해 무소불위(無所不爲)의 권력을 정당하게 행사하는 '세속의 신'(Mortal God)이다. 국가는 합법적인 폭력을 행사하는 주체이며 국가의 폭력은 어떤 경우에도 정당하다. 인간이 만들었지만 인간을 넘어서는 존재이므로, 국가를 숭배하고 찬양해야 마땅하다. 400년 가까운 세월이 흘렀지만, 국가의 본질에 대한 홉스의 이론은 여전히 강력한 힘을 지니고 있다. 오늘날 우리가 알고 있는 모든 현대적 국가이론의 출발점이기 때문이다.

홉스의 국가이론을 떠받치는 철학의 토대 역시 분명하고 강력하다. 자연은 모든 인간을 평등하게 창조했다. 인간들 간의 육체적·정신적 능력은 거의 차이가 없거나 있어도 그리 크지 않다. 평등한 능력을 가지고 태어나기에 누구나 비슷한 욕망과 희망을 품는다. 모든 사람이 같은 수준의 기대와 희망을 품고 자기의 목적을 추구할 때 경쟁은 피할 수 없는 운명이 된다. 만인이 서로 적이 되어 상대방을 파괴하고 굴복시키려 할 수밖에 없다. 물론 경쟁 그 자체가 목적은 아니다. 자기 자신을 지키는 게 목적이다. 이러한 '자기보존의 욕구'는 자연법이 만인에게 동등하게 부여한 정당한 권리이며, 각자가 그 권리를 향유하기 위해 타인에게 폭력과 책략을 쓰는 것도 정당하다. 결국 '만인의 만인에 대한 전쟁상태' 또는 '만인이 만인에 대해 늑대와 같이 경쟁하는 자연상태'는 막을 길이 없다. '자연상태'에서는 옳고 그름을 가릴 수 없다. 정의와 불의도 나눌 수 없다. 내 것과 네 것을 구별할 수도 없다. 그래서 인간의 삶은 비참하고 고독하며 불안하고 가혹하다.[7]

'자연상태'란 곧 국가가 존재하지 않는, 따라서 질서도 법도 선악의 판단기준도 없는 상태를 말한다. 국가가 출현하기 전 인간의 삶이 실제로 그러했는지 입증하기는 어렵다. 그러나 그 가능성을 부정할 수는 없다. 국가 출현 이전 인간의 삶은 홉스가 묘사한 '자연상태'와 비슷했을 것이다. 개인이 아니라 생활의 단위를 중심에 두고 보면 가능성이 더 높아진다. 진화생물학자들은 현생인류 호모 사피엔스가 20만 년 동안 혈연으로 맺어진 작은 생활공동체를 이루고 살면서 다른 작은 공동체와 적대적 경쟁을 벌였다고 말한다. 사자와 늑대, 하이에나, 침팬지 같은 포유동물의 일반적 생활방식과 별로 다르지 않았다는 것이다. 그런데 인류는 다른 동물과 달리 높은 인지능력과 학습능력, 소통능력을 발현함으로써 자연상태에서 벗어나는 길을 열었다. 그게 바로 국가였다. 불안하고 고독하고 비참한 삶에서 벗어나기 위해 모두가 두려워하고 복종하는 공동의 권력을 세운 것이다.

국가의 창설은, 자연이 우리들 각자에게 부여한 권리를 모두가 똑같이 포기하고 내가 다른 사람에게 허용하는 만큼의 자유를 나도 누리는 데 만족하는, 상생(相生)의 길이다. 타고난 자연법의 권리를 공동의 권력에 양도하기로 한 사회계약을 홉스는 신약(信約, covenant)이라고 했다. 신약은 각자의 권리를 동시에 서로 주고받는 보통의 계약과는 다르다. 한 당사자인 인민은 즉각 계약을 실행하지만, 다른 당사자인 통치권자는 일정한 기간 뒤에 상응하는 권리를 양도하며 인민은 이를 믿고 기다린다.[8] 통치권자는 인민에게 평화와 안전을 지속적으로 제공함으로써 신약을 이행한다. 물론 사람들이 그런 신약을 실제로 맺은 적은 없다. 그런 계약에 누구도 서명하지 않았다. 홉스의 신약은 상상력으로 지어낸 관념이며 사실이 아니라 신화일 뿐이다.

그런데 홉스는 이 신화를 끝까지 밀고 갔다. 그것으로 현실을 설명하면서 국가에 무제한의 권능을 부여했다. 홉스에 따르면, 모든 사람이 자기의 자연법적 권리를 한 사람 또는 하나의 합의체에 양도함으로써 '하나의 인격'으로 통일되는 것이 곧 국가(commonwealth)라고 하는 위대한 리바이어던의 탄생이다. 리바이어던은 영원불멸인 신(Immortal God)의 가호 아래 인간에게 평화와 안전을 보장하는 세속의 신으로서 평화와 공동방위를 위해 모든 힘과 수단을 마음대로 사용할 수 있다. 이 '하나의 인격'을 가지는 자는 주권자가 되고 다른 모든 사람은 그의 신민(臣民)이 된다. 그렇다면 누가 주권자가 되는가? 정복을 통해 복종을 강요하거나 합의에 의해 자발적 복종을 끌어내는 사람이다.[9] 이런 사람을 가리키는 말을 우리는 알고 있다. 왕 또는 전제군주.

전제군주제 ─ 홉스의 이상국가

홉스의 국가는 불멸의 초월적 존재가 아니다. 태어나고 성장하고 무너져 사라지는 '세속의 신'이다. 그가 주권자인 왕에게 무소불위의 전제적 권력을 부여한 이유는 세상이 자연상태로 돌아가는 것을 막으려면 강력하고 안정된 국가가 있어야 한다고 믿었기 때문이다. 홉스는 '세속의 신'에 불과한 국가를 '불사(不死)의 신'으로 올려 세우고 싶은 열망에 사로잡힌 나머지 다음과 같은, 오늘날 문명국가의 시민이라면 누구도 받아들이지 않을 주장을 펼쳤다.

일단 신민이 된 사람은 주권자에게 저항해서는 안 된다. 모든 사람을 하나의 인격으로 통일한 것이 국가인 만큼, 이론적으로 주권자의 행위는 곧 신민들 자신의 행위이다. 한 번 신약을 맺으면 파기할 수 없다. 심지어 신약에 반대하는 사람도 복종해야 한다. 주권자의 어떤 행위도 백성의 권리를 침해하지 않는 것으로 간주한다. 입법권과 사법권, 전쟁선포권은 모두 주권자의 것이다. 주권은 분할할 수도 없고 견제를 받아서도 안 된다. 주권자의 명예는 백성 전체의 명예보다

위대하다. 주권자 앞에서 백성은 태양 앞의 별빛과 같다.[10]

홉스는 절대권력을 행사하는 전제군주제를 이상적인 국가형태로 보았다. 논리는 더없이 명확했다. 국가를 탄생시킨 사회계약의 목적은 내부의 무질서와 범죄, 외부 침략의 위협에서 사람들의 생명과 안전을 지키기 위해서다. 이것이 국가를 만든 유일한 목적이다. 다른 목적은 없다. 주권자 또는 통치권자가 이 목적을 달성하려고 노력하는 한 신약을 충실하게 이행하는 것이다. 주권자에 대항하면 국가의 목적 수행을 방해하게 된다. 사람들이 각자 저마다의 가치나 소망, 욕구, 삶의 목표를 추구하는 것도 국가의 목적 수행을 저해한다. 신민이 정부형태를 바꾸려고 해서도 안 된다. 평화와 안전을 지키기 위해 무엇을 어떻게 해야 할지는 신민이 아니라 통치권자가 판단한다. 군주가 곧 정부이며 정부가 곧 국가이므로 국가와 정부와 군주를 구분할 필요가 없다. 통치권자는 어떤 일을 해도 처벌받지 않는다. 통치권의 본질은 바로 이런 것이다.

오늘날 문명국가에서 어떤 정치학자가 이렇게 주장한다면 미친 사람 취급을 받을 것이다. 그렇지만 홉스가 정신이 이상하거나 성격이 괴팍해서 이런 이론을 세운 것은 아니다. 어떤 철학자도 자기의 시대를 완전히 초월하지는 못한다. 홉스의 이론은 그가 살았던 시대의 정치사회적 환경에 비추어 이해하고 평가해야 한다. 이런 괴상해 보이는 이론을 세운 데는 그만한 이유가 있다는 이야기다. 이 책에서 만나게 될 다른 철학자의 이론도 마찬가지다. 어떤 학자의 이론과 인격의 특성이 항상 일치한다면 홉스는 틀림없이 냉혹하고 무자비한 인물이겠지만 실제로는 그렇지 않았다. 그는 '평화로운, 사회적인, 단란한 삶'이라는 평범하고 세속적인 가치 위에 자기 나름의 도덕법과 정치사상을 세웠다. 평화와 안전보장을 유일한 목표로 삼는 국가만이 '평화로운, 사회적인, 단란한 삶'을 보장할 수 있다고 믿었다.

홉스는 요즘 유행어로 '흙수저' 출신 영재였다. 교구 목사였던 아버지가 숙부에게 세 자녀를 떠맡기고 홀연히 사라져버렸을 때 그는 아직 어린아이였다. 홉스는 숙부의 도움을 받은 덕분에 옥스퍼드대학교 모들린 칼리지를 마쳤고, 영민하지만 재산이 없는 당시의 젊은이들이 흔히 그랬던 것처럼 귀족 아들의 가정교사가 되었다. 그리고 그 덕분에 유럽 각국을 여행하면서 내로라하는 철학자, 과학자와 교류하는 행운을 얻었다.

홉스가 살았던 17세기 중엽 유럽 사회는 정신적·정치적 혼돈상태에 놓여 있었다. 갈릴레오 갈릴레이와 요하네스 케플러가 지구의 공전과 행성의 운동에 관한 법칙을 발견해 고전철학의 세계관을 무너뜨렸고, 왕당파와 공화파의 투쟁으로 영국을 포함한 유럽 여러 나라에서 격렬한 사회적·정치적 혼란이 벌어졌다. 홉스는 국가의 힘이 약해지자 민중의 삶이 도탄에 빠지는 것을 눈으로 보았다.

물질세계와 인간과 사회조직의 보편적 운동법칙을 탐구하는 방대한 철학적 저술 작업을 계획했던 홉스는 내전을 방불케 하는 정치적 소요에 휩싸인 영국의 현실을 보고 생각을 바꾸어 국가와 시민권에 대한 연구와 저술에 집중했다. 『리바이어던』은 바로 그런 노력의 결실이었다. 정치정세가 안정되어 있던 프랑스 파리로 이주해 철학과 정치사상, 신학을 연구하다가 만년에 영국으로 돌아온 홉스는 고상한 인품과 폭넓은 학식을 널리 인정받았고, 당대 유럽 상류층과 지식인

사회에서 높은 명성과 인기를 누렸다.

홉스는 전제군주제를 옹호했지만 당대 유럽의 군주들은 그의 국가이론을 반기지 않았으며, 심지어는 불온한 사상으로 여기기까지 했다. 홉스는 『리바이어던』의 일부 내용이 교황의 권위를 공격했다는 이유로 이단자 색출 종교재판에 회부될 뻔했으며, 안전과 평화를 보장하지 못하는 군주를 폐위하고 새로운 군주를 세울 신민의 권리를 이야기해서 영국 왕실을 격분시키기도 했다. 교회와 전제군주가 세상을 지배했던 그 시대의 정치사회적 환경에 비추어보면, 그의 사회계약론을 특별히 '반동적'이거나 '보수적'인 이론이라고 하기는 어려우며 자연인 홉스 역시 그런 혐의를 받을 만한 철학자가 아니었다.[11]

만약 국가가 없다면 — 소말리아와 시리아

생물학자 찰스 로버트 다윈(Charles Robert Darwin, 1809~1882)과 경제학자 토마스 로버트 맬서스(Thomas Robert Malthus, 1766~1834)가 『종의 기원』*On the Origin of Species*과 『인구론』*An Essay on the Principle of Population*에서 인간의 유래와 인구증가에 관한 불편한 진실을 밝혀냈던 것처럼, 철학자 홉스도 국가에 관해 불편한 진실을 드러냈다. 모두가 두려워하는 공동의 권력이 없으면 인간은 안전하고 평화롭게 살아갈 수 없는 존재라는 주장은 듣기 불편하지만 반박하기 어렵다.

홉스의 주장을 뒷받침하는 사례는 쉽게 찾아볼 수 있다. 민간 선박과 선원을 납치해 몸값을 받아내는 해적들 때문에 유명해진 소말리아를 보라. 소말리아는 아프리카 대륙 북동쪽의 뾰족 나온 반도에 있다. 소말리아 무장반군은 1991년 포악한 독재를 자행하던 군사정권을 무너뜨렸다. 그러나 반군 지도자들 사이에 벌어진 권력투쟁 때문에 혁명은 곧장 내전으로 번졌다. 크고 작은 파벌과 부족들이 벌인 무력투쟁과 집단학살, 강간, 약탈행위가 난무하는 가운데 소말리아 국민들은 질병과 굶주림으로 죽어갔다. 인구 1,000만 정도였던 이 나라에서 내전 발생 이후 20년 동안 40만 명이 목숨을 잃었다. 70만 명이 소말리아를 탈출해 국제난민이 되었다. 나라 안에서 떠도는 난민도 140만 명이나 되었다. 유엔과 미군을 중심으로 하는 다국적군이 투입되어 질서유지에 노력했지만 소용이 없었다. 다국적군은 결국 성과 없이 철수했고 내전은 계속되었다.[12] 2012년 우여곡절 끝에 소말리아연방공화국이 탄생했지만 강하고 안정된 국가와는 여전히 거리가 멀다.

소말리아에서 해적질은 내전으로 인한 혼란과 무질서의 연장이었다. 내전의 포화 속에서 자란 청년들은 새로운 삶의 기회를 얻기 위해 몸부림쳤다. 이런 청년들을 모아 바다 위에서 납치와 약탈행위를 벌인 집단이 바로 소말리아 해적이다. 국제사회가 지원해 정부를 세웠지만 소말리아 정부는 아직 질서를 만들 능력이 부족하다. 소말리아의 근본문제는 '모두가 두려워하는 공동의 권력'이 없다는 것이다. 내전 기간 소말리아 영토 안에는 정당하다고 간주되는 폭력을 독점적으로 행사하는 합법적 권력주체가 없었다. 소말리아 국민들의 삶은 군사독재정권이 강권통치를 자행했던 때보다 훨씬 더 비참했다. 국내난민들의 삶은 들짐승의 삶과 별로 다르지 않았다. 국가 출현 이전의 상태가 어떠했는지 확인할 수는 없지만, 소말리아의 상황은 국가 없이는 '만인이 만인에 대해 늑대와 같이 경쟁하는 자연상태'에서 벗어날 길이 없다는 홉스의 이론에 힘을 실어주기에 충분한 증거가 된다.

유럽의 대규모 난민 유입을 불러온 시리아 사태도 다르지 않았다. 2011년 내전이 터지기 전까지 40년 동안 시리아는 알 아사드 부자의 대를 이은 철권통치 아래 놓여 있었다. 당시 중동 지역은 '아랍의 봄'이라는 이름이 붙은 민주주의 정치혁명에 휩쓸렸다. 이런 분위기에서 아사드 정권의 퇴진을 요구한 시리아 국민들의 시위를 정부군이 무자비하게 진압했다. 반정부 시위는 무장투쟁으로 번졌고 정부군과 반군의 내전으로 치달았다. 이 내전은 단순한 권력투쟁이 아니라 소수인 이슬람 시아파 집권 세력과 다수인 수니파의 종교전쟁이기도 했다. 러시아와 시아파 종주국 이란은 정부군을, 미국을 비롯한 서방 국가와 수니파 종주국 사우디아라비아는 반군을 지원했다. 여기에 이라크에서 발원한 수니파 무장단체 이슬람국가(IS)가 뛰어들어 동부 지역을 점거하면서 시리아는 완전한 혼돈의 도가니에 빠지고 말았다.

유엔난민기구의 통계에 따르면, 내전이 터진 이후 시리아 인구의 절반에 육박하는 1,000만 명이 난민이 되었다. 대부분은 터키, 레바논, 요르단, 이집트, 리비아 등 인접국가로 피난했지만 목숨을 걸고 유럽으로 간 난민도 많았다. 시리아 난민은 독일, 스웨덴, 세르비아, 오스트리아를 비롯한 유럽 전역의 국가로 퍼져나갔으며 대서양 건너 미국까지 흘러갔다. 목숨을 걸고 지중해를 건넌 난민은 2015년 한 해에만 100만 명이 넘었고 2016년에도 30만 명을 넘어섰다. 육로를 택했다가 굶주림과 전염병에 목숨을 잃거나 지중해를 건너다 배가 뒤집어져 사망한 난민의 수는 정확하게 집계하기 어려운 실정이다. 내전

발생 이전의 시리아는 훌륭한 국가가 아니었다. 시리아 국민들은 훌륭한 삶을 살기 어려웠다. 그러나 내전 이후의 삶은 더 혹독하고 처참했다. 무능한 독재정권도 고통이었지만 국가가 무너진 내전 상태의 삶은 그에 비할 바가 아니었다. 홉스의 국가론이 오랜 세월 널리 받아들여진 데는 그만한 이유가 있는 것이다.

아나키즘과 마르크스주의 국가론을 제외하면, 『리바이어던』이후 출현한 어떤 국가론도 국가의 가장 중요하고 우선적인 임무가 사회 내부의 무질서와 범죄, 외부의 침략에서 인민의 생명과 안전을 지키는 것임을 부정하지 않는다. 국가가 지닌 힘의 원천이 물리적 폭력이며 오로지 국가만이 폭력을 합법적이고 정당하게 행사할 수 있다는 생각 역시 마찬가지로 널리 받아들여졌다. 뛰어난 수학자이자 철학자였던 영국인 버트런드 러셀(Bertrand Russell, 1872~1970)은 제1차 세계대전 때 반전운동을 한 죄로 감옥에 끌려간 평화주의자였다. 그런 러셀조차 국가를 구성하고 유지하는 물리력의 핵심이 경찰과 군대이며, 내부 반란이나 패전으로 무너지지 않는 한 국가의 힘은 절대적으로 강력하다는 사실을 인정했다. 호모 사피엔스가 생물학적 진화를 이루어 지금과는 다른 존재가 되지 않는 한 홉스의 이론이 지닌 설득력은 사라지지 않을 것이다.

러셀은 국가권력이 민주주의 제도가 설정한 한계를 벗어나 시민을 억압하는 현실을 목격했다. 100년 전 영국에서만 그랬던 것이 아니다. 지금도 어디에서나, 경찰의 무력을 보유한 국가의 힘은 때로 헌법과 법률의 제한을 넘어선다. 국가권력을 장악한 사람들은 자기네가 싫어하는 의견을 표현했다고 해서 사람을 잡아 가두고 심지어 죽이기도 한다. 경제적 궁핍에 시달리다 못해 파업을 하거나 시위를 하는 사람들을 폭력으로 진압한다. 국가의 외적인 힘은 군대가 가진 전쟁수행능력이다. 국가는 전쟁이 필요하다고 판단하면 언제라도 건강한 남자들에게 목숨 걸고 전투에 나서라고 명령하며, 국가의 의도와 견해에 어긋나는 의견을 내놓는 사람을 배신자로 몰아 박해한다. 자국민을 살해하는 사람과 다른 국민을 살해하기 거부하는 사람을 모두 처벌한다. 민주주의 국가에서조차 국민에게 맹목적이고 무조건적인 순종을 강요한다. 국가는 때로 시민의 자유와 권리를 부당하게 억압하는 폭정을 성공시킴으로써 그것이 폭정임을 은폐한다.[13] 그런데도 사람들은 특별한 상황이 아니면 국가에 복종한다. 국가를 힘세고 무자비한 존재로 여기기 때문이다.

어린 시절 국가에 대해 생각하기 시작한 첫 순간부터, 나에게 국가는 무서운 존재였다. 어른들은 국가에 대해 이야기할 때 목소리를 낮추었다. 국가가 형을 군대에 데려가고 얼마 지나지 않아, 논산훈련소에서 큰아들이 소포로 부쳐온 내복을 받아 들고 한참을 우는 어머니를 보았다. 국가와 권력자를 큰소리로 욕했다가 구속되고 재판을 받고 사형을 당한 사람들의 이야기를 신문에서 읽었다. 고등학생이 되자 국가는 내 손에 목총을 쥐어주고 총검술 훈련을 시켰다. M1소총 분해조립을 정해진 시간에 마치지 못하면 벌을 주었다. 그러면서도 국가는 나더러 자기를 사랑한다는 고백을, 몸과 마음을 바쳐 충성을 다하겠노라는 맹세를 아침저녁으로 외치게 했다. 대학에 들어간 후 대통령과 정부를 비판했더니 어딘지 알 수 없는 곳에 가두어놓고 두 달 동안 매를 때렸다. 학적부에서 내 이름을 지우고 교도소로 보냈다. 나는 조국을 사랑했지만 대통령들은 나 같은 시민을 미워했고, 나 역시 그런 대통령들을 증오했다. 때로는 권력자를 미워하는 것인지 국가 그 자체를 미워하는 것인지 알지 못할 상태가 되었다. 청년 시절 내게 국가는 그런 것이었다. 그때 대한민국 대통령은 홉스의 전제군주와 같았다.

마키아벨리의 통치술

전제정치가 싫다고 해서 홉스를 미워할 필요는 없다. 그는 전제군주제를 발명하지 않았다. 이미 존재하고 있던 전제군주제와 국가폭력을 철학적·이론적으로 정당화했을 뿐이다. 국가는 홉스가 말한 사회계약을 통해 만들어진 적이 없다. 사회계약으로 생겨난 '정당한 폭력'을 국가가 인수한 것도 결코 아니다. 현실의 국가는 홉스의 이론과는 전혀 다른 과정을 거쳐 탄생했다. 누군가 먼저 압도적인 폭력을 축적한 다음 국가의 이름으로 그 폭력을 합법화했다. 법을 정하여 국가폭력을 합법화하는 것은 폭력 그 자체의 기능이다.[14] 그런데 이 폭력은 국가의 것이지 군주나 정부의 소유물이 아니다. 정부는 국가폭력을 마음대로 동원할 수 있는 한에서만 생존할 수 있다. 만약 어떤 이유 때문에 국가폭력을 동원할 수 없다면 그 정부는 조만간 퇴출된다.

'아랍의 봄'이 절정을 이루었던 2011년 1월 튀니지의 벤 알리 대통령은 금괴를 싸들고 망명했고 이집트의 호스니 무바라크(Hosni Mubarak, 1928~) 대통령은 휴양지로 도망쳤다. 수십 년 장기독재와 생활고에 지친 국민들이 더는 참지 못하고 대규모 시위를 벌인데다 군부마저 시위진압을 거부했기 때문이다. 경찰력으로 시위를 진압할 수 없을 때 남는 것은 국가의 외적인 힘인 군대뿐이다. 권력자들은 혁명의 위기에 봉착하면 이 외적인 힘을 내부로 돌려 국민의 저항을 분쇄하려 한다. 우리나라에서는 1960년 4·19혁명 때 이승만 정권이 그렇게 하려다 실패했다. 송요찬 장군이 이끈 계엄군이 시위진압을 거부했기 때문이다. 반면 1980년 5·18광주민중항쟁 때 전두환의 신군부는 군대의 힘을 동원해 시민들의 저항을 유혈 진압하는 데 성공했다.

군 지휘관들이 군대가 정부의 소유물이 아님을 선언하고 정부의 명령 이행을 거부하면 정부가 무너질 수 있다. 1987년 6월 전두환 정부는 그런 사태가 두려워 계엄령을 내리지 못했다. 2016년 초겨울 촛불을 든 100만 군중에 포위되었던 박근혜 대통령도 군대를 동원하지 못했다. 군 지휘관들이 시민들에게 폭력을 행사하라는 명령을 따를 것이라는 확신이 없었기 때문이다. 고작 경찰을 시켜 시민들이 청와대로 들어오지 못하게 막았을 뿐이다. 권력자가 쫓겨난다고 해서 정부 또는 국가가 반드시 함께 해체되는 것은 아니다. 권력자 혼자 쫓겨났지만 정부는 건재한 경우도 있었고, 정부가 무너졌지만 국가는 건재한 경우도 있었다. 국가와 정부, 국가와 군주를 구분하지 않은 홉스의 이론에는 명백한 오류가 있었던 것이다.

야비하고 잔혹한 방법으로 권력을 휘두른 전제군주의 행태도 홉스의 책임이 아니다. 전제군주제가 홉스의 이론보다 먼저 존재했던 만큼, 전제군주가 국가권력을 성공적으로 운영하는 데 필요한 '통치 매뉴얼'도 홉스의 이론보다 먼저 나와 있었다. 바로 이탈리아 도시국가 피렌체의 정치가였던 니콜라 마키아벨리(Niccolo Machiavelli, 1469~1527)의 대표작 『군주론』*Il Principe*이다. 마키아벨리는 스페인의 침략으로 피렌체 공화정이 무너지고 메디치(Medici)가문의 왕정이 복원된 직후였던 1513년, 이 책을 메디치 군주 로렌초(Lorenzo)에게 헌정했다.

마키아벨리의 조언에 따르면 현명한 군주는 무엇보다도 강력한 군대를 보유해야 한다. 덕을 갖출 필요는 없지만 덕을 갖춘 것처럼 보여야 한다. 신민의 결속과 충성을 유지하기 위해 필요한 경우 잔인하다는 평을 듣는 것을 두려워하지 말아야 한다. 자신을 두려운 존재로 만들되, 신민의 사랑을 받지는 못하더라도 미움을 사는 일은 피해야 한다. 자비롭고 신의가 있고 인간적이고 정직하고 경건한 것처럼 보여야 좋겠지만, 필요하면 언제든 정반대로 행동할 태세를 갖추고 실제로 그렇게 해야 한다. 신의를 지키는 것이 불리할 때는 약속을 지키지 말아야 한다. 미움 받을 일은 다른 사람에게 떠넘기고 인기 얻는 일은 친히 해야 한다.[15] 이것은 홉스가 높이 받들어 세운 '통치권자'에게 필수적이고 유용한 기술이다.

그런데 마키아벨리는 이런 통치술이 공화정에는 통하지 않는다는 것을 잘 알고 있었으며, 공화정의 기초인 자유의 정신이 통치권을 위협한다는 사실을 직시했다. 그 자신이 한때 도시국가 피렌체 공화정의 외교관이었기 때문이다. 그래서 점령 이전에 주민들이 자신의 법에 따라 자유롭게 살았던 도시와 나라를 다스리는 일이 어렵다는 점을 강조했다. 그런 도시는 시간이 흐르고 새로운 통치자가 이득을 주어도 결코 잊을 수 없는 자유의 정신과 옛 제도를 명분 삼아 저항한다. 통치자가 내분을 조장하거나 주민을 분산시켜놓지 않을 경우, 유리한 기회가 오면 즉각 잃어버린 자유와 옛 제도를 되찾으려고 반란을 일으킨다.[16] 홉스의 국가론과 마키아벨리의 통치술은 잘 어울리는 이론서와 매뉴얼이다. 홉스의 국가론을 신봉하는 사람은 마키아벨리의 통치술을 자연스럽게 받아들인다.

　홉스와 마키아벨리의 이론과 통치술은 오늘의 현실에서는 쓰임새가 없으며, 기껏해야 호사가들이나 가치를 인정하는 사상의 골동품처럼 보이겠지만 결코 그렇지 않다. 만약 권력에도 유전자라는 것이 있다면, 이것은 권력의 본성 가장 깊은 곳에 자리 잡고 있다. 국가권력을 행사하는 권력자뿐만 아니라 통치를 받는 인민의 문화유전자(meme)에도 선명하게 각인되어 있다.[17] 무의식적이고 본능적인 행동을 유발하는 이 문화유전자는 현대의 민주주의 국가에서도 여전히 왕성하게 활동한다. 국민이 선출한 권력자들이 헌법과 법률의 제한을 넘어 국민 위에 군림하고, 주권자인 국민이 권력자의 부당한 권력행사를 용인하거나 굴복하는 현상을 이해하려면 홉스와 마키아벨리의 도움을 받아야 한다.

　다시 말하건대, 국가주의 국가론은 국가의 목적을 오직 하나로 규정한다. 사회 내부의 무질서와 범죄, 그리고 외부 침략의 위협에서 인민의 생명과 안전을 지키는 것이다. 따라서 이를 위해서는 다른 모든 가치를 희생시킬 수 있으며 어떤 수단이든 다 쓸 수 있다. 이런 이론이 현실에서 큰 힘을 발휘하는 이유는 인간이 느끼는 가장 강력한 감정인 두려움을, 무질서와 범죄 또는 외부의 침략에 대한 본능적 공포감을 기반으로 삼고 있기 때문이다. 국가를 절대화하고 개인을 국가에 종속시키는 전체주의 체제는 언제나 현실적 또는 가상적 위협에 대한 대중의 공포감을 토대로 출현했다. 민주주의 사회에서도 사람들의 의식 밑바닥에는 그런 공포감이 깔려 있다. 누군가 여기에 불씨를 던지면 이성을 마비시키는 정치적 광풍이 언제든 일어날 수 있다. 특히 한국전쟁 이후 반세기 넘는 세월 동안 북한과 적대적으로 대립해왔던 대한민국은 그런 비극적 사태가 언제든지 쉽게 찾아들 수 있는 나라이다. 그리 복잡할 것이 없는 홉스의 사회계약론을 이렇게 자세히 다루는 것은 대한민국을 이해하는 데 특별히 큰 효용이 있기 때문이다.

대한민국의 기원 — 한국전쟁

정치학자 박명림 교수는 대한민국의 기원을 한국전쟁으로 본다. 이런 시각은 홉스의 이론에 맞닿아 있다. 70년 전 우리는 지구적 차원의 이데올로기 전쟁이 벌어지는 가운데 해방정국의 혼란과 민족분단을 겪었다. 그것으로도 모자라 민족 전체가 불구덩이에 던져지는 참혹한 내전을 치렀다. 국가를 대하는 국민의 의식에 치유하기 어려운 상처가 남은 것은 당연한 일이다. 무려 500만 명이 죽고 사라지고 다쳤던 동족상잔의 이 전쟁을 우리는 '6·25전쟁' 또는 '한국전쟁'이라고 한다. 그토록 짧은 기간에 이렇게 좁은 영토에서 그처럼 많은 인명이 살상당한 전쟁은 세계사에서 흔치 않았다. 게다가 미군의 공습, 이념전쟁, 반전을 거듭한 전황 때문에 다른 어떤 전쟁보다도 민간인 살상이 많았다.[18]

한국전쟁은 아직 끝나지 않았다. 휴전협정 이후 긴 세월이 흘렀고 전쟁을 직접 체험하지 않은 세대가 압도적 다수를 차지하게 되었지만, 국민들이 일제강점에서 벗어난 이후 최대 사건으로 꼽는 것은 단연 '한국전쟁'이다. '한국전쟁' 이전의 사건들은 크건 작건 모두 전쟁으로 흘러들어갔고, 그 이후 정치와 사회, 외교도 모두 이 전쟁의 테두리 안에 놓였다.[19] 이것은 대한민국뿐만 아니라 조선민주주의인민공화국(북한)에도 똑같이 적용할 수 있는 이론이며 북한은 그 정도가 더 심하다. 그 결과 북한은 사회주의국가나 독재국가라는 말보다 병영국가(兵營國家, garrison state)라는 표현이 더 적합한 나라가 되었다.[20]

대한민국은 전쟁의 피바람을 마시면서 성장했다. 국가기구가 급속하게 팽창했고 반공주의가 위세를 떨치는 가운데, 미국이 주도하는 국제안보 체제에 편입됨으로써 가까스로 국가의 안정을 확보했다. 10만 남짓하던 군대는 전쟁을 거치면서 60만이 넘는 대군으로 성장했고 경찰의 규모도 단기간에 5만 명을 넘겼다. 당시 대한민국의 사회경제적 발전 단계를 고려하면 지나친 규모였으며 이것이 전쟁 이후 정치의 틀을 결정했다. 1961년 군사쿠데타와 뒤이은 30년간의 군부독재는 분단과 전쟁이 아니고는 그 유래를 설명하기 어렵다. 기나긴 자본주의 발전과 사회적 분화를 거치면서 상비군과 관료제가 발전하고 국가제도가 형성된 것이 아니라 길게는 8년, 짧게는 3년에 불과했던 전쟁을 통해 대한민국이라는 새로운 국가가 만들어졌다. 우리의 국가는 시민사회에서 나온 것이 아니다. 오히려 시민사회의 도전을 파괴하면서 밖에서 주어진 다음 급팽창하는 형태로 구축되었다.[21]

다시 말하지만 분단국가 대한민국의 발생사는 홉스의 국가론과 너무나 잘 어울린다. 이승만, 박정희, 전두환 대통령이 철학적으로는 홉스를, 통치기술로는 마키아벨리를 추종했던 것은 결코 우연이 아니다. 그들은 사회 내부의 혼란을 방지하고 '북괴의 침략'을 막는 것을 국가의 절대적인 목표로 설정했고, 이를 위해 무엇을 해야 하는지도 국민이 아니라 자기가 가장 잘 판단할 수 있다고 믿었다. "지금은 반대하지만 해놓고 나면 좋아할 것"이라며 국민이 압도적으로 반대한 사업을 밀어붙였던 이명박 대통령의 말에도 이런 사고방식이 깔려 있었다. 북한 핵무기와 장거리 미사일의 위협을 쉼 없이 강조하면서 국론통일을 요구한 박근혜 대통령의 태도 역시 마찬가지였다. 그들은 언론·출판·집회·결사의 자유, 정치활동의 자유, 평등권과 노동권은 법질서와 국가안보를 위태롭게 하며 통치권을 위협하는 요소라고 생각했다. 그리고 '북한 공산집단의 침략 위협과 북괴의 지령을 받는 친북용공세력이 야기하는 내부적 혼란'에 대한 실제적인 또는 조작된 대중의 공포감을 이용하여 국가권력을 장악하고 유지했다.

이념형 보수 — 국가주의

국가주의 국가론은 낡은 이론이지만 앞으로도 오래 살아남을 것이다. 유럽과 아메리카 대륙의 민주주의 선진국에서 주권재민 사상에 입각한 선거제도와 권력분산 시스템이 정착되기 전까지 국가주의 국가론은 오랜 세월 민중과 권력자의 정신세계를 지배했다. 20세기에

도 아돌프 히틀러(Adolf Hitler, 1889~1945)의 독일, 베니토 무솔리니
(Benito Mussolini, 1883~1945)의 이탈리아, 제국주의 일본, 프란시스코
프랑코(Francisco Franco, 1892~1975)의 스페인, 이오시프 스탈린(Joseph
Stalin, 1879~1953)의 소련, 니콜라에 차우셰스쿠(Nicolae Ceausescu,
1918~1989)의 루마니아, 김일성의 조선민주주의인민공화국이 이러한
국가론을 체현했다. 이승만, 박정희, 전두환 체제도 그 '약한 변종'으
로 볼 수 있다. 냉전시대 미국 사회를 휩쓸었던 '매카시즘' 광풍의 이
면에도 이 이론이 작용하고 있었다.

　21세기 문명국가의 시민들은 국가주의 국가론을 위험한 '전체
주의 국가론'으로 간주한다. 나치 정권이 유대인 600만 명을 학살하
는 등 참혹한 전쟁범죄를 저질렀던 독일에서는, 정당이 이런 국가론
을 내세울 경우 연방헌법재판소의 해산명령을 받을 수 있다. 그렇지
만 대한민국은 다르다. 4·19혁명 직후 1년과 외환위기 이후 10년을
제외하고, 정부 수립 이후 50년 넘게 국가권력을 장악했던 정치세력
은 국가주의 국가론을 신봉한다. 그들이 마키아벨리 방식의 철권통치
를 철두철미하게 실행하지 않은 것은 단지 '통치권자의 힘'이 '국민 전
체를 합친 힘'보다 우세하다고 확신하지 못했기 때문일 뿐이다. 충분
한 자신감만 있으면 그들은 언제든지 시민을 국가에 종속시키려는 국
가주의적 행태를 재현해낼 것이다.

　1987년 이후 주요 선거결과와 정치사회적 쟁점에 대한 국민 여
론조사를 살펴보면 대한민국 국민 셋 가운데 한 사람 정도는 국가주
의 국가론을 확고하게 지지한다. 그래서 소위 보수를 자처하는 정치
세력은 아무리 상식에 어긋나는 짓을 해도 잘 무너지지 않으며, 외환

위기를 일으키거나 차떼기 선거부정을 저지르거나 대통령과 '비선실세'의 국정농단이 들통나 무너지는 경우에도 그리 어렵지 않게 세력을 재건한다. 치안과 국방을 유일한 국가목표로, 또는 적어도 다른 모든 가치나 목표보다 압도적으로 우월한 국가목표로 여기는 유권자가 적지 않기 때문이다. 이런 유권자들은 자유, 인권, 노동권, 평등권의 가치를 완전히 부정하지는 않지만 국방과 치안을 위해서는 일정 수준으로 시민의 기본권을 제약할 수 있다거나 심지어는 반드시 제약해야 한다고 믿는다. 이승만, 박정희, 전두환 정권 당시 간첩단, 반국가단체, '북괴 찬양' 등의 혐의로 고문을 당하고 감옥에 갇히고 사형을 당했던 사람들이 대부분 법원에서 재심 무죄판결을 받는 것을 보면서도, 그리고 국가보안법이 사상과 표현의 자유를 침해한다는 것을 인정하면서도, 국가보안법은 국가안보를 위해 꼭 필요하다는 견해를 굳건히 유지한다.

그들의 가장 중요한 관심사는 사회질서유지와 국가안전보장이다. 다른 것은 의미가 있다고 해도 결정적으로 중요하지는 않다. 가난한 아이들과 의지할 곳 없는 노인들, 장애인과 중증질환자들을 보호하기 위해 국가의 복지지출을 확대하는 일에는 별로 관심이 없다. 나쁠 것은 없지만 국가가 꼭 해야 할 일은 아니라는 것이다. 심지어는 자신이 직접 그 혜택을 보는 경우에도 이런 정책을 펴는 정당을 지지하지 않는다. 진보를 표방하거나 개인의 자유를 국가의 권위보다 앞세우는 정치인에 대해서는 국가관을 의심한다. 부정부패를 저지르고 부동산 투기를 하고, 술에 취해 사람을 때리고, 여성을 추행하고, 권한을 남용하고, 탈세를 한 사실이 확인된 경우에도 그 사람이 국가안보를 중시하는 보수당에 속해 있을 경우에는 국회의원이나 장관이 되는 데 크게 반대하지 않는다. 잘못임에는 분명하지만 그런 실수는 누구나 할 수 있으며, 국가운영은 국가관이 확실한 사람이 해야 한다고 믿기 때문이다. 그들에게 중요한 것은 개인이 아니라 국가다.

국가주의 국가론을 신봉하는 이들은 사형제를 유지하는 데 절대적으로 찬성한다. 국가는 그 정도 힘을 가져야 마땅하다는 것이다. 노동자들의 파업이나 철거민들의 거리시위는 물대포를 쏘고 헬기를 동원해서라도 강력 진압해야 한다. 해고 노동자와 철거민들의 처지는 이해가 되지만 질서파괴를 방관하는 것은 국가답지 못하다. '용산참사'에 대해서도 사람이 죽은 것은 안타깝지만 국가가 해야 할 일을 했다고 믿는다. 어떤 일이 있어도 사회의 질서와 기강을 바로 세워야 제대로 된 국가라고 본다. 어린이와 학생들은 교복을 입고 머리를 짧게 깎아야 하며 잘못이 있으면 회초리를 맞아야 한다. 학교에도 기강이 있어야 하기 때문이다. 북한 체제와 권력자들을 비난하지 않는 정치인은 사상을 의심받는다. 국가안보를 도와주는 미국과 미군을 비판하는 정치인에 대해서도 마찬가지이다. 그들은 선거를 할 때 후보와 정당의 개별적인 정책을 꼼꼼히 따져보지 않는다. 정책도 중요하지만 그보다는 '국가관'이 훨씬 더 중요하기 때문이다. 사회주의 성향의 정치세력뿐만 아니라 개인의 자유와 개성의 발현을 중시하는 자유주의 정치세력까지도 '빨간 물'이 든 사람으로 간주하는 때가 많다.

이 모든 생각들의 토대를 이루는 것이 국가주의 국가론이다. 이를 따르는 사람과 정치세력을 가리키는 용어로는 '이념형 보수'가 적당할 것이다. 다시 말하지만 국가주의 국가론은 강력한 경쟁력을 지닌 이론이다. 논리적으로 단순명료해서 긴 설명을 할 필요가 없다. 게다가 가장 강력한 감정인 두려움을 정서적 기반으로 삼고 있다. 내부 혼란과 침략의 위험이 상존하는 '국민국가'의 시대, 이데올로기적·군사적 대결을 동반한 한반도 분단체제가 계속되는 한 대한민국에서 홉스의 국가론은 앞으로도 위력을 떨칠 것이다.

이승만, 박정희, 전두환, 노태우 정부는 이런 국가론을 추종하면서 권력을 장악하고 행사했다. 국가주의 이데올로기는 민주화가 이루어지면서 현저하게 약화되었지만 이명박 정부에서 부활의 기지개를 켰으며 박근혜 정부에서 다시 한 번 본래의 모습을 드러냈다. 국가권력 사유화와 헌법파괴, 부정부패, 직무유기에 가까운 태만의 실상이 분명하게 드러난 시점까지 박근혜 정부는 국가주의 국가론을 따르는 일부 국민들의 견고한 지지를 기반으로 권력을 유지했다. 박근혜 대통령이 탄핵을 당했고 국민들이 집권 보수정당에 등을 돌렸기 때문에 유사한 사태가 다시는 생기지 않을 것이라고 낙관하는 사람이 있을지 모르겠지만 그렇게 단언하기는 어렵다. 자유주의 국가론이나 마르크스주의 국가론을 선호하는 사람들은 '이념형 보수'를 무식하다고 경멸하거나 시간이 흐르면 사라질 것으로 기대하는 경향이 있는데, 이는 현실과 희망사항을 잘 구별하지 못한 소치일 가능성이 높다. 국가주의 이데올로기의 생명력은 흔히 생각하는 것보다 훨씬 더 강하고 끈질기다.

제 2 장

국가란 무엇인가 2
—공공재 공급자

2010년 9월 28일 서울수복 및 국군의날 행사 모습. 광화문에서 서울광장까지 각 군 관계자들이 퍼레이드를 펼치고 있다.

인간사회에서 누구든, 개인이든 집단이든, 다른 사람의 행동의 자유를 침해할 수 있는 경우는 오직 한 가지, 자기보호를 위해 필요할 때뿐이다. 다른 사람에게 해를 끼치는 것을 막기 위해서라면, 국가가 그 사람의 의지에 반해서 권력을 사용하는 것도 정당하다. 이 단 하나의 경우 말고는, 문명사회에서 구성원의 자유를 침해하는 그 어떤 권력행사도 정당화할 수 없다.

– 존 스튜어트 밀, 『자유론』

법치주의 — 통치자에 대한 구속

인간의 역사는 여러 측면에서 볼 수 있다. 물질적 생활의 변화를 중심으로 살필 수도 있고 사람들의 사회적 관계 변화에 초점을 맞출 수도 있다. 호모 사피엔스의 보편적 특성인 이성의 발현 과정을 줄기로 삼아 역사를 관찰하는 것도 하나의 방법이다. 인간의 보편적 이성은 서로 다른 생각의 대립과 경쟁을 통해 자기를 실현한다. 역사는 서로 다른 사상과 아이디어들 사이의 살아남기 경쟁이 추동하는 이성의 자기 발현 과정으로 볼 수도 있다. 어떤 사상도 완전하지 않으며 삶의 기술적 조건과 환경은 계속 바뀌기 때문에 한 시기에 사람들의 의식을 지배했던 사상은 조만간 새로운 사상의 도전에 직면하기 마련이다. 그래서 시대의 교체는 언제나 사상과 이념의 교체를 동반한다. 정치철학과 국가이론도 예외가 아니다.

자유의 정신을 전제군주제의 가장 위험한 적으로 보았다는 점에서 마키아벨리는 옳았다. 인간은 자유롭게 살고자 하는 욕망을 지닌 존재이다. 자유를 희구하는 생물학적·사회적 본능은 그것을 실현하는 데 적합한 정치제도를 만드는 것으로 자기의 존재를 드러냈다. 전제군주제 국가를 철학적으로 정당화했던 국가주의 국가론이 입헌군주제나 공화제 국가를 꿈꾼 자유주의자들의 도전에 직면한 것은 자연스러운 사태였다. 이 사상적 도전을 현실의 승리로 전환하는 데 기여한 철학자와 정치가는 숱하게 많지만, 대표적으로 세 사람을 들 수 있다. 로크, 스미스, 존 스튜어트 밀(John Stuart Mill, 1806~1873)이다.

로크는 시민들의 동의로 성립하고 법에 따르는 통치를 주창했다. 스미스는 사회의 부를 증진한다는 목표 아래 국가가 시행한 자의적 간섭과 특권의 철폐를 제안했다. 밀은 사상과 표현의 자유를 어떤 경우에도 침해해서는 안 되는 기본권으로 내세웠다. 이들의 주장을 한마디로 줄이면 국가는 선을 행하려 하기보다 악을 저지르지 않는 일에 집중해야 한다는 것이다. 이것이 자유주의 국가론의 핵심이다. 오늘날 거의 모든 산업사회와 문명국가에서는 자유주의 국가론이 지배적 사상의 지위를 누리고 있다. 대한민국 헌법과 법률도 '대부분' 자유주의 국가론에 입각해 만들어졌다. 여기서 '모두'가 아니라 '대부분'이라고 하는 것은 국가보안법 때문이다. 국가보안법은 전형적이고 대표적인 '국가주의 법률'이다.

자유주의 철학자들은 홉스의 제자라고 할 수 있다. 국가가 일종의 사회계약에 의해 탄생했으며 국가의 임무가 범죄와 무질서, 외부의 침략에서 사람들의 생명과 안전을 지키는 것이라는 견해를 승인했다. 그러나 그들은 사회계약의 세부 내용 가운데 주권자가 누구이며 국가권력이 어떻게 정당성을 확보해야 하는지에 대해서 홉스와는 크게 다른 주장을 내놓았다. 국가에는 치안과 국방을 넘어서는 다른 책무가 있다고 주장하면서, 국가권력이 자기의 임무를 수행할 때 지켜야 할 규칙과 넘어서지 말아야 할 경계를 설정했다. 이 모든 것들이 합쳐진 결과, 자유주의 국가론은 거꾸로 선 국가주의 국가론이 되었다. 국가주의 국가론에서 개인은 국가의 부속물에 불과하다. 국가 그 자체가 가장 중요하며 개인은 국가에 종속된다. 그러나 자유주의 국가론에서는 거꾸로 국가가 개인을 위해 복무한다.

로크는 사회계약론을 받아들였지만 전제군주제의 정당성을 부정했다. 그 이유는 이랬다. 인간은 모두 자유롭고 평등하며 독립되어 있으므로 어느 누구도 자신의 뜻에 반해 다른 사람의 정치적인 권력에 복속할 수 없다. 인간이 자유를 포기하고 사회의 구속을 받는 것은 다른 사람과 결합하여 하나의 공동사회를 형성하는 데 동의할 때뿐이다. 그리고 그 목적은 소유권을 지키고 외부의 침략을 막아 서로 안락하고 평화로운 삶을 영위하는 것이다.[1] 여기까지는 홉스와 큰 차이가 없다. 그러나 이 공동사회, 즉 국가를 누가 어떻게 통치하도록 하는 것이 좋을지에 대해서 홉스와 생각이 달랐다.

로크는 사회계약을 어느 한 사람이나 추상적인 공동체가 아니라 사회의 다수파에게 권력을 주는 것으로 해석했다.[2] 최고 권력인 국가의 입법권을 장악한 사람은 즉흥적이고 임의적인 명령이 아니라 국민에게 공포되어 널리 알려지고 항구적으로 확립된 법률에 의거하여 통치해야 한다. 또 사람들 사이에 분쟁이 일어나면 공평하고 정직한 재판관들이 법률에 따라 판결해야 한다. 아울러 국가는 나라 안에서 법률의 집행을 위해서만 힘을 행사해야 하고, 밖으로는 외적의 침략에서 공동사회를 수호하기 위해 사용해야 한다. 국민의 평화와 안전, 공공의 복지 이외의 다른 목적을 위해 사용되지 못하도록 국가권력을 제한해야 한다.[5] 그가 국가의 목표에 새롭게 추가한 '공공의 복지'가 무엇을 의미하는지는 나중 스미스가 명확하게 제시했다.

로크가 『시민정부론』*An Essay concerning the true original, extent, and end of civil government*에서 펼친 국가이론은 모든 민주주의 국가에서 채택한 헌법의 기본 원리와 정확하게 일치한다. 정치권력의 정당성은 다수 국민의 동의를 그 원천으로 하며, 국가권력을 장악한 사람들은 평화와 안전, 공공의 복지라는 국가목표를 이루기 위해 확립되고 공개된 법률에 따라 권력을 행사해야 한다. 헌법과 법률이 규정한 바를 벗어나 사적인 목적을 위해 자의적으로 권력을 행사해서는 안 된다. '주권재민'과 '법치주의', 이것 없이는 국가권력이 정당성을 획득할 수 없다.

일부 권력자들의 심각한 오용(誤用) 때문에 대한민국에서는 '법치주의'라는 말이 큰 오해를 받고 있다. 법치주의는 법률과 형벌로 국민을 다스리는 것과는 아무 관계가 없다. 법률과 형벌로 국민을 다스리는 것은 권력 그 자체의 속성이기 때문에 어떤 주의(主義)도 필요하지 않다. 법치주의는 권력이 이러한 속성을 제멋대로 발휘하지 못하게, 권력자가 자의적으로 권력을 행사하지 못하게 하려고 만든 원칙이다. 법치주의는 통치받는 자가 아니라 통치하는 자를 구속한다. 권력자가 주관적으로 아무리 선한 의도를 가지고 있다 할지라도, 헌법과 법률이 그에게 위임한 권한의 범위를 넘어서, 헌법과 법률이 정한 방법의 한계를 넘어서 그 의도를 실현하기 위한 권력행사를 하지는 말라는 것이다. 법치주의에서 일탈하면 권력은 정당성을 상실하며, 정당성이 없는 국가권력에 대해서는 복종할 의무가 없다.

국가주의 국가론이 인민의 안전과 평화를 보장하려는 적극적 이론인 반면, 자유주의 국가론은 국가가 악을 저지르지 못하도록 하는 것을 목표로 삼은 소극적 이론이다. 자유주의 국가론은 국가주의 국가론과 대립함으로써 새로운 균형을 만들어내는 안티테제(antithese)였다. 로크의 사상은 영국과 유럽을 넘어 미국 헌법을 만든 소위 '건국의 아버지'들에게 철학적 기초를 제공했다. 우리나라는 미군정의 지배 또는 후견을 받는 가운데 헌법을 제정하고 정부를 수립했다. 그런 점에서 로크의 국가론은 대한민국 사회의 기본 질서를 세우는 데도 간접 영향을 주었다. 그래서 로크가 『시민정부론』에서 펼친 논리는 대한민국 헌법에서 그대로 찾을 수 있는 것이다.

『시민정부론』은 『리바이어던』보다 약 40년 늦게 나왔다. 홉스와 마찬가지로 로크도 왕당파와 공화파의 권력투쟁으로 잦은 정변과 혼란이 벌어진 시기에 살았다. 그런데 그는 재산이 없었던 홉스와 달리 법률가의 아들로서 적지 않은 유산을 받은 덕에 옥스퍼드 크라이스트처치 칼리지를 마친 후 4년간 학생을 가르친 것 말고는 별다른 돈벌이를 하지 않았다. 정치인 친구와 인연이 있어서 외교관으로 잠깐 일한 시기도 있었지만, 실험과학과 약학 등 새로운 자연과학과 철학을 연구하는 데 인생의 대부분을 썼다. 지병인 천식 때문에 런던의 탁한 공기를 피해 프랑스에서 여러 해 지내기도 했던 로크는 뜻하지 않게 정변에 휘말려 네덜란드로 도망쳐야 했고 영국 정부는 그를 반역

자로 규정해 유럽 전역에 지명수배령을 내렸다. 『시민정부론』은 로크가 5년 넘게 망명생활을 한 끝에 영국으로 돌아온 직후 쓴 논문이었다.[4] 홉스는 정치적 혼란 그 자체를 극복해야 할 악으로 보았지만, 로크는 항구적인 법률이 아니라 즉흥적이고 임의적인 명령으로 통치함으로써 혼란을 야기하는 권력의 행태가 더 근본적인 문제라고 생각했다. 뛰어난 지성을 지닌 철학자로서 거의 비슷한 시대를 살며 동일한 정치적 혼란을 경험했던 두 사람이 상반되는 국가론을 펼친 것이다.

자유가 너희를 풍요롭게 하리라 — 스미스

'경제학의 아버지'로 일컬어지는 스미스는 국가를 한 걸음 뒤로 물러서게 만들었다. 진정 국민을 풍요롭게 하기를 원한다면 사회생활의 모든 영역에서 국가의 개입을 줄이라고 권한 그의 국가론은 물질적 풍요를 추구하는 인간의 욕망에 부합하는 이론이었기 때문에 많은 추종자를 불러 모았다. 경제사상의 역사에서 가장 유명한 책 『국부론』*An Inquiry into the Nature and Causes of the Wealth of Nations*은 국부(國富)의 성질과 원인에 대한 사람들의 생각을 단번에 바꾸어놓았다. 스미스의 이론을 요약해보자.

나라의 부는 왕의 재산이 아니라 국민의 부를 의미한다. 왕실 금고에 든 귀금속이 많은 게 아니라 국민 전체가 해마다 생산하고 소비하는 생필품과 편의품이 많고 훌륭해야 부유한 국가라 할 수 있다. 국가의 부는 더 많은 사람이 더 생산적으로 일할수록 증가한다. 여기서 노동생산성을 높이는 동력은 분업이다. 사회적·기술적 분업이 넓고 깊게 진전될수록 노동생산성은 높아진다. 그리고 사회가 생산에 필요한 토지와 자본을 가장 효과적으로 사용하도록 하려면, 이기심을 충족하려는 시민 개개인이 스스로 알아서 계약하고 거래하고 교환하도록 내버려두는 것이 최선이다.

스미스가 쓴 표현으로는 이렇게 된다. 개인이 저마다 최선을 다해 자신의 노동생산물이 최대의 가치를 갖도록 한다면 필연적으로 사회의 연간수입이 최대의 가치를 가지게 된다. 사람들이 노동생산물이 최대의 가치를 갖도록 하는 것은 오로지 자기 자신의 이익을 위해서다. 애국심 때문에 그렇게 하는 게 아니다. 그런데도 그들은 보이지 않는 손(an invisible hand)에 이끌려 전혀 의도하지 않았던 목적을 달성한다. 자기의 이익을 추구함으로써 진실로 의도하는 경우보다 더 효과적으로 사회의 이익을 증진하는 것이다.[5] 나라를 부유하게 만들고 싶다면 개인의 경제활동에 대한 국가의 자의적인 간섭과 규제를 철폐하라는 이야기다.

이 이론은 당시 유럽의 정치인과 지식인들에게 큰 충격을 주었다. '세속의 신'으로 여겼던 국가를 특별한 성질을 지닌 일개 경제주체의 지위로 끌어내렸기 때문이다. 스미스는 국가의 의무를 세 가지로 한정했다. 첫째, 국가는 다른 나라의 폭력과 침략에서 사회를 보호하기 위해 군사력을 보유해야 한다.[6] 국가에는 상비군이 필요하다. 역사를 보면 잘 훈련된 상비군이 민병대보다 훨씬 낫다.[7] 둘째, 국가는 사회의 모든 구성원을 다른 구성원의 불의나 억압에서 보호하기 위해 사법제도를 엄정하게 세워야 한다.[8] 셋째, 국가는 사회 전체에 큰 이익을 주지만 거기서 나오는 이윤이 비용을 보상해줄 수 없기 때문에 어떤 개인도 건설하고 유지할 수 없는 공공사업과 공공기구를 건설하고 유지해야 한다.[9]

국방과 치안 유지가 국가의 임무라는 것은 다른 사람도 다 이야기했으므로 여기서 핵심은 세 번째 것이다. "사회 전체에 큰 이익을 주지만 시장에서 공급자가 나타나지 않는 사업과 기구"는 무엇일까? 오늘날 경제학자들이 공공재(公共財, public goods)라고 하는 것이다. 시장에서 공공재 공급자가 나타나지 않는 것은 거기서 나오는 이윤이 그 비용을 보상해줄 수 없기 때문이다. 일상의 삶에서 흔히 볼 수 있는 이 현상에 현대의 경제학자들은 외부효과(external effect)라는 이름을 지어주었다. 외부효과란 어떤 사람의 행위가 다른 사람에게 이익이나 손실을 주는데도 시장거래나 계약을 통해 보상을 주고받을 수 없는 경우, 또는 이론적으로 보상을 주고받을 수는 있지만 기술적으로 어렵거나 너무 많은 비용이 들어서 실행하기 어려운 경우를 말한다. 대표적인 사례가 등대, 도로, 자연보호 같은 것이다. 비용은 만드는 사람이 감당하지만 누가 혜택을 보는지 특정하기 어렵고 사용료를 징수하기도 힘들다. 그러나 공공의 복지, 인간의 삶을 위해서는 꼭 필요하다. 이런 일을 국가가 해야 한다는 것이 스미스의 주장이었다.

스미스가 국가에 부여한 세 가지 의무는 사실 하나로 합쳐도 된다. 국방과 치안은 전형적이고 대표적인 공공재이기 때문이다. 누군가 개인적으로 비용을 부담해 군대와 경찰과 법원을 만들어서 원하는 사람에게 요금을 받고 서비스를 제공하는 것을 이론적으로 생각해볼 수는 있다. 오늘날에는 보안 서비스 업체가 실제로 그렇게 영업을 한다. 그러나 이것은 기본 서비스가 아니다. 국가가 제공하는 보편적인 치안 서비스에 만족하지 못하고, 더 많은 비용을 지불하고서라도 개인적으로 추가적인 보안 서비스를 구입할 능력과 의사를 지닌 사람들에게만 선택적으로 서비스를 제공하는 사업에 지나지 않는다.

일반적인 치안 서비스와 국방 서비스는 모든 국민을 대상으로 하며 개별적으로 사용료를 징수하기 어렵다. 그래서 국민은 각자의 능력에 따라 세금을 내고 국가는 모든 국민에게 보편적인 국방과 치안 서비스를 제공한다. 이렇게 보면 스미스가 인정한 국가의 의무는 공공재를 공급하는 것 하나뿐이다. 국가는 세속의 신이 아니라 공공재 공급자에 지나지 않는다. 국가가 공공선을 진작한다는 명분으로 가하는 강제와 규제, 특권은 실제로는 공공선을 해친다. 스미스의 이론이 옳다면 국가의 목표를 성취하는 데 필요한 모든 문제를 전적으로 통치권자가 판단해야 한다는 국가주의 국가론은 존재근거를 통째로 상실한다.

경제학의 외피를 쓴 스미스의 국가론은 창조자의 성격만큼이나 온건한 이론이었다. 스미스는 스코틀랜드 커콜디에서 태어났다. 세무공무원이었던 아버지는 그가 태어나기 전에 세상을 떠났다. 공부에 뛰어난 재능이 있었던 스미스는 글래스고대학교와 옥스퍼드 밸리올 칼리지에서 도덕철학을 공부했으며 젊은 공작의 가정교사로 유럽을 여행하며 데이비드 흄(David Hume, 1711~1776)을 비롯한 당대 최고의 철학자들과 교류했다. 모교 글래스고대학교의 도덕철학 교수로 일하면서 『도덕감정론』*The Theory of Moral Sentiments*이라는 철학서를 썼으며, 산업혁명이 몰고 온 기술적 발전과 분업의 진전을 목격하고

9년 연구 끝에 1776년 『국부론』을 출간했다. 평생 강의와 연구에만 몰두한 스미스는 독신으로 어머니와 함께 살면서 많은 소득을 남모르게 자선단체에 기부했으며, 쓰고 있었던 미완성 원고를 죽기 전에 모두 없애버렸다.[10] 스미스는 자유방임주의 경제이론을 창안함으로써 자본가의 계급적 이익을 옹호한 사람처럼 알려져 있는데, 이는 사실이 아니다. 그는 『국부론』 곳곳에서 집단적 궁핍에 직면한 노동자들의 처지에 연민을 표하면서, 분업의 발전이 노동자들을 빈곤에서 건져낼 것이라는 희망을 피력했다.

스미스의 경제이론은 강력한 위력을 가진 조화론(調和論)이었다. 이기적 욕망을 추구하는 각자의 행위가 '보이지 않는 손'에 이끌려 저절로 국부 증진이라는 공동선으로 연결된다는 이론은 200년 가까운 세월 동안 경제학과 사회과학의 세계를 호령했다. 산업혁명과 시민혁명으로 경제권력과 국가권력을 모두 장악한 신흥 자본가계급은 스미스를 체제의 수호성인으로 추켜세웠다. 그러나 스미스의 '보이지 않는 손'은 일종의 우화 또는 이데올로기일 뿐이다. 1930년대 세계대공황은 보이지 않는 손이 언제나 제대로 작동하지는 않는다는 사실을 경험적으로 증명했다. 이론적 파산은 1994년 노벨 경제학상을 받은 존 내시(John Forbes Nash Jr., 1928~2015)가 선고했다. 1950년 프린스턴 대학교에 다녔던 스물두 살 수학천재 내시는 짧은 박사학위 논문에서 스미스가 논증한 조화로운 균형은 아주 예외적으로만 성립한다는 것을 수학으로 증명했다. 그는 이 논문 한 편으로 경제학 전체를 혁신한 게임이론의 원조로 등극했지만 정신분열증을 앓는 바람에 뒤늦게 노벨상을 받았다.[11]

그러나 '보이지 않는 손'이라는 이데올로기는 여전히 강력한 힘을 떨치고 있다. 보수적인 정치인이나 경제학자, 기업연구소 박사들이 방송 카메라 앞에서 "이것은 시장에 맡겨야 한다"고 말할 때, 그들이 마음속으로 경배하는 수호성인은 바로 스미스이다. 그런데 국가의 역할을 확장하려는 진보 지식인과 정치인들도 '공공재'에 대한 스미스의 이론을 적극 활용한다. '국가의 공공성'을 주창하면서 되도록 많은 것들을 '공공재'라는 집합에 담으려고 한다. 교육, 보육, 의료, 주택 등이 모두 공공재 성격을 가지기 때문에 국가가 큰 책임을 져야 한다고 말한다. 이 둘 모두를 스미스는 예상하지도 원하지도 않았을 것이다.

국가와 정부는 다르다 ─ 루소

스미스는 국가의 경제적 기능에 대해 빛나는 통찰을 보여주었지만 물리학에 비유하자면 정역학(靜力學)에 지나지 않는다는 한계를 안고 있었다. 현실에서 벌어지는 국가권력의 탄생과 소멸, 혁명과 반혁명의 원인과 전개과정을 설명하려면 동역학(動力學)이 필요하다. 이 요구에 응답한 사람이 바로 장 자크 루소(Jean-Jacques Rousseau, 1712~1778)였다. 루소는 정치색이 훨씬 더 뚜렷한 급진적 국가론을 펼쳤다. 국가가 개인의 자유를 빼앗을 경우 사회계약을 파기할 수 있다고 주장함으로써 국가의 해체 또는 혁명의 가능성을 사회계약론에 끌어들인 것이다. 루소에 따르면 자유는 단순한 사회적 미덕이 아니라 인간 본성의 핵심이다. 자유를 포기하면 인간으로서 누릴 권리와 의무를 모두 버리게 된다. 인간이 자유를 빼앗기면 행위의 도덕성을 따질 수 없게 된다.[12] 그는 공동사회 구성원들이 인간의 자격을 유지하려면 자유를 지켜야 하며, 자유로운 개인 없이는 국가주권도 성립하지 못한다고 주장했다.

로크는 법치주의를 강조하는 데 그쳤지만 루소는 한 걸음 더 나아가 정부가 법치주의를 위반하는 경우 인민에게 정부를 무너뜨릴 권리가 있음을 분명히 했다. 이런 논리를 펴기 위해 그는 국가와 정부를 매우 엄격하게 분리했다. 정부는 국가와 주권자를 연결하는 중개단체일 뿐이다. 다시 말해 법률의 집행과 사회적·정치적 자유를 유지할 책임을 맡은 중개단체라는 것이다. 이렇게 보면 군주는 개인이 아니라 중개단체인 정부를 총칭하는 말이 된다. 정부 또는 군주는 주권자인 국민에게 고용되어, 맡겨진 권력을 주권자의 이름으로 행사하는 대리자에 지나지 않는다.[13] 만약 대리자에 불과한 정부가 주권자인 국민의 자유를 부당하게 침해한다면 국가가 해체될 수 있다. 국가를 수립한 사회계약이 파기되는 것이다.

국가와 정부가 다르다는 것은 오늘날 상식에 속한다. 민주주의 사회라면 어디서나 국가가 영속하는 가운데 주기적인 선거를 통해 정부가 교체된다. 그러나 대부분의 나라가 군주제였던 루소의 시대에는 그렇지 않았다. 오늘의 기준으로는 이상해 보일지 모르지만 당대의 현실을 고려하면 루소의 견해는 매우 독창적이고 심오하다고 할 수 있다. 그는 정부가 법치주의에서 이탈하는 경우 국민의 저항권 또는 불복종투쟁이 정당하다고 주장했다. 통치자, 즉 군주나 정부가 법률에 따라 통치하지 않고 주권을 찬탈하는 경우 국가가 해체되면서 그 내부에 또 다른 국가가 생성된다. 정부 요인들만으로 구성되는 이 국가는 일반 국민에게는 폭군에 지나지 않는다. 따라서 정부가 주권을 찬탈하는 순간에 사회계약은 파괴되고 모든 시민은 자연적 자유로 되돌아간다. 복종을 강요당해도 복종할 의무가 없다. 정부 구성원 한 사람이 단체로서 행사할 권력을 개별적으로 찬탈할 때도 국가는 해체된다. 이런 경우 역시 법률이 파괴되고 더 큰 혼란이 생기며 국가와 정부는 분리되어 멸망하거나 그 형태를 바꾸어야 한다. 이것은 법치주의에서 이탈한 독재정권과 민주주의 질서를 파괴하는 쿠데타의 정당성을 모두 부정하는 이론이다. 루소의 이론에 따르면 4·19혁명, 5·18광주민중항쟁, 6월 민주항쟁, 대통령의 하야와 탄핵을 요구하며 서울과 전국 대도시에 운집했던 2016년의 촛불시위는 모두 법치주의를 위반하고 법 위에 군림한 정부에 대한 정당한 저항권 행사로 볼 수 있다.

폭군과 전제군주에 대해서도 루소는 개성 있는 견해를 내놓았다. 일반적으로 폭군은 정의와 법률을 무시하고 폭력으로 국가를 통치하는 왕이다. 그러나 바르게 해석하면, 자격이 없으면서 왕권을 찬탈한 사람이 폭군이다. 왕권을 찬탈한 인간을 폭군이라 하고, 주권을 찬탈한 사람을 전제군주라 부르기도 한다. 폭군은 법률에 따라 정치를 하기 위해 법률을 위반하는 자이고, 전제군주는 스스로 법률 위에 서는 자이다. 폭군은 전제군주가 될 수 없어도, 전제군주는 언제나 폭군이 된다.[14] 전제군주는 그가 누구이며 어떻게 통치하느냐에 관계없이 본질적으로 언제나 폭군이라는 것이다. 스스로 법률 위에 서서 법치주의를 무시하고 자의적인 명령으로 통치하는 군주는 폭군일 수밖에 없다. 폭군이 되지 않으려면 반드시 입헌군주제의 군주여야 한다. 루소는 입헌주의 정치체제의 정당성과 필요성을 누누이 강조했다.

루소의 생애는 극적이었고 사상은 논쟁적이었다. 그는 제네바에서 평범한 시계공의 아들로 태어났는데, 불행히도 어머니가 출산 후유증으로 열흘 만에 사망했다. 겨우 열 살에 집을 떠나 열두 살에 법원서기가 되는 직업교육을 받았던 루소는 여러 나라의 여러 도시에서 여러 귀족의 서기로 일하면서 틈틈이 음악을 공부했지만 성공하지 못했다. 또한 여러 귀족 부인과 사귀었지만 정작 결혼은 세탁 일을 하던 하녀와 했고, 그 여인이 낳은 두 아이는 고아원에 맡겼다.

루소는 마흔이 다 된 나이에 엉뚱하게도 학문 분야에서 최초의 성공을 거두었다. 백과전서파의 거두 드니 디드로(Denis Diderot, 1713~1784)가 재능을 알아보고 이끌어준 덕분에 프랑스 과학아카데미 학술논문 공모전에서 1등을 한 것이다. 그러자 그가 작곡한 오페라도 덩달아 주목을 받게 되었다. 루소는 불우한 환경 때문에 너무 늦게 꽃핀 천재였다. 태어나자마자 어머니를 여의고 갖은 고생을 하며 자란 탓인지, 루소는 불평등의 원인을 파헤치기 위해 집요하게 노력했으며 그 결실로 『인간 불평등 기원론』*Discours sur l'origine et les fondements de l'inégalité parmi les hommes*이라는 책을 내놓았다. 평생 독일 쾨니히스베르크에서만 살았고 하루도 거르는 날 없이 마을길을 산책하며 사색한 끝에 난해하기로 악명 높은 철학서를 남겼던 임마누엘 칸트 (Immanuel Kant, 1724~1804)가 "번개를 맞은 듯한 깨달음을 얻었다"고 말했던 바로 그 책이다. 루소는 모든 사회악과 사회갈등의 근원이 경제적 불평등에 있으며 수천 년에 걸쳐 고착화된 불평등을 해소하려면 사회구조를 근본적으로 변혁해야 한다고 주장했다.[15] 『사회계약론』*Du* *contrat social*에서 루소가 펼친 급진적 정치이론은 이런 개인사와도 연관이 있다고 봐야 할 것이다.

국가와 정부를 엄격하게 분리한 루소의 견해는 자유주의 진영뿐만 아니라 사회주의 이론가들에게도 널리 받아들여졌다. 철학적인 면에서 개인의 자유와 재산권 보호를 매우 중시했던 자유주의 사상의 울타리를 뛰어넘었기 때문이다. 예컨대 20세기 중반 영국 노동당에서 활동했던 사회민주주의 이론가 해럴드 라스키(Harold J. Laski, 1893~1950)도 루소의 제자였다고 할 수 있다. 라스키는 정부에 주권이 없다고 보았다. 모든 제도가 그렇듯 국가에도 국가가 관할하는 최고의 강제 권력을 운영할 인간집단이 필요하다. 이 인간집단을 정부라고 한다. 국가와 정부를 명확히 구분해야 한다는 것은 오늘날 정치학의 기본 상식이다. 정부 자체는 최고의 강제 권력이 아니라 강제 권력인 국가의 여러 목적을 실행하는 행정기구에 불과하다. 주권은 정부가 아니라 국가에 있다. 따라서 정부가 권력을 남용할 경우 관련 규정이 있으면 문책당할 수 있다. 자기에게 주어진 권한을 벗어나는 행위를 저지른 것에 대해 정부가 책임을 져야 한다는 생각은 법치주의가 자의적 재량을 대체한 모든 나라에서 핵심적인 이념이 되었다.[16]

그런데 국가와 정부를 엄격히 구분하는 것이 어떤 의미가 있을까? 국가와 정부는 정말 다른가? 실제로 그렇지는 않다. 국가와 정부의 구별은 이론적인 문제일 뿐이다. 현실에서 국가의 행위는 모두 정부의 행위이며, 정부가 있어야 국가의 의지가 효력을 얻을 수 있다. 행동하는 것은 엄밀하게 말해서 국가 그 자체가 아니라 국가정책을 결정할 권능을 얻은 사람들이다.[17] '국가의 의지'는 국가 그 자체가 아니라 정부를 구성하는 사람들의 행동을 통해서 표현된다는 사실을 정부를 구성하는 사람들은 잘 알고 있기 때문에 자신이 곧 정부이고 국가인 것처럼 말하는 경향이 있다. 대통령 개인의 행태를 비판하는 사람을 '반정부'라 하고, 정부를 반대하는 세력에게 '반국가'라는 딱지를 붙이는 것이다. 자기를 방어하기 위해 더 큰 권위 뒤에 숨는 전략이다.

국가와 정부를 구분하는 데는 중요한 의미가 있다. 정부가 국가 대신 행동하는 것이 사실이라면, 같은 국가도 정부가 바뀌면 성격과 행동양식이 달라질 수 있기 때문이다. 이렇게 보면 어느 시기에 국가가 악을 저지른다고 해서 반드시 국가를 폐지할 필요는 없다. 정부 또는 정부를 구성하는 사람들을 교체함으로써 많은 문제를 해결할 수 있다. 국가는 영속하는 가운데 정부를 교체함으로써 국가의 기능과 작동방식을 바꿀 수 있다면 굳이 폭력으로 권력을 탈취하여 사회의 기본 질서를 일거에 바꾸는 사회혁명을 할 필요가 없다. 자유주의자들이 사회혁명을 반기지 않는 것은 바로 이런 생각에서이다.

어떤 경우에도 침해할 수 없는 자유 — 밀

자유주의 국가론의 철학적 토대를 완성한 인물은 밀이다. 『자유론』*On Liberty*에서 밀은 자유주의 철학의 핵심을 명료하게 제시했다. 밀도 홉스의 사회계약론을 받아들여 공동사회가 개인의 자유를 제약할 필요가 있다는 것을 인정했다. 자유를 제약할 때는 국민 다수의 동의를 받아 성립한 정당한 권력이 자의적이고 즉흥적인 명령이 아니라 널리 알려지고 확정된 법률을 통해서 해야 한다는 로크와 루소의 법치주의 원리도 받아들였다. 그러나 그는 거기서 멈추지 않았다. 정당한 권력이 법률을 통해서 제약하는 경우에도 공동사회 또는 국가가 개인의 자유를 제약할 수 있는 범위를 제한해야 마땅하다고 주장했다. 어떤 경우에도 침해할 수 없는 자유의 영역이 있다고 보았기 때문이다.

국가는 개인의 자유를 어떤 경우에 어느 정도까지 정당하게 구속할 수 있는가? 이 질문에 대해 밀은 간단명료한 단 하나의 원리를 천명했다. 인간사회에서 누구든, 개인이든 집단이든, 다른 사람의 행동의 자유를 침해할 수 있는 경우는 오직 한 가지, 자기보호를 위해 필요할 때뿐이다. 다른 사람에게 해를 끼치는 것을 막기 위해서라면, 국가가 그 사람의 의지에 반해서 권력을 사용하는 것도 정당하다. 이 단하나의 경우 말고는 문명사회에서 구성원의 자유를 침해하는 그 어떤 권력행사도 정당화할 수 없다.[18]

밀은 자유의 기본 영역을 셋으로 나누었다. 첫째는 내면적 의식의 영역이다. 우리는 실제적이거나 사변적인 것, 과학·도덕·신학 등 모든 주제에 대해 가장 넓은 의미에서 양심의 자유, 생각과 감정의 자유, 의견과 주장을 펼칠 절대적인 자유를 누려야 한다. 둘째는 자신의 기호를 즐기고 자기가 희망하는 것을 추구할 자유다. 사람은 저마다 개성에 맞는 삶을 설계하고 자기 좋은 대로 살아갈 자유를 누려야 한다. 남에게 해를 끼치지 않는 한, 다른 사람들의 눈에 어리석거나 잘못되거나 틀린 것으로 보일지라도, 그런 이유를 내세워서 간섭해서는 안 된다. 셋째는 결사(結社)의 자유이다. 다른 사람에게 해가 되지 않는 한, 그리고 강제로 또는 속아서 억지로 끌려온 경우가 아니라면,

모든 사람은 어떤 목적의 모임이든 자유롭게 결성할 수 있어야 한다. 어떤 정부형태를 가지고 있든 이 세 가지 자유를 원칙적으로 존중하지 않는 사회는 결코 자유로운 사회라고 할 수 없다. 이런 자유를 절대적으로, 무조건적으로 누릴 수 있어야 완벽하게 자유로운 사회라고 할 수 있다.[19]

밀은 사상과 논리의 힘이 얼마나 끈질기고 강한지 보여주었다. 진정 자유로운 사회라면 누구도, 어떤 경우에도, 어떤 방법으로도 자유의 이 세 가지 기본 영역을 침해해서는 안 된다는 견해는 외견상 극단적인 자유지상주의(libertarianism)로 보인다. 그러나 역사는 이 논리를 밀이 표현한 것보다 더 강력하고 일반적인 형태로 실현시켰다. 아직은 진정 자유로운 사회라고 하기 어려운 대한민국의 헌법에도 밀의 숨결이 스며들어 있다. 대한민국 헌법 제37조 제2항은 이렇게 말한다. "국민의 모든 자유와 권리는 국가안전보장, 질서유지 또는 공공복리를 위하여 필요한 경우에 한하여 법률로써 제한할 수 있으며, 제한하는 경우에도 자유와 권리의 본질적인 내용을 침해할 수 없다." 이 조항의 전반부는 로크를 비롯한 자유주의자 일반의 소신이었다. 그러나 "제한하는 경우에도 자유와 권리의 본질적인 내용을 침해할 수 없다"고 한 후반부 선언의 지적 소유권은 밀에게 있다고 해야 할 것이다.

밀은 사상의 자유와 표현의 자유가 인간의 정신적 복리를 위해 가장 중요하다고 특별히 강조했다. 어떤 의견에 대해서든 침묵을 강요하면 인간과 사회를 해치는 결과를 낳는다는 것이다. 그는 네 가지로 그 이유를 정리했다. 첫째, 자신이 절대적으로 옳다는, 근본적으로 틀린 전제가 없는 한 침묵을 강요당하는 어떤 의견이 진리일 가능성을 부정할 수 없다. 둘째, 침묵을 강요당하는 의견이 틀렸다고 해도 일부 진리를 담고 있을 수 있으며 실제로 그런 일이 흔하다. 통설이나 다수 의견이 전적으로 옳은 경우는 드물거나 아예 없다. 대립하는 의견들을 서로 부딪치게 해야만 나머지 진리를 찾을 수 있다. 셋째, 통설이 진리일 뿐만 아니라 전적으로 옳은 것이라고 해도 제대로 검증을 하지 않으면 사람들은 그 근거를 이해하지도 못한 채 하나의 편견으로 간직하게 된다. 넷째, 소수 의견에 침묵을 강요하면 다수 의견 또는 통설이 독단적 구호로 전락해 이성이나 개인적 경험에서 강력하고 진심 어린 확신이 자라나는 것을 가로막게 된다.[20]

밀은 홉스보다 200년 정도 늦게 세상에 나왔다. 그 기간에 철학자들의 관심과 고민의 초점은 국가에서 개인으로 옮겨갔다. 홉스에게는 개인이 국가를 이루는 '하나의 부분'이었지만 밀에게는 거꾸로 국가가 주체적 개인으로 이루어지는 '하나의 집합'이었다. 밀에게 중요한 것은 국가가 아니라 개인이었다. 개인은 공동체의 부속물이 아니라 자기 삶의 주체이기 때문에, 다른 사람의 자유를 부당하게 침해하지 않는 한 자기가 원하는 삶을 스스로 설계하고 자기가 옳다고 믿는 방식으로 인생을 살 권리를 지니고 있다. 설혹 그것이 사회의 다른 모든 사람들이 마땅치 않게 여기는 것이라 할지라도, 그 사람이 부당하게 다른 사람의 자유를 침해하지 않는 한 다른 사람이나 사회도 그 사람의 자유를 구속하거나 제약해서는 안 된다. 나는 이것이 자유주의 철학의 요체라고 생각한다.

밀은 자신의 사상과 어울리는 인생을 살았다.[21] 저명한 경제학자였던 부친 제임스 밀의 감독 아래 특별한 영재교육을 받으며 성장한 그는 여덟 살에 이미 그리스어 원전을 읽었고 라틴어를 익혔다. 열세 살도 되기 전에 논리학과 그리스철학 고전을 공부했으며 청소년기에 화학·심리학·법학·식물학·수학·경제학 등 거의 모든 학문 분야를 섭렵했다. 스무 살 이전에 학자·문필가·자유주의 칼럼니스트로 벌써 유럽 지식인 사회의 주목을 받기 시작했던 밀은 열일곱 살 이후 20년 동안 영국 동인도회사에서 인도 정부와 회사의 교섭업무를 수행하면서도 지식인으로서 만만치 않은 명성을 얻었다.

그릇된 사상에 대해서도 표현의 자유를 절대적으로 보장해야 한다고 주장한 자유주의자답게, 밀은 노동자와 농민들이 겪고 있던 혹독한 빈곤의 해법을 찾으려고 사회주의 이론을 연구했다. 비록 사회주의자가 되지는 않았지만 사유재산제도가 초래한 대중의 빈곤과 구조적 불평등에 대한 사회주의자들의 문제의식에 타당성이 있다고 인정했다. 그는 또한 개인의 자유와 인간의 보편적 존엄성을 확신한 사람으로서 여성에게 남성과 동등한 사회진출 기회와 정치적 권리를 부여해야 한다고 주장했다. 그가 성 평등에 대해서 깊은 관심을 쏟은 것은 헤리엇 테일러라는 여인 때문이었을 수도 있다.

'아버지의 공부기계'였던 밀은 청소년기가 끝나갈 무렵에야 세상의 모든 어린이가 자기처럼 살지 않는다는 것을 알았고, 스무 살 무렵에는 삶에 대한 회의와 번민 때문에 심각한 우울증을 앓았다. 그때 한 여인을 만났고, 그 여인 덕분에 회의에서 벗어났으며, 평생 동안 그 여인과 정신적 동반자가 되었다. 둘이 처음 만났을 때 밀의 나이는 스물넷, 친구의 아내로 이미 두 자녀를 두었던 테일러는 스물세 살이었다. 두 사람은 연인이자 학문의 동반자로 지내며 무려 21년을 기다린

끝에 테일러의 남편이 세상을 떠난 후 혼인했다. 그러나 겨우 7년 만에 테일러가 병으로 갑자기 세상을 떠나고 말았다. 『자유론』 서문에서 밀은 자신이 저술한 글 가운데 가장 뛰어나다고 할 수 있는 것은 모두 테일러의 영감에서 나왔다고 말했다. 밀의 대표작 가운데 하나인 『정치경제학 원리』*Principles of Political Economy*도 두 사람의 합작품으로 알려져 있다. 테일러가 사망한 후 출간한 『자유론』도 함께 쓴 것이나 다름없지만 가장 중요한 몇몇 부분은 그녀가 수정하지 못했다고 했다. 만년에 집필한 『여성의 종속』*The Subjection of Women*은 밀 자신이 말한 대로 "그녀의 위대한 생각과 고상한 감정의 절반만이라도 건져내기 위해"[22] 쓴 것인지도 모른다.

가장 적게 다스리는 정부 ― 소로

자유주의 국가론에 대해서는 이런 정도로 마감하자. 다룰 가치가 있는 나머지 문제들은 뒤에서 사회혁명과 점진적 개량의 문제를 논의할 때 다시 살펴보기로 한다. 다만, 오늘날 자유주의 국가론은 보수적 담론으로 간주되지만 출현할 당시에는 그렇지 않았다는 점을 지적해 둔다. 어떤 이론의 정치적 성격에 대한 평가는 사회적·정치적 환경에 따라 달라질 수 있다. 불과 200여 년 전만 해도 자유주의자는 불온하고 위험한 존재로 여겨졌다. 전제군주가 자의적·즉흥적 명령으로 개인의 자유를 억압하고 국가권력을 휘둘렀던 시대의 자유주의 국가론은 개인의 자유와 인권을 확대하고 불합리한 의식과 제도의 혁신을 북돋우는 진보적 이론이었다. 그러나 민주주의 제도와 문화가 성숙하고 법치주의가 정착된 후에는 점차 보수적 성격을 지니게 되었다. 국가로 하여금 좋은 일을 하게 하는 이론이 아니라 나쁜 일을 하지 못하게 만드는 이론이기 때문이다. 치안과 국방을 포함한 공공재 공급 이외의 영역에서 국가는 뒤로 물러서야 하고, 되도록 많은 것을 시민들 자신의 선택과 개인들이 자유롭게 거래하는 시장에 맡기는 것이 좋다고 주장하는 이론은 오늘날 보수적이라는 평가를 받을 수밖에 없다.

자유주의 국가론을 선호하는 사람들은 작은 국가 또는 작은 정부를 좋아한다. 내 인생은 내가 스스로 설계하고 사는 방식도 나 스스로 결정할 터이니, 내가 다른 사람의 자유를 부당하게 침해하지 않는 한 국가도 내 삶에 간섭하거나 내 자유를 구속하지 말라고 한다. 국가는 되도록 적게 책임지고, 시민 각자가 자유에 상응하는 삶의 책임을 감당해야 한다고 생각한다. 특히 국가가 공익을 내세우며 무슨 일을 벌이는 것을 보면 일단 그 속내를 의심한다. 그런 명분을 내걸고 개인의 자유와 권리를 침해할 때는 분노하고 저항한다. 월든 호숫가에서 자연과 하나 되어 살면서 심오한 사색이 담긴 에세이를 남겼던 헨리 데이비드 소로(Henry David Thoreau, 1817~1862)는 자유주의를 신봉하는 사람이 악을 저지르는 국가에 대처하는 특별한 삶의 방식을 보여주었다.

소로는 「시민정부에 대한 저항」Resistance to Civil Government이라는 글에서 '가장 좋은 정부는 가장 적게 다스리는 정부'라는 표어를 진심으로 받아들인다고 했다. 그는 '가장 좋은 정부는 전혀 다스리지 않는 정부'라는 말을 믿었다. 사람들이 가질 수 있는 가장 좋은 정부가 바로 그런 정부이지만 대부분의 정부가 거의 언제나 불편한 정부이고 모든 정부가 때로는 불편한 정부라고 생각했다.[23] 하버드대학교를 졸업한 다음 고향에 돌아와 월든 호숫가에 오두막을 짓고 혼자 글을 쓰며 살았던 소로는 미국 연방군이 멕시코를 침략해 영토를 빼앗고, 자기가 살던 매사추세츠 주 정부가 노예제도를 수호하는 조처에 예산을 쓰는 것을 보고 세금납부를 거부하다가 체포되었다. 친척이 세금을 대납한 덕분에 하룻밤만 지내고 감옥을 나왔지만, 그는 악을 저지르는 매사추세츠 주와 미합중국에 대한 귀속과 복종을 거부한다는 뜻을 끝내 굽히지 않았다.

소로는 세금을 내지 않음으로써 정부에 충성하기를 거부했다. 자기가 낸 세금으로 정부가 하는 짓을 보고 자기 나름의 방식으로 정부에 선전포고를 한 것이다.[24] 그는 사람 하나를 부당하게 가두는 정부 밑에서 의로운 사람이 진정 있을 곳은 역시 감옥이며, 감옥이야말로 매사추세츠 주가 자유분방하고 풀이 덜 죽은 사람들을 위해 마련해놓은 가장 떳떳한 장소라고 말했다.[25] 소로는 정부가 뛰어난 지능과 정직성이 아니라 강력한 물리력으로 무장하고 인간의 지성과 양심이 아니라 감각을 상대하려 한다고 개탄하면서, 자신은 누구에게 강요받기 위해 태어난 것이 아니므로 내 방식대로 숨을 쉬고 내 방식대로 살아갈 것이니, 누가 더 강한지 두고 보자고 했다.[26]

'시민의 불복종'은 자유주의자가 악을 저지르는 국가에 저항하는 특별한 방법이다. 소로의 생각과 행동은 미합중국을 조금도 바꾸지 못했지만 긴 세월 지속적으로 사람들의 마음에 공감을 일으킴으로써 여러 국가를 변화시켰다. 레프 톨스토이(Lev Nikolaevich Tolstoi, 1828~1910), 마하트마 간디(Mahatma Gandhi, 1869~1948), 마틴 루터 킹

(Martin Luther King, 1929~1968), 넬슨 만델라(Nelson Mandela, 1918~2013)가 소로의 길을 따라갔다. 자유주의 국가론에 입각한 시민의 연대와 대중의 행동이 국가를 어디까지 변화시킬 수 있을지 아직은 알 수 없다. 국가에 대한 소로의 생각은 오늘날 우리가 평화주의와 생태주의라고 하는 넓고 다양한 사상에 기반을 두었지만 그가 원했던 것이 무엇보다 악을 저지르지 않는 정부였다는 점에서 분명한 자유주의적 색조를 띠고 있었다.

시장형 보수 — 자유주의

자유주의 국가론은 '시장경제'와 '대의민주주의'를 경제적·정치적 기본 질서로 채택한 모든 국가에서 지배적 이론으로 자리 잡았다. 가까운 미래에 그 입지가 심각하게 흔들릴 가능성은 거의 없다. 이를 신봉하는 사람과 정치세력을 가리키는 용어로는 '시장형 보수'가 적당할 것이다. 이 세력은 우리나라의 강력한 정당에 폭넓게 자리 잡고 있다. 장기간 가장 강력했던 정당에서는 아직 주도권을 잡지 못했다. 자유당, 공화당, 민정당, 민자당, 신한국당, 새누리당 등이다. 이 정당들은 이름만 다를 뿐 이념은 대동소이하다. 그러나 자유주의는 그 못지않게 강력한 다른 정당에서는 견고한 다수파를 형성하고 있다. 민주당에서 시작해 신민당, 평민당, 열린우리당을 거쳐 지금은 더불어민주당이라는 이름을 가진 정당을 말한다.

자유주의 국가론을 진지하게 받아들이는 사람들은 공산주의나 사회주의뿐만 아니라 모든 형태의 집단주의와 독재에 단호히 반대한다. 북한 체제에 대해서도 매우 비판적이다. 그러나 국가보안법을 폐지하는 데는 찬성한다. 북한을 좋아해서가 아니라 사상과 표현의 자유를 중시하기 때문이다. 자기의 견해를 타인에게 강요하기 위해 폭력을 사용하지 않는다면, 사회 구성원 대다수가 터무니없다고 생각하는 견해도 형성하고 표현할 수 있도록 허용하는 것이 민주주의라고 믿는다. 그런 점에서 그들은 밀의 후예이다. 자유주의자는 국가안보를 명분으로 개인의 자유와 인권, 노동권을 제약하는 데 반대한다. 되도록 많은 것을 시장과 개인의 선택에 맡기는 편이 좋다고 보기 때문에 민영화·자유화·개방화에 호의적이다. 국가의 복지지출을 확대하는 것을 드러내놓고 반대하지는 않지만 삶에 대한 시민 개인의 책임을 국가가 대신 떠맡는 데까지 나아가는 것은 반대한다.

교육에 대한 국가통제에 대해서도 부정적이다. 강제적 교복 착용과 두발 규제, 교육을 명분으로 한 체벌 같은 것이 사라져야 한다고 생각한다. 남에게 부당한 피해를 주지 않는 한, 국가는 개성과 자유를 억압할 권리가 없다고 믿는다. 징병제보다 모병제를 선호한다. 징병제는 국가의 강제력을 동원하는 것이고, 모병제는 노동시장이 제공하는 '선택의 자유'를 존중하는 제도이기 때문이다. 자유주의자들은 파견과 사내하청 같은 비정규직 제도가 부당한 차별을 용인하는 나쁜 제도라고 생각한다. 그러나 법적 절차를 지키지 않고 폭력을 행사하는 파업이나 성실하게 대화하지 않고 무력으로 진압하려는 기업과 정부의 행위에 대해서도 마찬가지로 비판적이다. 용산참사의 경우 성급하게 폭력을 동원하여 민간의 이익분쟁에 뛰어든 점을 들어 국가를 비판한다. 자유주의자는 어떤 사회악을 단숨에 '근본적'으로 해결할 수 있다고는 믿지 않는다.

국가주의 국가론은 오래 살아남겠지만 사회적·기술적 분업이 더욱 넓고 깊게 이루어지고 정보통신기술과 지식혁명이 진전될수록 기반이 점차 약해질 것이다. 국가주의 국가론이 위축되면서 생기는 담론시장의 공백을 채울 다른 유력한 국가론이 아직은 보이지 않는다. 그 공간을 차지할 수 있는 담론은 자유주의 국가론뿐이다. 자유주의 국가론은 세계적으로, 그리고 대한민국에서도 사상적 영토와 현실적 기반을 더욱 넓혀나갈 것이다. 자유주의 국가론 내부에서 진보적 흐름이 더 크게 분화·발전해나갈 가능성이 있지만 크게 보면 역시 자유주의 진영에 속한다.

우리는 제6장과 제8장에서 신자유주의로 일컬어지는 현대의 자유주의 국가론과 자유주의 좌파 또는 진보자유주의자의 국가론을 살펴보게 될 것이다. 여기서는 진보자유주의 국가론이 고전적 자유주의 사상의 토대 위에 2,000년 전 고대 그리스에서 출현했던 목적론적 국가론을 결합한 이론이라는 것만 미리 말해둔다.

제 3 장

국가란 무엇인가 3
—계급지배의 도구

2009년 7월 24일, 경기도 평택의 쌍용자동차 공장 굴뚝 모습.
24일은 경찰과 공장 노조원이 대치한 지 5일째 되는 날이었다.

프롤레타리아트는 부르주아지에 대항하여 투쟁하는 가운데 하나의 계급으로 단결하고, 혁명을 통해 스스로 지배계급이 되며, 새로운 지배계급으로서 낡은 생산관계를 폐지한다. 프롤레타리아트는 이 생산관계와 함께 계급대립의 존립조건과 계급 그 자체를 폐지하고 종국적으로 자기 자신의 계급지배도 폐지한다. 이렇게 해서 계급과 계급대립이 있던 낡은 부르주아사회 대신에, 각자의 자유로운 발전이 만인의 자유로운 발전을 위한 조건이 되는 연합체가 들어선다.

– 카를 마르크스·프리드리히 엥겔스, 『공산당선언』

프롤레타리아트에게는 조국이 없다

국가주의 국가론은 국가를 개인보다 우위에 두는 반면 자유주의 국가론은 국가보다 개인을 중시한다. 주장은 다르지만 국가를 하나의 공동사회로 본다는 점에서 이 둘은 같은 철학적 기초 위에 서 있다. 그런데 마르크스는 국가를 하나의 공동사회로 인정하지 않았다. 국가는 만인의 평화와 안전을 보장하지 않는다. 국가는 소수의 지배계급이 다수의 피지배계급을 억압하고 착취하기 위한 도구에 지나지 않는다. 마르크스는 1848년 프리드리히 엥겔스(Friedrich Engels, 1820~1895)와 함께 집필한 『공산당선언』*Manifest der Kommunistischen Partei*에서 이러한 국가론을 일목요연하게 제시했다.[1] 마르크스 이전의 철학자들은 엄밀히 말해서 '국가란 무엇인가'를 물은 것이 아니었다. 홉스, 로크, 루소, 밀은 국가의 본질이 무엇인지를 따져 물었다기보다는 국가가 무슨 일을 해야 하며 어떻게 그 일을 해야 하는지 살폈고, 국가의 기능과 바람직한 작동방식에 대해 고민했다. 국가가 무엇인지를 단도직입적으로 묻고 대답한 것은 마르크스가 최초였다고 할 수 있다.

마르크스는 현실의 국가가 하는 일과 일하는 방식을 있는 그대로 관찰하고 묘사했다. 유물론자로서 당연한 작업방식이었다. 마르크스주의 국가론의 밑밑에는 유물변증법(唯物辨證法) 또는 변증법적 유물론(dialectical materialism)이라는 철학이 놓여 있다. 지나치게 도식적이라는 지적을 당할 위험을 감수하면서 그 개요를 간단히 살펴보자. 유물변증법에 따르면 세계는 물질로 이루어져 있다. 물질은 관념에 우선하며 우리의 관념과 상관없이 존재한다. 이것은 관념론과 맞서는 유물론의 핵심명제이다. 사물의 본성은 운동과 변화이며, 그 운동에 너지는 사물 내부에 통일되어 있는 대립물의 투쟁이다. 고정되어 있거나 변화하지 않는 것은 없다. 이것이 형이상학과 대립하는 변증법이다.[2]

인간사회도 예외가 아니다. 보편적 철학인 변증법적 유물론을 사회에 적용한 것이 역사적 유물론(historical materialism)이다. 사회는 대립적 이해관계를 가진 적대적 계급의 통일이다. 적대적 계급 사이의 끊임없는 투쟁이 사회와 역사의 변화를 추동한다. 국가는 이 투쟁에서 소수의 지배계급이 다수의 피지배계급을 억압하고 착취하기 위해 배타적·독점적으로 사용하는 폭력기구일 뿐이다. 현대 국가의 지배계급은 생산수단을 소유한 소수의 유산계급(부르주아지)이며, 피지배계급은 노동력 말고는 팔 것이 없는 다수의 무산계급(프롤레타리아트)이다.

마르크스의 견해에 따르면 사유재산이 발생하고 계급이 형성된 이래 국가의 본질은 한 번도 바뀌지 않았다. 달라진 것은 사회의 구조와 지배계급의 특성뿐이다. 부르주아지는 자본주의 체제의 산물이다. 부르주아지도 처음부터 지배계급이었던 것은 아니다. 그들은 중세기 봉건 영주의 지배 아래서는 피억압자의 신분이었다. 어떤 곳에서는 무장한 자치연합체였고, 다른 곳에서는 납세의무를 지닌 군주국의 제3신분이었으며, 공장제 수공업 시대 군주국에서는 귀족에 대항하는 균형세력이었다. 부르주아지는 대공업과 세계시장이 세워진 이후에야 비로소 국가의 정치적 지배권을 쟁취했다. 현대의 국가권력은 부르주아계급 전체의 공동업무를 처리하는 위원회에 지나지 않는다.[3] 이것이 '국가란 무엇인가'라는 질문에 대한 마르크스의 대답이었다.

이렇게 보면 홉스부터 루소까지, 마르크스 이전의 철학자들이 제시한 모든 국가론은 일거에 논리적 근거를 상실한다. 국가는 만인에게 평화와 자유를 보장하는 공동사회가 아니다. 국가권력은 하나의 계급이 다른 계급을 억압하기 위해 조직한 힘일 뿐 인민이 사회계약을 통해 세운 공동의 권력이 아니다. 국가는 지배계급이 계급투쟁을 수행하는 도구에 지나지 않는다고 보았다는 점에서 마르크스의 국가론은 '도구적 국가론'이라고 할 수도 있다. 예전의 철학자들은 국가의 필요성을 인정했다. 그 바탕 위에서 국가의 목적이 무엇이며 그 목적을 잘 실현하는 방법이 무엇인지 고민했다. 그러나 마르크스는 인간의 평등하고 자유로운 삶을 실현하기 위해서는 국가를 없애버려야 한다고 주장했다.

국가주의 국가론이나 자유주의 국가론을 신봉하는 정치세력과 지식인들이 이런 주장을 묵과할 리가 없었다. 그들은 마르크스주의자들이 국가를 파괴하고 애국심을 부정하는 집단이라고 비난했다. 그러나 이런 비난은 과녁을 벗어난 화살과 같다. 국가를 파괴하고 애국심을 부정한다는 비난은 진지한 마르크스주의자에게는 비난이 될 수 없다. 그게 바로 그들이 원하는 바이기 때문이다. 국가가 만인을 위한 공동사회가 아니라 계급지배의 착취도구에 불과하다면 국가에 대한 귀속감이나 국가에 헌신하고 봉사하려는 애국심은, 적어도 프롤레타리아트에게는 헛된 관념에 지나지 않는다. 마르크스의 이론이 옳다면 노동자에게는 조국이 없다. 그들에게 없는 것을 빼앗을 수는 없다.[4]

공산주의 혁명과 국가의 소멸

마르크스주의 국가론은 평지에서 돌출하지 않았다. 마르크스주의는 개인의 주체성과 자유에 절대적 가치를 부여하는 자유주의 전통 안에서 태어났다. 마르크스의 자본주의 분석이론에서 핵심지위를 가진 것은 노동가치론과 잉여가치론이다. 마르크스의 이론에 따르면 오로지 노동만이 새로운 가치를 창조한다. 그런데 자본가들은 생산수단에 대한 법적 소유권을 근거로 노동자들이 생산한 가치 가운데 노동자의 생존 또는 노동력의 재생산에 필요한 최소한의 몫만 지급하고 나머지는 모두 이윤의 형태로 착취한다. 잉여가치론의 철학적 토대는 노동가치론이다. 마르크스의 자본주의 분석이론에서 노동가치론이 차지하는 지위는 현대 물리학 이론에서 중력의 법칙이 차지하는 지위와 같다. 그런데 노동가치론의 지적 소유권은 자유주의 경제학자 스미스에게 있다. 여러 측면에서 마르크스는 스미스의 제자였다고 할 수 있다. 현실의 국가권력을 손에 넣은 소련과 중국, 동유럽 사회주의 국가의 마르크스주의자들은 결코 인정한 적이 없었지만, 마르크스는 국가의 폐지 그 자체가 아니라 개인의 자유를 궁극적인 목표로 삼았던 사람이다. 국가의 폐지는 목적이 아니라 인간의 해방을 이루는 조건에 지나지 않았다.

옛 소련과 동유럽 사회주의국가에는 과학아카데미라는 것이 있었다. 이 기관은 공산당 지도부가 직접 지휘하는 '국정교과서 심의위원회' 기능을 수행했다. 여기서 발간한 철학교과서들은 거의 예외 없이 마르크스의 『정치경제학 비판 요강』*Grundrisse der Kritik der Politischen Ökonomie* 서문을 토대로 만든 역사적 유물론의 핵심교조를 공식화했다. 사람들은 생산 활동에 참여할 때 자신의 의사와 무관하게 물질적 생산력의 일정한 발전 단계에 조응(照應)하는 생산관계에 편입된다. 이 생산관계의 총체가 사회의 경제적 구조, 즉 실제적인 토대를 이루고 그 위에 법적·정치적 상부구조가 조성되며, 또 거기에 여러 형태의 사회적 의식이 만들어진다. 물질적 생활의 생산양식이 사회적·정치적·정신적 생활과정 전반을 제약한다. 사람들의 의식이 존재를 규정하는 것이 아니라 사회적 존재가 의식을 규정하는 것이다. 사회의 물질적 생산력은 일정한 발전 단계에서 현존하는 여러 생산관계 또는 재산소유관계와 모순에 빠진다. 이러한 관계가 생산력 발전에 족쇄가 될 때 사회혁명이 찾아든다. 경제적 기반의 변화와 함께 거대한 상부구조 전체가 서서히 또는 급격히 전복된다.[5]

알아듣기 쉽게 이야기해보자. 생산력은 계속 발전한다. 인구증가, 더 좋은 도구의 발명, 사회적·기술적 분업의 진전, 생산기술의 혁신 덕분이다. 생산력이 매우 낮았던 시대에는 사유재산을 축적할 여유가 없었다. 모두가 자급자족을 위해 노력했기에 사회적 계급도 존재하지 않았다. 이것이 원시공산제 사회이다. 도구의 발명과 분업의 진전, 농업기술의 발전 덕분에 생산력이 높아지자 사유재산과 소유관계가 나타나기 시작했다. 그리고 이때 우월한 완력을 지닌 사람들이 압도적 폭력을 축적하면서 국가가 출현했다. 이 단계가 고대노예제 생산양식이다. 정복하고 약탈할 대상이 줄어들고 노예의 비자발적 강제노동이 생산력 발전을 저해하게 되자 노예제 국가는 종말을 고했다. 그 자리에 더 세분화된 계급관계를 구현하는 중세 봉건제 생산양식이 들어섰다. 산업혁명으로 생산력이 비약적 발전을 이루자 봉건제 생산양식에 조종(弔鐘)이 울렸다. 기계를 사용하는 대규모 생산을 뒷받침하려면 중세기의 신분적 속박에서 벗어나 자유롭게 근로계약을 체결할 수 있는 노동자가 있어야 했다. 이렇게 해서 생산수단을 소유한 부르주아지와 노동력 말고는 팔 것이 없는 프롤레타리아트가 생산수단의 사적 소유와 임금노동으로 결합하는 자본주의 생산양식이 탄생했다.

자본주의사회의 경제적 토대는 생산수단에 대한 사적 소유와 임금노동을 핵심으로 하는 자본주의적 생산관계이다. 국가는 이 생산관계와 조화를 이루면서 그것을 유지하기 위해 형성한 법률적·정치적 상부구조에 불과하다. 마르크스는 주기적인 산업공황과 노동대중의 궁핍을 필연적으로 만들어낸다는 점에서 자본주의 생산관계가 생산력의 발전을 억압하는 족쇄가 되었다고 판단했다. 또 다른 사회혁명, 생산수단의 사적 소유를 철폐하고 계급의 존재와 적대적인 계급대립

그 자체를 철폐하는 마지막 사회혁명이 다가오고 있다고 본 것이다. 이 혁명의 주체는 자본주의 체제의 피억압 대중인 프롤레타리아트일 수밖에 없다. 이것은 마르크스 자신의 계급적 호불호와 무관한, 역사 법칙에 따른 필연적 사회혁명이다. 이 혁명을 수행하려면 먼저 부르주아지의 계급지배 도구인 국가권력을 프롤레타리아트가 빼앗아야 한다. 이것이 프롤레타리아트 자신뿐만 아니라 인류 전체를 계급적 착취와 억압에서 영원히 해방시키는 진정한 사회혁명의 첫걸음이다. 프롤레타리아계급이 국가권력을 장악하여 지배계급으로 올라서는 것이다. 마르크스는 이 혁명을 가리켜 민주주의를 쟁취하는 것이라고 했다.[6]

프롤레타리아트가 국가권력을 장악한다고 해서 새로운 국가가 탄생하는 것이 아니다. 국가 그 자체가 소멸의 길로 들어선다. 생산수단의 소유권을 자본가 개인에게서 '연합된 개인'인 사회로 이전하면 계급의 차이가 사라지고 국가권력도 계급지배의 도구가 아니게 된다. 프롤레타리아트는 부르주아지에 대항하여 투쟁하는 가운데 하나의 계급으로 단결하고, 혁명을 통해 스스로 지배계급이 되며, 새로운 지배계급으로서 낡은 생산관계를 폐지한다. 프롤레타리아트는 자본주의적 생산관계와 함께 계급대립의 존립조건과 계급 그 자체를 폐지하고 종국적으로 자기 자신의 계급지배도 철폐한다. 이렇게 해서 계급과 계급대립이 있던 낡은 부르주아사회 대신에 "각자의 자유로운 발전이 만인의 자유로운 발전을 위한 조건이 되는 연합체"가 들어선다.[7] 이것이 마르크스의 예언 또는 전망이었다.

마르크스는 '빅 브라더'(Big Brother)나 철학자, 가장 지혜로운 자

또는 어떤 선택된 계급이 배타적으로 지배하는 전체주의 사회를 원하지 않았다. 그가 꿈꾸었던 것은 "각자의 자유로운 발전이 만인의 자유로운 발전의 조건이 되는 연합체"였다. 계급적 적대관계가 없고, 삶의 주체로서 자유롭게 생각하고 스스로 선택하는 개인들이 서로 상생의 관계를 맺으며 살아가는 세상, 이보다 더 멋진 사회를 생각하기는 어려울 것이다. 당시 유럽인의 삶을 지배했던 기독교의 문화적 토대를 존중해 말한다면, 이것은 "하느님의 뜻이 하늘에서 이루어진 것처럼 땅에서도 이루어지는" 천년왕국을 의미한다. 이런 사회는 더 이상 운동하거나 변화하지 않는다. 사회는 자유로운 개인들의 자발적인 연합체일 뿐, 더는 '투쟁하는 대립물의 통일'이 아니다. 내부에 적대적 계급관계나 계급투쟁이 존재하지 않으므로 이 사회에는 운동과 변화의 동력이 존재하지 않는다. 계급투쟁의 역사가 종결됨으로써 결국 역사 그 자체가 종결된다. 마르크스의 역사이론에 따르면 프롤레타리아혁명은 역사 그 자체를 종결하는 마지막 혁명이 되는 것이다.

마르크스는 한마디로 규정하기 어려운 사람이다. 법학자·언론인·철학자·경제학자·사회학자·역사학자인 동시에 혁명가였다. 부모 모두 유대인 혈통을 가진 독일인이었고 아버지의 직업은 변호사였다. 마르크스 자신도 베를린대학교에서 법학과 철학을 공부했다. 당시 독일 사회는 나폴레옹전쟁 이후에도 여전히 지주계급을 기반으로 한 전제정치체제로 남아 있었다. 베를린은 나중에 독일 통일을 주도한 프로이센의 중심도시였고, 프로이센은 가장 강력한 전제정치를 실시한 나라여서 대학도 사상과 표현의 자유를 억압당하고 있었다. 공산주의 사상과 역사철학을 본격적으로 연구하여 자신의 이론을 정립하기 전까지 젊은 마르크스는 자유주의자들과 곧잘 어울렸으며 자유주의 성향의 신문에 활발하게 글을 실었다. 프롤레타리아혁명이 국가의 소멸과 개인의 완전한 해방을 가져다줄 것이라는 그의 전망은 전제정치의 억압 아래 살았던 청년 마르크스의 소망을 반영한 것이었는지도 모른다.

근본적 변화에 대한 열망과 정치적 냉소주의

마르크스주의는 한때 지구 표면의 절반을 점령했다. 소련과 중동부 유럽, 중국에서 국가의 공식 이데올로기가 되었고 서유럽과 아시아, 라틴아메리카 곳곳에서 수많은 정당을 이끄는 이념이 되었다. 마르크스주의 국가론의 강점은 사회의 근본적(radical) 변화, 즉 사회의 뿌리를 바꾸는 변화의 전망을 제시하고 그것이 필연적으로 이루어지고 말 역사법칙이라고 선언한 데 있다. 19세기 초 유럽의 모든 전제군주들이 공화정의 이념을 내세운 프랑스대혁명을 제압하기 위해서 '신성동맹'을 맺었던 것처럼, 20세기 모든 자본주의 국가들은 공산주의 혁명의 '광풍'을 진압하기 위해서 '반공동맹'을 맺었다. 마르크스주의 국가론을 가벼운 접촉조차도 허용해서는 안 될 위험하고 불온한 사상으로 취급하면서 맹렬한 사상적·이론적 공격을 퍼부었다. 그 모든 비판 가운데 마르크스주의 국가론의 강점과 약점을 가장 설득력 있게 드러낸 사람은 흔히 '신자유주의 철학자'로 일컬어지는 카를 포퍼(Karl Popper, 1902~1994)가 아닐까 싶다.

포퍼의 철학에 대해서는 사회혁명을 통한 근본적 사회개조와 국가의 점진적 개혁문제를 다루는 제6장에서 이야기하기로 하고, 여기서는 그의 국가론만 간단히 짚어본다. 포퍼는 마르크스주의 국가론을 받아들일 경우 정치가 갖는 의미를 부정할 수밖에 없다는 점을 지적했다. 만약 현행 법률과 국가제도의 본질적 기능이 자본주의 생산양식과 부르주아지의 계급지배를 유지하는 것이라면, 정당정치나 선거와 같은 정치행위는 사회를 바꾸는 데 아무런 실질적 기여도 할 수 없기 때문이다. 어떤 형식을 취하든 자본주의사회의 정치는 생산수단의 사적 소유와 현존하는 계급관계에 보조를 맞출 수밖에 없다. 만약 정치가 그 한계를 벗어나 경제적 배경과 계급적 상황의 변화를 표현하는 경우 화산 폭발과 같은 혁명적 성격을 가지게 된다. 그 혁명은 정치행위에 의해 촉발될 수도 없고 억압될 수도 없다.[8]

프롤레타리아혁명이 필연적이고 정치행위가 그 혁명에 영향을 미칠 수 없다면 정치는 아무 의미 없는 권력투쟁에 불과하다. 정당을 만들어 선거에 후보를 내고 선거전을 펼치는 행위는 필연적으로 오고야 말 공산주의 혁명의 정당성을 대중에게 선전·선동하는 전술적 행위일 때만 의미가 있다. 의회에서 많은 의석을 획득해 자본주의사회의 불평등과 불의를 바로잡으려고 노력해도 사회를 근본적으로 바꾸지는 못한다. 기껏해야 부분적인 개량에 그치거나 오히려 자본주의 체제의 근본모순을 은폐하고 체제의 생명을 연장하는 부작용을 낳을 뿐이다. 따라서 정치를 하기 위한 정당은 필요 없다. 만약 정당을 만든다면 사회혁명을 일으키는 데 기여하는 정당이어야만 한다. 블라디미르 일리치 레닌(Vladimir Il'ich Lenin, 1870~1924)의 볼셰비키당이 바로 그런 정당이었다.

포퍼의 해석에 따르면 마르크스주의는 혁명의 방법론이 아니라 순수한 역사이론이다. 경제와 권력정치의 발전과정, 특히 미래 혁명의 진행과정을 예측하는 것을 목적으로 삼는 이론이라는 것이다. 마르크스는 어떻게 하면 혁명을 승리로 이끌 수 있는지, 국가권력을 탈취한 이후 어떻게 사회를 재건해야 하는지에 대해서는 아무런 이야기도 하지 않았다. 볼셰비키 혁명을 성공시킨 직후 레닌이 깨달은 것처럼, 마르크스주의는 실제 경제문제를 해결하는 데 아무런 도움이 되지 않았으며 그런 문제를 다룰 줄 아는 사회주의자는 찾기 힘들었다. 마르크스의 책에는 "각자의 능력에 따라 배분하는 사회에서 각자의 필요에 따라 배분하는 사회로"라는, 아무 소용없는 슬로건 말고는 사회주의 경제에 관한 말이 한마디도 없었기 때문이다.[9] 레닌이 집권 직후 실시했던 소위 신경제정책(NEP)과 5개년 계획은 마르크스의 과학적 사회주의 이론과 아무 관계가 없다.

진보정치가 무엇인지를 다루는 제7장에서 다시 살펴보겠지만, 마르크스주의 국가론의 심각한 부작용 가운데 하나가 정치 무용론과 정치적 냉소주의다. 마르크스주의를 신봉하는 사람에게는 '근본적인 변화'가 중요하다. 정권교체, 법률개정, 국가재정구조와 조세제도 변경 등을 둘러싼 현실의 정치적 대립은 생산수단의 사적 소유와 계급착취의 현실을 수용하는 가운데 벌이는 '부르주아 정치세력들 사이의 권력다툼'에 불과하다. 어느 정당이 집권하고 누가 대통령이 되든, 그런 식으로는 사회를 '근본적'으로 변화시킬 수 없다. 대중이 부르주아 정치집단 사이의 권력투쟁에 휩쓸려 들어가고 '근본적' 변화를 추구하는 혁명적 정치세력을 지지하지 않는 것은 교육과 언론·미디어를 모두 장악한 지배계급이 대중의 계급적 각성을 방해하기 때문이다.

이렇게 보면 정치와 선거는 혁명의 대의를 선전·선동할 수 있는 합법적·전술적 기회로서만 의미를 가진다. 그것을 넘어서는 진지한 정치, 합법적이고 평화적인 선거를 통해 권력을 획득하고 그 권력으로 자본주의사회의 불평등과 악을 치유하려고 시도하는 사람은 '사이비 마르크스주의자', '짝퉁 사회주의자', '정통노선에서 일탈한 수정주의자', '혁명의 대의를 배신한 개량주의자'일 뿐이다. 1919년 출범했던 독일 최초의 공화정 바이마르공화국(Weimarer Republik)에서 재무장관을 지냈던 사회민주당 지도자 에두아르트 베른슈타인(Eduard Bernstein, 1850~1932)이 바로 그런 비난을 한 몸에 받았던 대표적 인물이다. 우리는 마지막 장에서 그를 만나게 될 것이다.

좌절한 사회혁명의 꿈

마르크스주의 국가론은 힘을 잃었다. 옛 소련과 동유럽 사회주의 체제는 완전히 사라져버렸다. 서유럽 사회주의 정당들이 생산수단의 국유화를 요구하는 강령을 삭제한 지 이미 60년이 넘었다. 중국은 공산당이 혼자 지배하는 일당독재 정치체제를 유지하고 있지만 경제체제는 미국이나 유럽과 다름없는 자본주의로 전환했다. 자본주의적 생산관계를 폐지하고 자본주의 체제를 극복해 인간 해방을 이루어야 한다고 믿는 사람들은 작은 공부모임이나 대중이 별로 주목하지 않는 소규모 정치단체에 참여하면서 주로 온라인에서 활동하는 고독한 블로

거로 살아가고 있다. 그들은 실제로 존재했던 사회주의국가들의 몰락이 마르크스의 사상적 오류와 실패를 증명하지 못한다고 생각한다. 러시아 볼셰비키 혁명이나 마오쩌둥(毛澤東, 1893~1976)이 주도한 중국혁명은 '진정한 사회주의혁명'이 아니었으며, 생산수단의 사적 소유를 철폐하는 '진정한 사회주의혁명'이 아니고는 자본주의 체제의 불평등과 사회악을 제거하는 다른 방법이 없다고 주장한다.

1980년대 한국에서는 그 수를 정확하게 헤아릴 수 없을 정도로 많은 청년 지식인들이 노동자들을 계급의식으로 무장시키고 정치적 노동조합운동을 조직하여 혁명투쟁을 북돋우겠다는 꿈을 안고 노동현장에 뛰어들었다. 그들은 흔히 주민등록증을 위조해 고등교육기관에 진학했던 사실을 숨긴 채 전국 주요 공단의 사업장에 노동자로 취직했고, 정체가 탄로 나면 '공문서 위조 및 동 행사'라는 이상한 죄목으로 구속 수감되었다. 언론계·출판계·학계 등 전문직에 종사하는 숱한 지식인들이 그 운동을 후원하고 격려하고 지원했다. 그들은 대부분 마르크스주의를 공부했으며, 자본주의를 극복하지 않고는 인간다운 사회를 만들 수 없다고 진지하게 믿었다. 그런데 1990년을 전후하여 소련과 동유럽 사회주의국가들이 붕괴하자 커다란 정신적 충격을 받았다. 일부는 사상전향을 하고 보수정치세력에 가담해 원조 보수주의자들보다 더 과격한 반공주의 활동을 벌이고 있다. 자유주의 정당에 합류하거나 새로운 진보정당으로 결집한 사람은 더 많다. 직접 정치에 뛰어들지 않은 대다수는 사회의 다양한 분야로 진출해 각자 나름대로 성실하고 양식 있는 시민으로 살아가고 있다.

마르크스주의 사회혁명의 꿈은 사라져버렸다. 그러나 점진적 개선이라도 이루어야 한다는 의지마저 사라진 것은 아니다. 국가가 여전히 지배계급의 도구로 사용되고 있다는 것을 완전히 부정할 수는 없기 때문이다. 우리의 국가는 여전히 유산계급에 우호적이고 무산계급에 적대적이다. 루소의 말마따나 국가 자체가 아니라 정부가, 정부를 구성하는 사람들이 그렇기 때문이다. 주주, 소비자, 회사 직원과 거래업체의 재산을 노략질한 것임에 분명한 수천억 원, 수조 원 규모의 대기업 부당내부거래와 탈세, 비자금 조성, 편법증여와 불법상속에 대해서 국가는 모른 척하거나 비호한다. 법률 위반 사실이 너무나 명백해서 어쩔 수 없이 처벌하는 경우에도 매우 가볍게 하고, 그나마 얼마 가지 않아 사면 복권시킨다. 반면 대량해고에 직면한 노동조합이나 삶의 터전을 빼앗긴 철거민, 보행자들에게 불편을 주는 노점상에 대해서는 사소한 법규 위반도 용납하지 않으며, 적용할 수 있는 모든 법규를 적용해 억압하고 고립시키고 강력하게 처벌한다. 용산 남일당 빌딩을 점거한 철거민들을 테러리스트로 취급한 것을 보면서, 국가가 계급지배의 도구임을 새삼 깨달은 사람이 적지 않았을 것이다.

다시 말하지만 마르크스주의 국가론은 적어도 어느 정도는 진실을 포착해 현실을 설명하는 이론이다. 그러나 이 이론을 전적으로 신봉하는 것은 무척 고통스러운 일이다. 이론은 근본적 사회혁명을 예고하지만, 현실에서는 결코 그렇게 실현되지 않기 때문이다. 그래서인지 이제는 순수한 마르크스주의 국가론을 예찬하고 생산수단의 사적 소유를 철폐하는 근본적 사회혁명을 공개적으로 주장하는 사람을 보기가 쉽지 않다. 그러나 좌절당한 혁명의 꿈이 흔히 그렇듯, 마르크스주의 국가론은 정치적 냉소주의와 의도된 무관심의 형태로 사람들의 마음에 남아 있다. 이런 사람들은 날카로운 신념의 충돌을 동반하는 국가주의자와 자유주의자, 보수정파와 자유주의 정파의 정치적 대결에 대해 냉정하고 관조적인 태도를 보인다. 그 대결은 근본적으로 중요한 싸움이 아니며, 그들 사이의 권력투쟁에서 누가 승리하든 세상은 근본적으로 달라지지 않을 것이기 때문이다.

진보진영에서 한때 크게 유행했던 '노명박'(盧明博)이라는 표현, 자유주의자와 국가주의자를 한 묶음에 넣어버리는 이 '진보적 수사법'의 배후에는 좌절한 마르크스주의 국가론이 놓여 있다. 이 표현이 현실을 적절하게 설명한다고 생각하는 사람에게, 반(反)신자유주의 투쟁이라는 말은 반(反)자본주의 투쟁의 다른 표현에 불과하다. 신자유주의는 사실상 자본주의와 같은 의미를 가진다. 심지어는 물질적 욕망과 돈을 추구하는 삶의 태도 일반을 가리켜 신자유주의라고 하기도 한다. 이때 신자유주의는 마르크스의 표현에 따르면 자본주의적 물신숭배(物神崇拜, fetishism)를 의미한다. 돈을 신으로 섬긴다는 말이다.

마르크스주의에 대한 지적 향수(鄕愁)가 가장 짙게 남아 있는 곳은 언론계·출판계·학계 등 지식을 생산하고 유통하는 분야이다. 적지 않은 지식인들이 자기가 믿는 진리를 대중에게 전파하기 위해 끈질기게 노력한다. 대량해고에 직면한 비정규직 노동자들의 필사적인 싸움을 보면서 "착취당하는 자의 고통" 저편에 "착취당하지 못하는 자의 더 큰 고통"이 함께 존재하는 자본주의사회의 비극을 새삼 들추어낸다. 노동조합을 만들었다가 부당하게 해고당한 비정규직 노동자들은 목숨을 걸고 싸운 끝에 운이 좋은 경우 원래의 파견업체나 사내하청업체에 복직한다. 비정규직 노동자로서 계속 착취당하는 자리에 다시 돌아가는 것이다. 그들이 복직을 위해 싸우는 것은 그 자리마저 빼앗기면 생존하기조차 어렵기 때문이다. 이것이 비정규직 노동자의 '착취당하는 고통'이며, 해고된 노동자가 겪는 생활고는 '착취당하지 못하는 고통'이다. 자본주의 또는 신자유주의가 사회를 지배하는 한 이 고통은 끝나지 않는다. 그런데 그들은 이 '진리'를 전파하면서도 국가가 적극적으로 나서서 사회적 불평등과 억압을 바로잡으라고 요구한다. 본성이 계급지배의 도구인 국가더러 지배계급의 이익에 반하는 사회적 선을 행하라고 말하는 것이 논리적으로는 이상하지만, 정통 마르크스주의가 빛을 잃은 시대인 만큼 서로 너그럽게 이해하고 넘어간다.

좌절한 마르크스주의자는 국가보안법 폐지, 남북 평화협정 체결, 비정규직 철폐, 금융자유화와 자유무역협정 반대, 무상의료와 무상교육 실시를 요구하지만 몸소 정치에 뛰어들어 그런 목표를 실현하는 일에 도전하지는 않는다. 시민의 자유, 인권보장, 언론 자유에 대해서도 그것이 '형식적 민주주의'에 그쳐서는 안 되며 '실질적 민주주의'로까지 나아가야 한다고 주장하면서도 정치와는 일정한 거리를 유지하는 경향이 있다. 생산수단에 대한 사적 소유와 임금노동이라는 자본주의적 생산양식을 유지하는 것이 부르주아 민주주의의 정치적 한계임이 명백한 만큼, 그 안에서 하는 정치에 귀중한 삶을 쏟아붓는 것은 어쩐지 의미가 작은 일에 매달려 인생을 낭비하는 것 같다는 느낌이 들기 때문이다. 마르크스주의 국가론이 정치의 무력함을 내포한다는 포퍼의 지적은 확실히 진실의 한 단면을 제대로 보여주었다.

현실적 위력은 사라졌지만 자본주의 비판이론으로서 마르크스주의가 가진 생명력은 다 타버린 화로 밑바닥의 불씨처럼 여전히 살아 숨 쉬고 있다. 진화의 시간이 아닌 역사의 시간에 그것이 큰 불길로 다시 살아날지는 알 수 없지만 영원히 죽어 없어지지는 않을 것이다. 왜냐하면 그 이론은 좌절한 인류의 꿈을 담고 있기 때문이다. 인간은 때로 이루어질 수 없는 사랑을 하고, 이길 수 없는 적과 싸우며, 실현 불가능한 꿈을 향해 달려간다. 결코 닿을 수 없다는 사실을 잘 알면서도 별을 바라보며 가슴 설레는 것처럼, "한 사람의 자유로운 발전이 만인의 자유로운 발전의 조건이 되는 연합체"에 대한 꿈은 언제든 사람을 다시 설레게 할 수 있다.

우리는 지금까지 '국가란 무엇인가'라는, 이 책이 탐구하는 첫 번째 질문에 대한 대답을 들어보았다. 국가주의·자유주의·마르크스주의 국가론이다. 이 이론들은 모두 나름의 철학적·논리적·경험적 근거와 설득력을 가지고 있으며 안전하고 자유롭고 평등한 삶을 갈구하는 인간의 본능적 욕구를 반영한다. 그러나 어느 것도 모든 사람을 온전하게 만족시키는 대답이 되지는 못한다. 어딘가, 무엇인가 부족해 보인다. 이 부족함을 채우기 위해서는 국가에 대한 또 다른 관점 하나를 마저 검토해야 한다. 바로 '목적론적 국가론'이다. 진보정치와 국가의 도덕적 이상을 다루는 제7장과 제8장에서 우리는 고대 그리스 철학자들의 형이상학에서 발원한 목적론적 국가론을 자세하게 살펴볼 것이다. 국가라는 '최고로 발전한 인간공동체'의 본질과 목적을 더 완전하게 이해하려면, 역설적이지만 무려 2,000년 전 고대 그리스의 위대한 철학자들을 사로잡았던 목적론의 도움을 받을 필요가 있다.

제 4 장

누가 다스려야 하는가

박근혜 대통령에 대한 국회 탄핵 표결이 가결된 2016년 12월 9일 밤,
광화문광장에서 열린 '박근혜 대통령 즉각 하야 촉구 촛불집회' 모습.

사악하거나 무능한 지배자들이 너무 심한 해악을 끼치지 않도록 어떻게 정치 제도를 조직할 수 있는가? 이것이 정치철학이 다루어야 할 올바른 질문이다.

– 카를 포퍼, 『열린사회와 그 적들』

철학자가 왕이 되어야 한다 — 플라톤

철학자와 정치이론가들은 일찍부터 국가가 무엇이며 무슨 일을 어떻게 해야 하는지를 탐색했다. 그러나 보통 사람들은 다른 문제에 관심을 가졌다. 그 본질이 무엇이든 국가는 현실에 존재하고 있으며 그 성격과 기능을 바꾸기는 매우 어렵다. 게다가 국가는 직접 행동하지 않는다. 국가의 의지는 정부를 구성하는 사람들의 행동으로 드러나며 그들이 어떤 생각, 소망, 의지를 지녔는가에 따라 통치를 받는 대중의 삶은 크게 달라진다. 따라서 사람들의 관심이 다음과 같은 실제적인 질문으로 향한 것은 자연스러운 일이다. 누가, 어떤 사람이 국가를 운영해야 하는가? 이것이 '국가란 무엇인가'에 이어 두 번째로 살펴보려는 질문이다.

누가 다스려야 하는가? 이것은 어떤 사람이 다스리는 것이 좋은지 가치판단을 묻는 규범적 질문이다. 만약 '바람직한 국가운영'이 무엇인지에 대한 사람들의 판단이 일치한다면, 그리고 실제로 다스리는 사람이 그러한 가치판단에 입각해서 볼 때 늘 바람직하게 다스렸다면 아무도 이런 질문을 떠올리지 않을 것이다. 그러나 '바람직한 국가운영'이 어떤 것인지 사람들은 저마다 달리 생각한다. 그 문제에 대해서 모두가 동일한 판단을 한다고 가정하더라도 문제는 여전히 남는다. 어떤 특정한 권력자의 실제적 직무수행능력에 대해 사람들의 평가가 같지 않기 때문이다.

먼저 바람직한 국가운영에 관한 가치판단 기준에 대해 검토해보자. 이 문제는 국가의 목표와 관계가 있다. 누가 다스려야 하는가? 가장 일반적인 대답은 국가가 추구하는 목표를 가장 잘 실현할 수 있는 사람이 다스려야 한다는 것이다. 그렇다면 국가는 어떤 목표를 추구해야 하는가? 또는 국가는 어떤 목적을 위해 존재하는가?

이것은 관념적이고 형이상학적인 질문이다. 실제 국가가 하고 있는 일과 직접 관련되지 않은 질문이고, 또 국가에 어떤 불변의 목적이 존재한다는 믿음을 전제로 할 때에만 성립할 수 있기 때문이다. 게다가 실제로 국가권력을 장악한 사람들이 이 질문에 대한 답을 제시하고 인민이 그것을 승인해서 권력을 차지한 것도 아니었다. 그렇다면 현실에서는 어떤 사람이 국가권력을 장악했을까? 어떤 방법으로든 사람들이 자기에게 복종하도록 만드는 능력을 발휘한 사람들이 국가권력을 차지했다. 그 능력은 어떤 것이었을까? 어떤 능력을 가져야 국가권력을 장악하고 인민들에게 합법적 폭력을 행사할 권한을 가질 수 있는가? 적절한 답변을 가장 쉽게 제시한 인물은 미래학자로 유명한 앨빈 토플러(Alvin Toffler, 1928~2016)였다.

토플러는 인간의 행동에는 특정한 목적이 있다고 보았다. 그러니 목적의식적인 인간 행동에 초점을 맞추어보자. 무엇이 사람들과 사회로 하여금 '강자'의 뜻에 순종하도록 만드는가? 완력, 돈, 정신의 삼위일체다. 최대한의 권력을 행사하는 사람은 이 세 가지 수단 모두를 현명하게 연결하여, 고통스러운 처벌의 위협과 달콤한 보상의 약속을 효과적으로 사용한다. 애초 권력의 원천은 주로 완력이었다. 그러나 문명의 발달과 더불어 돈이, 그다음에는 지식이 점차 더 주도적인 역할을 했다. 미래의 모든 인류 조직체에서 전개될 권력투쟁의 핵심문제는 지식이다. 지식 그 자체는 최고 품질 권력의 원천일 뿐만 아니라 물리력과 부의 가장 중요한 요소이기도 하다. 지식은 과거 금권과 완력의 부속물이었으나 이제는 그 본질적 요소가 되었다.[1] 완력에서 돈으로, 그리고 돈에서 지식으로. 토플러는 이것을 인류 문명을 관통하는 보편적 권력이동 현상으로 규정했다.

이제 원래의 질문으로 돌아가자. 누가 다스려야 하느냐는 질문은 물리력 또는 완력이 권력획득의 중심요소였던 시기에 나왔다. 비슷한 시기에 살았던 플라톤과 맹자(孟子, 기원전 372~289)가 대답했다. 플라톤은 철학자가 왕이 되어야 한다고 했다. 맹자는 덕이 있는 자가 왕이 되어야 한다고 했다. 먼저 플라톤의 생각을 살펴보자.[2] 철학자가 왕이 되어야 한다는 플라톤의 주장은 '목적론'이라는 철학의 기초 위에 서 있다.

만물에는 모두 그 고유의 텔로스(telos, 목적)가 있다고 플라톤은 믿었다. 그가 국가의 텔로스라고 생각한 것은 바로 정의였다. 국가는 정의실현을 목적으로 하는 인간공동체라는 것이다. 그러면 정의는 무엇인가? 플라톤은 정의가 무엇인지를 먼저 국가에서 찾은 다음 그 결과를 개인에게 적용하려고 했다. 만약 건강하고 강하고 통합되고 안정되어 있다면 그 국가는 정의롭다. 국가가 정의로우려면 국가를 구성하는 모든 사람들이 각자 자기의 텔로스를 충실하게 실현해야 한다. 지배자는 지배하고, 전사는 싸우고, 노예는 일하는 것이다. 플라톤은 정의를 개인들 사이의 관계가 아니라 계급관계에 근거를 둔 완성된 국가의 한 성질로 간주했다. 이것은 정의에 관한 우리의 관념과 크게 다르다. 우리는 계급특권이 없는 것을 정의라고 하지만, 그는 계급특권을 정의라고 했다.[3]

플라톤의 견해에 따르면 부분은 전체를 위해 존재하지만 전체가 부분을 위해 존재하는 것은 아니다. "너는 모든 사람을 위해 창조되었지만 모든 사람이 너를 위해 창조된 것은 아니다"는 것이다. 따라서 개인은 무엇보다 전체의 이익에 도움이 되어야 한다. 이 말은 전체주의나 집단주의를 호소력 있게 설명한다. 한 집단이나 부족에 속하고자 하는 열망과 같은 여러 감정들에 대한 호소, 이타주의에 찬성하고 이기주의를 물리치자는 도덕적 호소이기에 강한 매력이 있다.[4] 이것은 명백한 전체주의 철학이다. 플라톤은 전체주의 사상의 철학적 원조라는 혐의를 받을 만하다.

플라톤은 국가가 자기의 텔로스를 실현하려면 주권을 철학자에게 맡겨야 한다고 주장했다. 여기서 철학자는 단순히 철학을 연구하는 사람이 아니다. 무엇이 선(善)인지, 무엇이 정의인지 아는 사람이다. 플라톤의 철학자는 겸허하게 진리를 찾는 구도자가 아니라 이미 모든 것을 다 안다는, 거만한 진리의 소유자이다. 그는 영원한 천국의 '형상'이나 '이데아'를 보고 교류할 수 있다. 지혜로나 능력으로나 모든 사람 위에 군림하는 신과 같다. 신은 아니더라도 신성한 존재다. 전지전능한 자에 가깝다. 단순한 철학자가 아니라 철인왕(哲人王)이다.[5] 결국 플라톤이 요구한 것은 학식의 지배 또는 현자의 지배(sophocracy)였던 것이다.[6]

'누가 다스려야 하는가'라는 규범적 질문에 플라톤은 규범적으로 대답했다. 자유주의 철학자 포퍼는 이것이 마음에 들지 않았다. 그런데 그를 정말 불편하게 만든 것은 플라톤의 대답이 아니라 '누가 다스려야 하는가'라는 질문 그 자체였다. 그래서 포퍼는 플라톤을 심하게 몰아세웠다. 물론 오늘의 가치기준에 비추어보면 플라톤은 비난받아 마땅한 인물이다. 그는 노예제를 인정한 도시국가 아테네의 귀족이었다. 계급제도를 철학적으로 승인했고 여성을 가축과 동급으로 취급한 가부장제를 옹호했다. 국가와 정치에 대한 플라톤의 견해 가운데 그가 말한 그대로 우리가 받아들일 만한 내용은 별로 없다. 그러나 완력이 권력의 주된 원천이었던 시대에 엉뚱하게도 학식의 지배를 요구했다는 점에서 플라톤은 자기의 시대를 넘어섰다. 그가 '철인왕'을 생각한 것은 지식과 지혜가 모자라면서도 완력이 뛰어난 사람들이 국가권력을 장악하고 휘두른 현실에 문제의식을 가졌기 때문일 것이다. 나는 그 문제의식에 공감한다. 정의를 국가에서 먼저 찾으려 한 것이 철학적 오류였다 할지라도 정의·선·미덕을 실현하는 것을 국가의 텔로스로 규정한 '목적론적 국가론'만큼은 주의 깊게 살펴볼 가치가 있다고 믿는다.[7]

군자가 다스려야 한다 — 맹자

맹자는 플라톤과 달랐다. 춘추전국시대 500년 대전란의 뒤끝에 살았던 맹자는 지식의 지배가 아닌 덕(德)의 지배를 요구했다. 덕을 갖춘 사람이 왕이 되어야 한다는 것이다. 당시는 수많은 국가들이 명멸하는 가운데 모든 왕들이 부국강병에 혈안이 되어 있던 시대였다. 이런 상황에서 덕을 바탕으로 한 왕도정치를 역설한 맹자는 지식의 지배를 원했던 플라톤만큼이나 엉뚱해 보인다. 맹자가 말하는 덕은 다른 사람의 고통을 함께 느끼는 측은지심(惻隱之心), 나와 타인의 불의를 부끄러워하고 미워하는 수오지심(羞惡之心), 사랑과 정을 다른 사람에게 적절히 표현하는 사양지심(辭讓之心), 그리고 그런 마음을 때와 장소에 따라 어떻게 드러내야 하는지를 판단하는 시비지심(是非之心)이다.[8]

맹자의 견해에 따르면 이런 네 가지 마음을 갖춘 군자(君子)가 왕이 되어 무엇보다 먼저 백성의 경제생활을 안정시켜야 한다. 위로는 부모를 섬기기에 충분하게 하고 아래로는 처자식을 먹여 살릴 만하게 하여, 풍년에는 언제나 배부르고 흉년에는 죽음을 면하게 하는 것이다.[9] 이렇게 하려면 산업을 진흥하고 세금을 줄여주며 형벌을 가볍게 해야 한다. 그런 다음에야 바람과 같은 군주의 덕으로 풀과 같은 백성의 마음을 감화시킬 수 있다. 힘과 위세를 내세우는 패자(覇者)가 다스리는 나라의 백성은 환호작약하지만, 왕자(王者)가 덕으로 다스리는 나라의 백성은 느긋하게 자족한다. 왕자의 백성들은 죽여도 원망하지 않고 이롭게 해주어도 군주의 공으로 여기지 않는다. 백성들은 날마다 선(善)으로 옮겨가지만, 누가 그렇게 만드는지 알지 못한다. 군

자가 지나가는 곳의 사람들은 감화되며 그가 거처하는 곳은 다스려진다.[10]

춘추전국시대에는 그야말로 노골적인 완력이 권력의 원천이었고 지식은 부차적인 요소에 지나지 않았다. 지식인은 강한 군대를 보유한 군주가 지식의 중요성을 알고 합당한 예우를 해야만 뜻을 펼 수 있었다. 이런 시대에 맹자는 완력만으로는 다스릴 수 없으며 백성들의 물질적 삶을 풍요롭게 하고 인의(仁義)로 사람을 대하는 덕치(德治)만이 군주가 성공할 수 있는 길이라는 왕도정치론(王道政治論)을 펼친 것이다.

지식과 지혜를 가진 철학자가 다스려야 한다는 플라톤의 주장이 순수한 당위론인 것과 달리, 덕을 갖춘 군자가 다스려야 한다는 맹자의 이론은 당위론인 동시에 관찰과 경험에 토대를 둔 현실론이었다. 그는 통치하는 자의 개인적 능력만이 아니라 그의 지도력에 대한 대중의 승인이 국가권력의 정통성과 안정성을 좌우한다고 보았다. 맹자는 군주를 민심의 바다에 뜬 배에 비유했다. 백성은 무겁고 군주는 가볍다. 물을 거스르면 배는 뒤집어진다. 주(周)나라 무(武)왕은 은(殷)나라 주(紂)왕의 제후였는데, 폭정을 자행한 주왕을 정벌하고 왕조를 교체했다. 이를 두고 제선왕(齊宣王)이 신하가 임금을 시해해도 되는 것인지 물었을 때, 맹자는 주 무왕이 남을 해치고 잔인하게 구는 한 사내를 처형했다는 말은 들었지만 군주를 시해했다는 말은 듣지 못했다고 대답했다.[11] 덕이 있는 자가 다스려야 한다는 맹자의 주장은 덕이 없는 왕은 왕이 아니며 그런 왕을 덕이 있는 자가 처단해도 된다는 말로 해석할 수 있다. 이것은 고대 중국 대륙에서 실제 전개되었던 국가의 흥망을 잘 설명하는 이론이다.

플라톤과 맹자의 국가론은 서로 다른 점이 많지만 한 가지는 같다. 바로 목적론적 국가론이라는 것이다. 그들에게 국가는 선·정의·덕을 실현하기 위해 존재한다. 이 목적을 달성하지 못하는 국가는 안정되고 통합된 국가일 수 없다. 목적론은 철학 발전의 초기 단계에서 널리 통용되던 관념론이다. 개체발생은 계통발생을 반복한다는 생물학의 법칙을 적용하면, 목적론은 지성이 아직 제대로 발달하기 전인 어린아이들이 애용하는 사고방식이다. 한때 이런 유머가 유행한 적이 있다. 아이들은 흔히 이렇게 생각한다고 한다. "엄마는 내게 밥을 해주기 위해서, 강아지는 나와 놀아주기 위해서, 냉장고는 시원한 음료를 주기 위해서 있다. 그런데 아빠는 내게 해주는 것이 없다. 아빠는 왜 있는지 모르겠다."

정의는 강자의 이익 — 트라시마코스

국가는 선이나 정의, 덕을 실현할 목적이 아니라 단순히 생존을 위해 만들어졌다. 나는 국가의 기원에 관한 홉스의 생각이 실제 역사에 부합한다고 생각한다. 인간사회는 어떤 경우에도 권력의 공백을 허용하지 않는다. 자연이 진공을 허용하지 않는 것과 같은 이치다. 권력의 공백이 있는 곳 어디에서나 그 공백을 메우기 위한 투쟁이 벌어진다. 결국 완력, 돈, 지식이라는 수단을 현명하게 결합함으로써 복종하지 않는 자에게 처벌의 위협을 주고 복종하는 자에게 보상을 약속할 수 있는 사람들이 압도적 폭력을 구축한다. 그리고 그 폭력이 스스로 자신에게 합법성을 부여함으로써 국가가 생겨난다. 그래서 국가가 만든 법은 먼저 선이나 정의 같은 추상적 가치가 아니라 강자의 이익을 지키는 것을 목적으로 삼는다. '정의는 강자의 이익'이며, '법은 큰 고기만 빠져나가는 촘촘한 그물'이라는 말이 괜히 생긴 게 아니다.

고대 그리스의 소피스트 트라시마코스(Thrasymachus, ?~?)는 '정의는 강자의 이익'이라는 말을 남겼다. 이 사람에 대해서는 소크라테스와 같은 시대에 살았던 철학자라는 것 말고는 알려진 바가 거의 없으며 남은 저서도 없다. 그가 쓴 책이 있었지만 알렉산드리아 대도서관이 아랍인들의 침략으로 불탔을 때 함께 소실되었는지도 모른다. 플라톤은 스승인 소크라테스가 다른 철학자들과 벌인 논쟁을 기록하는 방식으로 『국가』Politeia라는 책을 썼는데, 이 책에서 트라시마코스는 괴상한 주장을 펼치다가 소크라테스에게 망신을 당하는 인물로 등장한다.

플라톤이 그렇게 기록해둔 탓에 트라시마코스가 쾌락주의 철학을 펴면서 현실의 불의를 합리화했다는 인식이 널리 퍼져 있다. 하지만 묵자(墨子, 기원전 479~381)의 경우처럼 트라시마코스에 대한 평가도 확실한 근거가 있다고 하기는 어렵다. 『맹자』나 『사기열전』에 등장하는 묵자는 극단적이고 해괴한 논리로 유가(儒家)의 논리를 공박하고 대중을 현혹하는 사람으로 보인다. 만약 묵자와 그 제자들이 아무런 저서도 남기지 못했다면 우리는 묵자의 사상이 자연주의, 상호부조론, 반전평화주의를 포괄하고 있다는 사실을 알 수 없었을 것이다.

플라톤이 『국가』에서 소개하고 비판한 트라시마코스의 주장을 요약해보자. 정의는 더 강한 자의 이익이다. 모든 정권은 자기의 편익을 목적으로 삼아서 법률을 제정한다. 민주정체는 민주적인 법률을, 참주정체는 참주체제의 법률을, 그 밖의 정치체제도 다 이런 식으로 법률을 제정한다. 일단 법 제정을 마친 다음에는 자기들에게 편익이 되는 것을 올바른 것으로 공표하고, 이를 위반하는 자를 범법자나 올바르지 못한 짓을 저지른 자로 처벌한다. 그래서 정의는 더 강한 자의 이익이라는 것이다. 어느 나라에서나 정권의 편익을 정의로 간주한다. 정치권력이 힘을 행사하기 때문에 정의는 강자의 편익으로 귀결된다는 것이 올바른 추론이다.[12]

플라톤은 소크라테스의 입을 빌려 트라시마코스를 장황하게 논박했지만 별로 효과가 없었다. 트라시마코스가 수긍하지도 않았고 플라톤의 비판이 그럴듯해 보이지도 않는다. 플라톤은 자기에게 해로운 논쟁을 한 것인지도 모른다. 정의가 강자의 이익이라는 트라시마코스의 견해를 받아들이면, 철학자가 왕이 되어야 한다는 플라톤의 주장이 오히려 더 설득력이 있기 때문이다. 만약 지식이 권력의 주된 원천인 상황이었다면 플라톤은 굳이 현자지배론을 내세우지 않았을 것이다. 현자지배론이나 왕도정치론은 지식이나 덕이 아니라 완력이 더 중요한 권력의 원천인 현실에서 필요한 이론이다. 지혜로운 자와 덕이 있는 자가 왕이 되어야만 국가가 강자의 이익을 정의로 선포하기보다는 공동체에 보편적으로 적용할 수 있는 선과 미덕을 실현할 수 있지 않겠는가. 누가 다스려야 하는지가 중요한 문제일 수밖에 없었던 것은 국가권력을 장악한 자가 절대적 권력을 행사하던 당시의 정치체제 때문이었다. 그렇지 않았다면 누가 다스려야 하는지는 훨씬 덜 중요한 문제가 되었을 것이다.

악을 최소화하는 방법 – 민주주의

누가 다스려야 하느냐는 질문이 정치철학을 오도했다는 이유로 포퍼가 플라톤을 비난한 것은 지나친 처사였다. 이 질문은 필요하고 또 중요하다. 물론 이 질문이 너무나 오래 정치철학의 세계와 사람들의 생각을 지배했다는 데 문제가 있기는 하다. 포퍼는 플라톤이 정치문제를 '누가 통치해야 하는가'라는 형태로 나타냄으로써 정치철학의 지속적 혼란을 야기했다고 타박했다. 물론 그렇게 비판할 수는 있다. '가장 선한 자', '최고의 현자', '타고난 통치자', '지배기술에 통달한 자' 또는 '일반의지'가 통치해야 한다는 식의 대답이 나올 수밖에 없기 때문이다. 이 모두는 논리적으로는 옳지만 아무 쓸모없는 대답이다. 누가 '최악의 인물', '가장 어리석은 바보', '타고난 노예'의 지배를 옹호하겠는가? 하지만 이 질문을 정치철학의 근본문제로 설정함으로써 플라톤이 정치철학의 본질적인 문제를 간과해버렸다는 지적은 경청할 가치가 있다. 누가 통치해야 하는지가 중요하다고 믿는 사람도 정치지배자들이 충분히 선하거나 현명하지 않으며, 절대적으로 믿을 수 있을 만큼 선하고 현명한 정부를 갖기란 결코 쉽지 않다는 것을 인정한다. 그렇다면 왜 처음부터 나쁜 정부가 들어설 가능성을 탐구해서는 안 되는가? 이렇게 생각하면 질문의 형식이 달라진다. "사악하거나 무능한 지배자들이 너무 심한 해악을 끼치지 않도록 어떻게 정치

제도를 조직할 수 있는가?" 이것이 정치철학이 다루어야 할 올바른 질문이라는 게 포퍼의 주장이다.[13]

여기에는 분명 일리가 있다. 만약 최선의 인물이 국가권력을 장악하도록 보장하는 확실한 방법이 없다면, 현실적으로 의미 있는 질문은 "정치제도를 어떻게 조직해야 최악의 인물이 권력을 잡더라도 악을 많이 저지르지 못하도록 할 수 있느냐"로 넘어갈 수밖에 없기 때문이다. 포퍼는 이 근본적이고 가장 중요한 문제의 해법으로 민주주의를 제시했다. 우리는 흔히 민주주의는 국가를 잘 통치할 훌륭하고 유능한 사람과 정당을 국민이 선택하는 제도라고 생각한다. 그러나 주권자인 국민 모두가 동등한 의사결정권을 행사하는 보통선거제도가 그런 사람과 정당을 선택하는 방법으로 가장 적합하고 효율적이라고 단언하기는 어렵다. 이론적으로도 그러려니와 세계 각국의 경험을 보아도 최악의 인물에게 권력을 맡긴 예가 적지 않다. 대표적인 사례가 히틀러다. 인류 역사에서 가장 끔찍한 전쟁범죄를 저질렀던 히틀러는 독일 국민이 보통선거를 통해 민주적으로 선출한 권력자였다. 민주주의 국가에서 사악하거나 무능한 또는 둘 다인 사람을 지도자로 선출한 사례는 숱하게 많다.

최근 여론조사 결과를 보면 한국 국민이 가장 싫어하는 전직대통령은 이명박이다. 응답자의 48%가 이명박을, 25.6%가 전두환을 비호감 대통령으로 지목했다. 광주 전남 일원에서 대학살을 저지르면서 권력을 강탈했고 천문학적 규모의 부정부패를 저질렀던 전두환은 국민이 자유선거로 뽑은 대통령이 아니었다는 사실을 고려하면 민주적으로 선출한 대통령 중에는 이명박 대통령의 비호감도가 압도적이다.[14] 이명박 대통령의 캐릭터는 '사기꾼'으로 굳어졌다. 앞으로는 혼군(昏君) 캐릭터를 확고하게 만든 박근혜 대통령이 비호감도 1위를 차지할지도 모른다. 민주주의 선거제도가 훌륭한 인물을 권력자로 선출하는 데 가장 적합한 제도가 아니라는 것을 증명하는 데는 이 두 대통령의 사례를 드는 것만으로 충분하다고 믿는다.

그러나 그렇다고 해서 민주주의 정치제도를 비난할 수는 없다. 민주주의 정치제도의 목적이 가장 훌륭한 사람을 권력자로 선출하여 많은 선을 행하도록 하는 것은 아니기 때문이다. 민주주의 정치제도의 목적과 강점은 사악하거나 거짓말을 잘하거나 권력을 남용하거나 지극히 무능하거나 또는 그 모든 결점을 지닌 최악의 인물이 권력을 장악하더라도 나쁜 짓을 마음껏 저지르지는 못하도록 하는 데 있다. 권력자가 헌법과 법률이 부여한 권한범위 안에서 합법적 수단으로만 통치하도록 하는 법치주의, 언론·출판·사상·표현·집회·시위의 자유 등 국민의 기본권은 법률로도 그 본질적 내용을 침해할 수 없도록 한 헌법, 입법부와 사법부를 행정부와 분리하여 서로 감시하고 견제하도록 하는 삼권분립, 감사원과 국가인권위원회 등 국가권력의 오·남용을 예방하고 시정하는 일을 주된 임무로 하는 독립적 국가기관 설치, 복수정당제와 같은 제도화된 권력분산과 상호견제 장치가 민주주의 정치제도의 핵심이 된 것은 모두 이런 목적을 이루는 데 효과가 있기 때문이다.

이런 현상을 우리는 일상적으로 경험한다. 이명박 대통령은 한강과 낙동강을 연결해 서울에서 부산까지 배가 다니도록 하는 '한반도 대운하' 사업을 하려고 했지만 언론의 비판과 야당의 반대에 부딪쳐

'4대강사업'을 하는 것으로 한발 물러서야 했다. '미네르바'라는 필명으로 정부의 경제정책을 날카롭게 비판했던 시민을 전기통신사업법 위반으로 구속함으로써 언론자유와 표현의 자유에 재갈을 물리려 했지만 법원은 무죄를 선고해 그를 풀어주었다. 박근혜 대통령은 문화융성이니 스포츠 육성이니 하는 명분 아래 재벌 대기업을 압박해 800억 원 가까운 돈을 미르재단과 K스포츠재단에 내도록 하고 문화체육관광부를 비롯한 정부부처에 측근들의 이권을 도모하는 예산을 수천억 원 편성했다. 그러나 언론의 탐사보도로 실상이 드러나면서 두 재단은 해산의 운명을 맞았고 야당은 이른바 '최순실 예산'을 샅샅이 찾아내어 삭감해버렸다.

민주주의 사회에서는 홉스와 마키아벨리를 추종하는 인물이 대통령이 된다고 해도, 다른 권력기관들을 자유주의자나 마르크스주의자가 장악한다면, 만사를 다 자기 마음대로 하지는 못한다. 그런데 이것을 민주주의 정치제도의 장점으로 받아들인다면 그 약점도 수용해야 한다. 민주주의 정치제도는 국가가 선을 행하는 것도 방해할 수 있다는 것이다. 민주주의 사회에서는 플라톤의 현자가 대통령이 된다할지라도 자신이 선이라고 생각하는 일을 마음껏 하지는 못한다. 국회와 헌법재판소, 언론과 정당 등 다른 권력기관들을 사악한 인물들이 장악하고 있을 수 있기 때문이다. 훌륭하고 지혜로운 최선의 인물이 권력을 잡아도 선한 일을 많이 할 수 없다면 무척 안타까운 일이지만, 이것은 최악의 인물이 권력을 잡아도 마음대로 악을 저지르지 못하게 하는 대가로 감수할 수밖에 없는 부작용이다.

이러한 강점과 약점을 시민들이 제대로 보지 못하면 민주주의 그 자체가 위태로워질 수 있다. 민주주의가 최선의 인물을 지도자로 뽑아 최대의 선을 행하게 하는 것이라고 오해할 경우, 선거는 자칫 '다시 실망하기 위해서 매번 새로운 지도자를 선출하는 비극적 이벤트'로 전락할지 모른다. 뽑아놓은 지도자가 알고 보니 최선의 인물이 아니었다거나, 선하기는 하지만 능력과 추진력이 부족하다고 해서 실망하게 되고, 그래서 대중이 선거 자체에 대한 진지한 관심을 잃게 되면 민주주의는 그야말로 교묘한 위선으로 잘 무장한 최악의 인물이 달콤하지만 실현할 수 없는 약속을 내세워 권력을 장악하는 중우정치(衆愚政治)로 타락할 수 있다. 플라톤과 아리스토텔레스는 이런 결점 때문에 민주주의를 좋아하지 않았다.

대한민국은 "사악하거나 무능한 지배자들이 너무 심한 해악을 끼치지 않도록 하는" 민주주의 정치제도를 갖춘 나라이다. 이 제도들을 제대로 지키고 발전시키는 것이 어떻게 하면 훌륭한 사람을 대통령으로 뽑을지를 고민하는 것보다 훨씬 중요하다. 이렇게 생각하면, 뽑아놓은 대통령과 국회의원들이 마음에 들지 않는다고 해서 민주주의가 좋지 않은 제도라고 불평할 수 없다. 그들이 일시적으로 악을 저지른다고 해도 위축될 이유가 없다. 민주주의 정치제도는 원래부터 그런 위험을 적절하게 관리하기 위해 만든 것이기 때문이다. 국민은 언제든, 임기가 정해져 있는 정부를 해고하고 새로운 정부를 세울 수 있다. 평화적이고 합법적으로 국민이 정부를 교체할 가능성이 열려 있는 한, 그 나라의 정부는 민주정부이다. 이 가능성을 말살하면 독재정부가 된다. 압도적인 민심의 압력이 국회의 대통령 탄핵을 이끌어낸 2016년 12월 9일, 우리는 대한민국이 민주주의 국가임을 재확인했다.

누가 다스려야 하는가

우리는 플라톤이나 맹자가 살았던 세상과는 전혀 다른 시대에 살고 있다. 누가 다스려야 하는지가 정치철학의 핵심문제는 아니다. 민주주의 정치제도를 실시하다보면, 때로는 선하고 훌륭한 인물이 권력을 잡기도 하고 때로는 위선적이고 사악한 인물이 권력을 잡기도 한다. 그러나 주권재민 사상과 법치주의에 토대를 둔 민주주의 정치제도를 잘 가꾸기만 한다면, 위선적이고 사악한 인물과 정치세력을 국민이 언제든 합법적으로 징계하거나 해고할 수 있다. 정말 중요한 것은 민주주의가 인간이 발명한 가장 부작용이 적은 정치제도라는 점을 알고 주권자로서 참여하여 그것을 발전시켜나가는 일이다.

그러나 그렇다고 해도, '누가 다스려야 하는가'는 여전히 매우 중요한 문제임에 분명하다. 러셀의 말처럼, 경찰의 무력을 바탕으로 한 국가의 내적인 힘은 때로 헌법과 법률의 제한을 넘어선다. 민주주의 사회에서조차 국가는 종종 국민에게 맹목적이고 무조건적인 순종을 강요한다. 국가는 때로 시민의 자유와 권리를 부당하게 억압하는 폭정을 성공시킴으로써 그것이 폭정임을 은폐한다. 아무리 철저하게 권력을 분산하고 강력한 견제장치를 만들어놓아도 제도를 운영하는 것은 결국 사람이다. 사람이 만든 어떤 것도 천의무봉(天衣無縫)의 경지에 이르지는 못한다. 완전무결한 민주주의 제도가 있다고 해도, 권력이 완전하지 못한 인간의 손에 있는 한 반드시 문제가 생긴다. 인간이라면 누구도 권력남용의 욕망을 완전하게 제어하지 못한다. 소위 '완장문화'는 인간 본능의 표현이다.[15] 게다가 인간은 너무나 오랜 세월 순종하며 살아왔다. 권력 앞에서는 일단 두려움을 느낀다. 그래서 사악한 인물이 권력을 잡으면 민주주의 국가도 많은 악을 저지른다.

'누가 다스려야 하는가'에 대해 사람들은 서로 다른 선호를 가지고 있다. 다 그런 것은 아니겠지만, 국가주의자는 대체로 강력한 카리스마를 가진 지도자를 원한다. 이런 사람들은 이승만, 박정희 대통령은 물론이요 전두환 대통령까지도 좋아하는 경향이 있다. 그들은 이렇게 믿는다. 대통령은 합법적이고 정당한 폭력을 행사할 수 있는 국가의 힘을 보여주어야 한다. 말수가 적고 매사 행동으로 보여주는 것이 존경받을 수 있는 권력자의 자질이다. 말이 많은 대통령은 좋지 않다. 국민이 뽑아주었으면 정해진 임기 동안 소신껏 국가를 운영해야 한다. 자유주의자임을 내세우면서도 이런 스타일의 권력자를 좋아하는 사람은 겉만 자유주의자의 온화함을 치장하고 있을 뿐 속은 국가주의자인 경우가 많다.

자유주의자는 대체로 국민과 잘 소통하면서 힘보다는 말로 다스리는 대통령을 좋아한다. 국민의 다양한 의사를 존중하면서 능동적으로 타협하고 절충하는 리더를 선호한다. 힘과 카리스마를 앞세우는 권력자는 무식하고 난폭하다고 생각한다. 헌법과 법률을 존중하면서 겸손한 태도로 나라를 운영할 것을 요구한다. 대통령이 자신의 소망과는 다른 권력적 행태를 보일 때는 즉각 비판적인 견해를 형성하지만, 참을 수 없을 정도로 자유와 인권을 파괴하지 않는 한 전투적으로 대항하지는 않는다. 민주주의 제도가 살아 있는 한, 마음만 먹으면 권력자를 합법적·평화적으로 교체할 수 있다고 믿기 때문이다.

2008년 봄의 대규모 촛불집회는 우리 사회 내부에 축적되어 있던 자유주의적 열망의 집단적 표출이었다. 촛불집회는 미국산 쇠고기 위생검역 조건을 완화하기로 미국과 합의한 정부의 행위를 비판하는 여중생들이 삼삼오오 거리로 나오면서 시작되었다. 작은 거리집회는 '촛불소녀'라 불렸던 청소년들, 유모차 부대, 20대 여성들이 합류하면서 점점 더 커졌다. 거대한 물결을 이루었던 촛불시민들은 대통령이 국민의 요구를 경청하고 국정운영에 반영해주기를 원했다. 대통령을 퇴진시키거나 정부를 전복할 의사는 조금도 없었다. 그런데 그들의 끈질긴 대중행동에 대한 대통령의 응답은 거짓 사과와 물대포였다. 대통령이 국민의 요구를 경청하고 대화할 의사가 없다는 사실을 확인하자, 촛불시민들은 더 이상 거리로 나오지 않았다. 촛불집회는 이제 온라인 동영상으로만 남아 있다. 계속해서 투쟁하자는 조직된 '깃발시민'들의 주장에 '촛불시민'들은 호응하지 않았다. 그들은 다른 방식으로 의사를 표현했다. 선거에 참여하여 헌법과 법률이 보장하는 정치참여의 권리를 행사함으로써 불의를 저지르는 정부를 교체하려고 했다. 2010년 지방선거에서 자치단체 책임자와 지방의회를 대폭 교체했다. 그러나 2012년 대통령선거에서 중앙정부의 권력을 교체하는 데는 실패했다.

2008년 촛불집회 이후 대한민국에서 벌어진 정치상황은 포퍼의 견해가 전적으로 옳지는 않다는 것을, '누가 다스려야 좋은가'는 21세기에도 여전히 중요한 문제임을 드러냈다. 이명박 대통령은 대중을 속이는 데 능한 대통령이었다. 물그릇을 키우면 수질이 좋아진다는, 그 자신도 믿지 않았을 거짓말을 내세워 멀쩡한 4대강을 파괴하는 사업에 무려 30조 원이나 되는 국가재정을 탕진했다. 독보적인 국민 비호감도 1위를 차지한 것도 바로 그 때문이라고 보아야 할 것이다. 박근혜 대통령은 사리분별을 하지 못하는 무능하고 어리석은 권력자였다. 세월호 참사와 메르스 사태는 아무리 훌륭한 위기관리 시스템이 있어도 대통령과 참모들이 그것을 사용할 능력이 없으면 별 소용이 없다는 것을 증명했다. 최순실과 차은택 등 소위 '비선실세'의 국정농단이 드러나면서 빚어진 전국적 하야 요구 촛불집회와 국회의 탄핵 사태는 국정을 이끌어갈 능력과 의지가 없는 사람을 대통령으로 뽑았을 때 벌어질 수 있는 상황을 극단적인 형태로 보여주었다.

국민들은 정부를 정상적으로 운영할 능력이 없다는 사실이 명백하게 드러난 대통령에게 사임을 요구했다. 스스로 물러나지 않을 경우 국회가 탄핵하여 직무를 중지시키고 후임자를 새로 선출하기를 원했다. 결국 박근혜 대통령은 탄핵으로 직무를 정지당했다. 그가 물러난 자리에 지적·정신적·도덕적으로 더 훌륭한 인물을 세우게 될지 여부는 지금으로서 알 수 없다. 그러나 이명박, 박근혜 대통령 집권 9년의 경험이 '누가 다스려야 하는가'라는 정치철학의 오래된 주제에 대한 시민들의 고민과 성찰에 폭과 깊이를 더하리라는 것만큼은 의심할 여지가 없다.

세월호 참사 당일 박근혜 대통령이 저지른 극도의 태만과 최순실 등 측근들이 벌였던 저질 국정농단의 실상이 드러난 후 대다수 국민들이 대통령의 자질부족과 무능을 개탄했다. 지식인과 언론인들은 광장에 한 점의 쓰레기도 남기지 않았던 촛불시민의 수준 높은 의식과 행동을 다투어 예찬했다. 그런데 그런 사람을 대통령으로 뽑은 국민의 어리석음을 내놓고 지적한 이는 별로 없었다. 물론 국민은 주권자이니 선거에서 누구든 선택해도 되고, 또 뽑아놓은 대통령에게 사임을 요구해도 된다. 그게 주권재민의 원리를 천명한 우리 헌법의 원리다. 그러나 다수의 유권자가 현명하지 않은 선택을 했던 이유에 대해서는 분명하게 짚고 넘어갈 필요가 있다. 주권자의 선택이 언제나 훌륭하고 합리적인 건 아니기 때문이다. 박근혜 대통령은 사리분별에 어둡고 자기애가 강하며 공사구분이 확실치 않은 사람이었다. 국가는 고사하고 육영재단이나 영남대학교 재단처럼 작은 단체 하나도 합리적으로 운영하지 못하는 사람이었다. 대통령이 되고 나서 그렇게 변한 게 아니라 원래 그런 사람이었다. 그런데 왜 많은 유권자들이 그 사실을 인지하지 못하고 그에게 투표한 것인가?

괜한 자학은 하지 말자. 우리만 어리석은 선택을 했던 건 아니다. 민주주의는 원래부터 중우정치로 흐를 위험을 내포한 정치제도다. 우리가 아는 최초의 민주주의 정치제도는 2,500년 전 그리스 도시국가 아테네 시민들이 만들었다. 현대의 대의민주주의와 달리 시민들이 참여해 국가의 의사결정을 하는 직접민주주의였다. 그런데 아테네 시민들은 민주적 절차를 거쳐 철학자 소크라테스를 죽였다.[16] 신을 부정하고 청년을 타락하게 했다는 죄목이었다. 10개의 행정단위에서 50명씩 추첨으로 선발한 500명의 배심원들은 두 차례 투표를 한 끝에 압도적인 표차로 인간존재의 근본문제를 탐구했던 현인에게 사형을 선고했다. 인류 역사에서 달리 예를 찾기 어려울 만큼 어리석은 '민주적 의사결정'이었다. 그들은 아레오파고스 언덕의 법정에서 소크라테스의 변론을 직접 듣고서도 그런 선택을 했다.

2012년 12월 대통령 선거에서 우리가 한 선택은 그보다는 덜 어리석었다. 박근혜 후보는 후보가 둘인 선거에서 '겨우' 51.6%의 표를 받았을 뿐이다. 또 소크라테스를 직접 본 아테네 시민들과 달리 우리 유권자들은 박근혜 후보를 직접 보지 못했다. 미디어를 통해서 보았을 뿐이다. 미디어는 박근혜 후보를 있는 그대로 보여주지 않았다. 미디어가 왜곡되어 있으면 민주주의가 중우정치로 타락할 위험이 커진다. 지식과 생각이 없어서 긴 문장 하나를 제대로 말하지 못하는 것을 두고 언론은 '간결화법'이라고 추켜세웠다. 다섯 번이나 국회의원을 하는 동안 변변한 법률안 하나 대표발의하지 않은 정치인을 20대 시절부터 '퍼스트레이디' 역할을 했던 경륜의 소유자인 양 포장했다. 그가 영남대학교 재단이사와 육영재단 이사장을 하던 시기 최태민과 측근들이 그 단체에서 저질렀던 비리와 전횡을 제대로 검증하지도 보도하지도 않았다. 그래서 많은 시민들이 "똑똑하다고 보지는 않았지만 그 정도로 형편이 없을 줄은 몰라서" 표를 주었던 것이다.

박근혜 대통령 국정수행 지지도가 10% 아래로 떨어지고 80%에 육박하는 압도적 탄핵여론이 조성되자 미디어를 왜곡함으로써 중우정치를 조장했던 언론인들은 대통령의 어리석음과 비선실세 인사들의 저질적 행태를 비난하는 선정적 보도를 쏟아냈다. 그러나 주권자의 판단착오를 조장했던 자기네의 잘못에 대해서는 철저히 입을 다물었다. 따라서 언론은, 특히 이념형 보수(국가주의)와 시장형 보수(보수 자유주의) 성향을 가진 거대 신문 방송의 권력자들(사주와 고위 경영진)은 앞으로도 같은 행동을 하리라고 보는 게 합리적이다. 자기네가 선호하는 정치세력의 국가권력 장악을 돕기 위해 다음 대통령 선거에서도 그 세력과 정치인에게 불리한 정보를 감추거나 그들에게 유리하도록 정보를 왜곡 해석하는 보도태도를 견지할 것이라는 이야기다. 박근혜 대통령 탄핵 사태를 교훈으로 삼아 다시는 그런 사람을 대통령으로 뽑지 않을 것이라고 기대하기도 어렵다. 우리의 민주주의는 여전히 중우정치의 위험에 노출되어 있다. 미디어 왜곡과 여론조작으로 인한 중우정치의 위험은 우리의 발밑에 똬리를 틀고 다음 기회를 기다리고 있다. 시민들이 자기 머리로 생각하고 대안미디어를 활용해 언론권력의 여론조작을 극복하지 못한다면 그 위험에 또 발뒤꿈치를 물리게 될 것이다.

누가 다스려야 하는지는 중요한 문제다. 이것이 별로 중요하지 않은 문제인 양, 자신은 그 문제에 관심이 없는 양 말하는 언론인과 지식인을 조심해야 한다. 국가주의를 신봉하는 지식인들 중에는 정치와 정치인에 대한 무차별적인 혐오를 부추기는 이가 많다. 그들은 똑똑한 시민이 정치에 적극 참여하는 것을 두려워한다. 시민들이 정치에서 멀어지기를 바란다. 진보를 표방하는 지식인도 비슷한 주장을 하는 경우가 있다. 정말로 이 문제에 관심이 적은 사람도 있지만 더러는 일부러 무관심을 가장하기도 한다. 누가 대통령이 된들 어차피 사회를 근본적으로 바꾸지 못한다는 것을 '알기' 때문이다. 그들에게 선거는 어차피 지배계급 내부의 권력다툼일 뿐이며, 민주주의 정치제도는 사회혁명에 대한 대중의 관심을 오도하는 눈가림에 지나지 않는다. 정치로는 사회를 바꾸지 못한다. 따라서 대의민주주의 정치의 밖에서 사회운동단체를 만들어 대중투쟁을 전개함으로써 국가가 저지르는 계급적 탄압의 부당성을 폭로하고 자본주의를 극복하는 진정한 사회혁명의 필요성을 알리기 위해 노력한다. 국가주의자는 사상의 자유를 탄압하고 급진적 사상을 박해하지만 자유주의자는 사상과 표현의 자유를 존중하기 때문에 마르크스주의자들은 종종 자유주의자들과 연합한다. 그러나 이것은 진지한 정치행위라기보다는 그들이 생각하는 진보의 주체역량을 보존하기 위한 전술적 행동에 지나지 않는 경우가 많다.

누가 다스려야 하는가에 대한 논의는 이 정도로 그쳐야 하겠다. 이러한 비교 분석이 현상적이고 도식적이라는 비판은 미리 받아들인다. 같은 국가론을 가진 사람들 사이에도 선호하는 리더십 스타일의 차이가 있다. 국가론 말고도 다양한 요소가 바람직한 권력자의 리더십 스타일에 대한 시민들의 선호를 형성하는 데 영향을 미치기 때문이다. 그러나 선호하는 국가론과 선호하는 리더십 스타일 사이에는 밀접한 상관관계가 있다. 전쟁이 끝난 후에도 60년 넘게 분단체제에서 살아온 우리나라에서는 여전히 국가주의 국가론이 이념적 우위를 유지하고 있다. 그래서 자유주의 성향의 리더십을 가진 인물이 다수 국민의 지지를 지속적으로 받기는 쉽지 않다. 국민의 정부와 참여정부 10년 동안 국정수행 지지도가 그리 높지 않았던 데는 이러한 이념적 요소가 작용했다. 다시 자유주의 성향을 지닌 정치인이 대통령이 될 경우 비슷한 문제에 봉착하게 될 것이라는 예측도 덧붙여둔다.

제 5 장

애국심은
고귀한 감정인가

광화문광장에 조형된 태극기 우산.
한국 사회에서 흔히 태극기로 상징되는 애국심은 주로 국가주의자들이 독점적으로 사용해온 말이다.

인간은 어떤 외적인 기준의 강요로 공동체에 속하는 것이 아니라 자신의 의지에 따라 어딘가에 귀속될 수 있다. 인간은 인종의 노예도, 언어의 노예도, 종교의 노예도, 강물의 흐름의 노예도, 산맥의 방향의 노예도 아니다. 인간의 건전한 정신과 뜨거운 심장이 민족이라고 부르는 도덕적 양심을 창출한다. 이 도덕적 양심이 공동체를 위해서 바친 희생을 바탕으로 자신의 힘을 증명할 때 민족은 정당하게 존재할 권리가 있다.

— 에르네스트 르낭, 『민족이란 무엇인가』

애국심의 두 얼굴

애국심은 고귀한 감정인가? 이것이 국가에 관한 세 번째 질문이다. 우리는 보통 조국 또는 나라를 사랑해야 한다고 생각하며, 애국심을 가지는 것을 국민으로서 마땅히 해야 할 의무로 여긴다. 어디서나 애국심은 중요한 미덕으로 널리 인정된다. 그렇다면 우리는 과연 무엇을 사랑하는 것일까? 국가 그 자체인가? 또는 국가가 체현하는 어떤 가치인가? 국가라는 공동체에서 함께 살아가는 사람들일까? 아니면 같은 국가에 속한 사람들이 공유하는 어떤 이익인가? 콕 집어 말하기 어렵다. 애국심은 사랑의 감정이기 때문이다. 어떤 남자가 여자를, 여자가 남자를, 부모가 아이들을, 아이들이 부모를 사랑하는 것과 같다. 사랑하는 대상에게 있는 어떤 특정한 것을, 예컨대 잘생긴 얼굴이나 날씬한 몸매, 고운 마음씨, 풍부한 재력이나 뛰어난 능력을 높이 평가하고 좋아할 수도 있겠지만, 그런 것만으로 사랑의 감정을 다 설명할 수는 없다. 애국심도 그렇다. 그래서 애국심의 대상이 무엇인지 일일이 분석하지 않고, 그것이 선한 감정이며 장려할 가치가 있는 미덕인지 여부에 대해서만 이야기하려 한다.

인간은 누군가를, 무엇인가를 사랑하지 않고는 견디지 못한다. 사랑하는 마음을 느끼면서 타인과 정서적으로 교류하지 못하는 삶은 너무나 고독하고 적막하다. 우리는 기쁨, 즐거움, 안타까움 등 갖가지 감정을 실어 교감할 수 있는 온갖 것들을 사랑한다. 개, 고양이 같은 반려동물뿐만 아니라 생명 전체, 지구 생태계와 우주도 사랑의 대상으로 삼는다. 살아 있는 유기체만이 아니다. 사회적 유기체인 조직과 단체도 사랑할 수 있다. 동창회, 향우회, 종친회, 조기축구회, 산악회, 팬클럽, 정당 등 사람들이 사랑하는 공동체는 다 헤아릴 수 없을 만큼 다양하다. 박지성 선수가 혼자 영국 프리미어 리그에서 뛸 때는 맨체스터 유나이티드 축구클럽이 한국 축구팬의 사랑을 받았지만, 손흥민 선수가 등장한 후에는 토트넘 핫스퍼가 그 자리를 대신했다. 이승우 선수가 주전으로 등장하면 FC바르셀로나가 사랑을 독차지하게 될 것이다. 국가는 오래전부터 사랑의 대상이었다.

애국심은 특별한 면이 있다. 국가는 합법적이고 정당하다고 간주되는 물리적 폭력을 독점적으로 보유하고 행사한다. 다른 어떤 사랑의 대상도 국가와 같지 않다. 그래서 애국심도 다른 사랑의 감정과는 다르다. 폭력조직을 사랑하는 사람도 있을 수 있겠지만, 그 폭력에는 정당성과 합법성이 없다. 국가는 어떤 개인이나 집단의 사적 폭력도 용납하지 않는다. 동창회, 향우회, 종친회, 가수나 프로축구팀 팬클럽, 정당들 사이에도 은근한 또는 치열한 경쟁이 있다. 하지만 어떤 경쟁도 정당하다고 간주되는 폭력을 동반하지는 않는다. 오로지 국가만이 국민에 대해서, 다른 국가에 대해서, 정당하다고 간주되는 폭력을 행사한다. 고귀한 사랑의 감정일 수 있는 애국심 뒤에는 결코 사랑하기 어려운 야수가 숨어 있는 것이다. 경쟁관계에 있는 다른 국가에 대한 증오심 또는 혐오감이 그것이다. 애국심은 내가 속한 국가를 사랑하는 감정인 동시에 경쟁관계에 있는 다른 국가를 배척하는 감정이다. 국가는 때로 자기를 사랑하는 사람들을 전쟁과 학살이라는 끔찍한 참화 속으로 몰아간다. 다른 어떤 사랑의 감정도 이런 엄청난 악을 저지르도록 사람을 부추기지는 않는다.

애국심을 표현하는 방법에는 여러 가지가 있다. 애국심을 발현하는 최고의 형식은 국가를 위해 죽음의 위험을 무릅쓰거나 실제로 죽는 것이다. 우리는 이런 행위를 한 사람들을 애국자 또는 국가유공자라고 부른다. 모든 국가는 이런 애국자를 보유하고 있으며, 국민들은 그들을 존경하고 추앙한다. 그러나 그들을 다른 나라 국민은 악을 저지른 인물로 여기기도 한다. 예컨대 백범 김구 선생과 안중근 의사는 대한민국의 애국자이지만 일본 국민은 그들을 테러리스트나 암살범으로 보는 경우가 많을 것이다. 안 의사가 사살한 이토 히로부미는 일본 국민에게는 애국자이지만 우리에게는 범죄자일 뿐이다. 이 모두가 애국심이 지닌 두 얼굴 때문에 생기는 불가피한 현상이다. 한국전쟁 때 전사한 군인들에 대해서도 대한민국과 조선민주주의인민공화국은 각각 자기 쪽의 군인들만을 애국자로 받든다.

애국심의 배타적 성격은 사랑의 대상인 국가 자체의 배타성에서 파생한 것이다. 국가는 배타적인 공동체이다. 국가는 주권이 미치는 지리적 공간을 다른 곳과 구분한다. 폭력을 독점한 하나의 권력이 지배하는 공간이 바로 영토이다. 하나의 영토는 둘 이상의 권력에 동시에 귀속될 수 없다. 권력의 배타성이 배타적인 국경으로 나타나는 것이다. 영토는 국경의 기능에 의해 주권의 필수적 구성요소가 된다.[1] 국가는 또한 특정한 사람들을 국민으로 보유하며, 일반적으로 한 국가의 국민은 동시에 다른 국가에 속할 수 없다. 국가의 주권은 또한 그 국민에게만 적용되며, 국경을 넘어 다른 국가의 국민에게는 적용되지 않는다. 다른 국가에 속해 있는 사람은 다른 국가권력과 법률의 지배를 받는다.

지구촌 또는 국제사회는 이처럼 배타적 주권을 가진 국민국가로 구성된다. 국제연합이나 유럽연합 같은 연합체들이 있지만, 이런 조직은 국가가 자기 국민에게 행사하는 것과 같은 종류의 구속력을 회원국 국민에게 행사하지 못한다. 국제사회는 '만인이 만인에 대해 늑대와 같이 경쟁하는 자연상태'에 있는 것은 아니지만, 그런 상태를 완전히 벗어났다고 말할 수도 없다. 압도적으로 강력한 힘이 아니고는 평화를 보장하지 못하는데, 국제사회에는 그런 존재가 없다. 미국이나 중국, 러시아, 프랑스 등 강대국들이 상대적으로 강한 힘을 가지고 질서를 유지하지만, 힘의 균형이 무너지거나 누군가 기존의 강자에게 도전하면 언제든 국지적 전쟁이 벌어질 수 있다.

애국심은 사랑하지 말아야 할 외부의 대상을 전제로 삼는다. 자기 나라를 사랑하는 마음은 사랑하지 말아야 할 다른 국가가 있다는 것을 전제로 한다. 인류가 국적을 불문하고 모든 인류를 사랑하게 되려면, 나아가 인류를 넘어 지구에서 살아가는 모든 생명과 지구 행성 그 자체까지 사랑하게 되려면 지구 밖에 적대적 경쟁상대가 있어야 한다. 만약 인간과 전혀 다른 외모를 하고, 전혀 다른 방식으로 생명활동을 하는 에일리언 군단이 지구를 침략한다면 모든 지구인은 인종과 문화와 역사와 언어의 차이를 뛰어넘어 단결할 것이며 세계 정부를 만들어 지구 대통령을 뽑게 될 것이다. 할리우드의 영화제작자들은 〈인디펜던스 데이〉나 〈우주전쟁〉 같은 영화에서 이런 상황을 보여주었다. 미국 대통령이 세계 대통령이 되고, 조류인플루엔자(AI) 바이러스조차도 사랑해야 마땅한 지구공동체의 일원이 된다. 기나긴 진화의 과정에서 인간은 친숙한 것을 사랑하고 낯선 것을 배척하는 생존전략을 획득했으며, 이 전략은 유전정보로 세포에 각인되었다. 애국심도 그런 것이다.

영원한 것은 조국뿐이다 — 피히테

일반적으로 하나의 민족 또는 국민은 다른 민족 또는 다른 국민의 억압을 받을 때에 비로소 자기 자신을 인식하게 된다. 민족의식과 애국심은 그런 경로를 거쳐 형성된다. 우리의 민족의식과 애국심은 통일신라 이후 중국과 일본 등 주변국가의 침략과 억압을 받으면서 형성된 것이다. 통일신라가 들어서기 전까지 한반도 전역에 통용되는 민족의식은 존재하지 않았다는 뜻이다. 그런 것이 있었다면 신라가 당나라와 손잡고 고구려 백제를 상대로 전쟁을 하지는 못했을 것이며, 백제의 '삼천궁녀'가 신라 군대를 피해 낙화암에서 뛰어내렸을 리가 없다.[2] 그런데 대한민국이 미국·일본과 동맹하여 북한과 군사적으로 대결하는 오늘의 상황은 우리의 민족의식과 충돌한다. 민족의 일원인 북한에 대해서 강한 증오심을 가진 대한민국 국민이 적지 않은 것은 동족상잔의 내전을 겪었기 때문이다. 우리 국민들은 한반도에 사는 모든 사람들을 사랑하는 민족의식과 더불어 사실상 다른 국가인 북한에 대한 배타적 감정을 동시에 느끼며 산다. 분단 상황이 오래 지속될수록 민족적 동질감은 약해지고 배타적 감정은 강해질 것이다.

다른 국민국가들도 다르지 않았다. 예컨대 프랑스는 잔 다르크(Jeanne d'Arc, 1412~1431) 이전에도 존재했다. 그러나 '프랑스'라는 단어가 특별한 의미를 갖게 된 때는 14세기와 15세기에 걸쳐 잉글랜드와 프랑스가 벌였던 백년전쟁 시기였다. 열일곱 살 소녀 잔 다르크는 이 전쟁의 막바지에 벌어진 오를레앙 전투에서 절대적 열세에 있던 프랑스군을 이끌고 잉글랜드군을 격파함으로써 단숨에 전세를 역전시켰다. 포로로 잡힌 후 잉글랜드가 지배하던 노르망디 지역 종교재판에 회부되어 화형에 처해졌던 열아홉 살 문맹 소녀 잔 다르크는 프랑스 애국주의의 화신이 되었다. 영국의 침략과 지배가 프랑스인들로 하여금 민족적 자각을 하게 만든 것이다. 이처럼 하나의 자아(自我)는 항상 다른 자아와 대비되어 창조된다.[3] 애국심이 배타적 사랑의 감정이기 때문에 애국심에 대한 도덕적·철학적·정치적 평가도 극단적으로 대립한다. 수많은 정치가와 철학자들이 애국심에 대해 말했지만, 여기서는 서로 다른 견해를 설득력 있게 제시한 세 사람을 살펴본다. 요한 고틀리프 피히테(Johann Gottlieb Fichte, 1762~1814), 톨스토이 그리고 에르네스트 르낭(Joseph Ernest Renan, 1823~1892)이다.

어느 나라 국민이든 마찬가지겠지만, 우리도 어린 시절부터 우리 나라와 세계의 애국자에 대한 교육을 받으며 자란다. 외국의 많은 애국자들 가운데 한국인에게 널리 알려진 인물 중 한 명이 독일 철학자 피히테이다.[4] 피히테는 독일 국민의 민족적 각성과 교육의 발전을 호소하여 큰 반향을 불러일으킨 애국자로 알려져 있어서 그의 책을 읽어 보지 않은 사람도 제목은 아는 경우가 많다. 그는 노동자의 아들로 태어나 예나대학교와 라이프치히대학교에서 공부했다. 칸트의 열렬한 추종자였던 만큼 도덕철학과 윤리학 분야에서 많은 저서를 발표했다.

1806년 나폴레옹 군대가 프로이센을 점령하자 피히테는 쾨니히스베르크를 거쳐 코펜하겐으로 망명했다. 1807년 베를린으로 돌아온 후 그는 예전과 달리 국가와 전쟁을 연구하면서 베를린대학교 설립을 주도해 초대 총장직을 맡았는데, 이 무렵 국가에 관한 연속강연을 하고 그 내용을 책으로 낸 것이 바로 그 유명한 『독일 국민에게 고함』 *Reden an die Deutsche Nation*이다. 이 책은 요즘도 여기저기 청소년 추천도서 목록에 올라 있다. 피히테는 수백 개의 왕국과 공국, 자유시로 이루어져 있던 19세기 초의 독일이 나폴레옹 군대에 무참하게 유린당하는 것을 보고 큰 충격을 받았다. 그래서 민족에 대한 사랑과 애국심을 일깨우는 대중교육을 통해 치욕스러운 이민족의 지배에서 독일 민족을 해방시킬 방도를 찾으려 했다. 『독일 국민에게 고함』은 바로 그 구상을 피력한 책이다.

국가는 개인을 초월하는 신성한 존재라고 생각한 점에서 홉스의 충실한 제자였던 피히테는 스승의 정신세계를 뛰어넘어 더 높은 경지에 도달했다. 조국이 외국 군대에 유린당하는 것을 직접 체험한 애국자에게는 당연한 일이었을지도 모른다. 피히테는 이렇게 주장했다. 민족과 조국은 세속의 영원성을 간직하고 보증하는 것으로서 보통 말하는 국가의 의미를 뛰어넘는다. 사회 내부의 평화유지라는 국가의 역할은 조국애가 본래 바라는 것을 실현하는 발판에 불과하다. 조국애의 목적은 영원하고 신적인 것이 이 세상에서 더욱더 순수하고 완전하게 꽃피도록 하는 것이다. 조국애가 국가 자체를 지배하게 하기 위해서는 개인의 자연적 자유를 여러 가지 방식으로 가능한 한 좁게 제한하여 그 모든 충동을 획일적인 규칙에 종속하게 하고 이를 끊임없이 감시해야 한다.[5]

피히테는 국가보다 민족을 중시했다. 19세기 후반까지도 민족은 있으나 통일된 국가는 없었으니 그럴 만도 한 일이었다. 그에게 국가는 곧 하나의 민족으로 구성된 공동체를 의미한다. 일반적으로 민족을 규정하는 요인으로 인종, 혈통, 지형, 언어 등 여러 가지를 꼽는데 피히테는 그 가운데서 언어가 민족을 구성하는 핵심요소라고 믿었다. 독일어, 그것도 그냥 독일어가 아니라 '살아 있는 독일어', 다른 언어에 오염되지 않은 독일어가 민족의 생존과 소멸을 결정하는 핵심적인 요소라고 보았다.

피히테의 주장에 따르면 살아 있는 언어를 사용하는 민족은 정신적 발달이 생활 속으로 파고든다. 그러나 그렇지 않은 경우에는 정신적 발달과 국민의 생활이 각기 다른 길을 가게 된다. 살아 있는 언어를 사용하는 민족은 모든 정신적 발달에 대해 진지한 태도를 가지며 그것이 생활 속으로 스며들기를 바라지만, 그렇지 못한 민족에게는 정신적 발달이 천재의 유희에 지나지 않으며 그 이상은 바라지도 않는다. 그 결과 살아 있는 언어를 사용하는 민족은 모든 일에 성실하고 부지런하며 진지한 노력을 기울이지만 그렇지 못한 민족은 요행만을 바란다. 결국 살아 있는 언어를 사용하는 민족에게서 위대한 민족이 형성되며, 이러한 민족을 육성하는 자는 그가 발견한 방법을 대중을 통해 실험하고 대중에 영향을 미치려고 한다. 하지만 그렇지 못한 경우에는 교양계급과 민중이 분리되어 교양계급은 민중을 자신의 계획을 위한 도구로밖에 생각하지 않는다.[6]

　'살아 있는 언어'가 무엇인지 피히테는 거듭 설명했지만 도무지 명료하게 다가오지 않는다. 이처럼 불명확한 개념을 민족을 규정하는 유일한 기준으로 삼은 그의 견해는 어딘가 미심쩍고 기괴해 보인다. 아마도 지배층과 민중의 문화적 분열과 단절이 독일 민족을 곤경에 빠뜨렸다고 보았기 때문에 이런 주장을 폈던 것이 아닌가 싶다. 피히테가 '교양계급'이라고 했던 독일 귀족과 지식인들은, 당시 유럽 귀족들이 으레 그랬던 것처럼 라틴어로 학문을 하고 프랑스어를 기초 교양으로 삼았다. 반면 대다수인 독일 민중은 토속 독일어만 사용했다. 교양계급과 민중이 서로 다른 언어를 사용하면서 다른 정신세계에 머물러 있다면 하나의 민족으로서 하나의 목표를 위해 힘을 모으고 발휘하기는 어렵다고 애국자 피히테는 판단했다.

　교양계급과 민중의 문화적·정신적 분열을 극복하기 위해 피히테는 강력하고 보편적인 국가교육을 처방했다. 독일 민족이 지역적·계급적·사회적 차이를 뛰어넘어 애국심으로 뭉친 하나의 국민이 되도록 하기 위해 만인에 대한 보편적 국가교육을 실시하자는 것이다. 소수의 교양계급만 교육을 받고, 국가의 기반인 대다수 민중은 거의 완전히 무시되어 맹목적 우연에 맡겨져 있는 교육현실을 그는 개탄했다. 그래서 새로운 교육을 통해 독일 국민을 하나의 전체로, 다시 말하면 구성원 모두가 같은 관심을 가지고 움직이는 국가를 만들려는 원대한 계획을 세웠다. 특수한 계급만이 아니라 한 사람의 예외도 없이 국민 모두에게 실시하는 보편적 국가교육 제도를 구상한 것이다.[7]

피히테의 구상은 매우 강력하고 야심찼다. 남녀를 불문하고 모든 어린이를 가정에서 떼어내어 교사들과 공동생활을 하게 하는 강제적 의무교육 도입이 그 핵심이었다.[8] 이런 교육을 여태껏 실시하지 못한 것은 자녀를 집에서 기를 만한 능력이 있다고 믿는 사람들이 자녀를 장기간 엄중하게 격리하는 공공교육에 반대했고, 국가는 이런 정책을 강제할 권력이 없다는 이유를 들어 거부했기 때문이다. 그런데 국가와 민족의 존망이 교육에 달려 있다고 믿은 피히테에게, 국가교육을 위한 아동의 격리는 국가안보를 위해 징병제를 실시하는 것과 마찬가지로 정당한 정책이었다.

형식논리로만 보면 피히테의 다음과 같은 주장에는 일리가 있다. 국가는 인간 관심사의 최고 관리자로서, 신으로서, 그리고 자기 양심에만 책임을 지는 미성년자의 후견인으로서 아이들에게 교육이라는 축복을 강제할 완전한 권리를 가지고 있다. 오늘날 국가가 국민에게 병역의무를 부과하고 그 부모가 바라든 바라지 않든 자녀를 부모에게서 빼앗을 권리를 가졌는지 여부를 의심하는 사람이 있는가? 병역을 위한 강제는 장기간에 걸쳐 개인의 의사와는 상관없이 그 생활방식을 구속하기 때문에 상당한 심사숙고가 필요하고, 강제당하는 자의 도덕적 상태와 건강과 생활에 해로운 결과를 초래하는 수가 많다. 그러나 교육을 위한 강제는 그렇지 않다. 교육이 끝나면 개인은 완전한 자유를 돌려받을 뿐만 아니라 축복할 만한 결과를 얻게 된다. 교육도 병역과 맞먹는 중대한 긴급사태라는 것을 깨닫기만 한다면 주저할 이유가 없다. 교육을 받은 사람은 누구나 즐거운 마음으로 조국을 위해 무기를 들 것이므로 강제적 병역의무도 필요 없게 될 것이다.[9]

피히테는 모든 어린이에 대해 강제적이고 보편적인 국가교육을 실시함으로써 독일 사회를 완전하게 재구성하고 싶었다. 그에게 국가는 단순한 국가가 아니라 영원성을 보증하는 세속의 신이었다. 이 세속의 신이 인간의 아들딸을 부모에게서 일시적으로 빼앗아 집단생활과 대중교육의 축복 속으로 집어넣는다. 어린이들은 여기서 살아 있는 언어로 애국심을 교육받아 국가의 목표와 자기 자신의 삶의 목표를 동일시하는 애국적 독일 국민으로 다시 태어난다. 이러한 정신의 혁명을 경험한 국민들은 자유를 되찾은 후에도 자신과 국가를 동일시하기 때문에 즐거운 마음으로 조국을 위해 총을 들고 전쟁터로 나간다. 이러한 교육제도가 영속되면 개인은 죽어 없어질지라도 민족과 조국은 영속한다. 태양 아래 영원한 것이 없다는, 모든 것이 헛되고 또 헛된 이 세상에서, 인간이 추구할 수 있는 영원성은 오로지 민족과 조국뿐인 것이다. 따라서 애국심은 단연, 인간이 지녀야 할 모든 감정 가운데 가장 고귀하다.

독일 국민을 향해 외치는 피히테의 목소리를 듣고 있으면, 애국심이 배타적 사랑임을 분명하게 확인할 수 있다. 그에게 애국심은 외부의 힘에 맞서 자신의 존재를 주장하기 위한 민족의 단결을 의미한다. 그런데 피히테의 세계에는 민족만 존재할 뿐 인간이 보이지 않는다. 국민 개개인은 삶의 주체가 아니라 민족 또는 국가의 구성원일 뿐이다. 밀이나 루소가 삶의 주인으로 올려 세웠던 공화국의 주권자, 존엄성을 가진 개인은 흔적조차 보이지 않는다. 여기서 개인은 자기 나름의 인생목표와 계획을 스스로 세우고 자기만의 열정과 개성을 분출하면서 그 목표를 추구하는 삶의 주체가 아니다. 국가가 만든 획일적 규칙에 따라 민족의 영원성과 위대함을 실현하기 위해 모든 개인적 충동을 억제하면서, 국가가 제시한 목표를 자기 삶의 목표로 여기며 살아가는 부품에 지나지 않는다.

그런데 이런 애국심을 고귀하고 선한 감정이라고 할 수 있을까? 피히테를 본받아야 할 애국자로 모시는 것이 과연 적절한 일일까? 우리나라에서 그를 매우 후하게 대접한 것은 유신시대 사회교과서였다. 대한민국 교육계에 피히테의 제자들이 많았던 게 분명하다. 박정희 대통령도 아마 피히테를 숭배했을 것이다. 피히테의 보편적 국가교육은 나치 시절 '히틀러 유겐트'와 같은 청소년 세뇌교육 조직을 통해 부분적으로 실현되었다. 권력자들이 국가가 국민을 교육해야 한다고 진지하게 믿었던 유신시대 우리나라에서도 일부 실현되었다. 국가가 만들어 교실마다 붙여두고 학생들로 하여금 강제로 전문을 외게 했던 '국민교육헌장'이라는 것이 있었다. 국가가 국민을 훈육해야 한다는 발상의 산물인 이 '발칙한 헌장'의 첫 문장은 다음과 같았다. "우리는 민족중흥의 역사적 사명을 띠고 이 땅에 태어났다." 내가 세상에 나온 목적을 친절하게도 대통령이 정해준 것이다. '민족중흥'이라는 국가의 목표는 곧 나의 개인적 인생목표가 되어야 했다. 피히테는 단순한 애국자가 아니었다. 그는 교육 또는 세뇌를 통해 온 국민의 삶을 획일적 국가목표에 종속시키려 했던 전체주의자였다. 애국심과 국가주의, 애국주의와 전체주의 사이에는 쉽게 오갈 수 있는 길이 있다. 피히테는 그 길을 주저 없이 걸어갔다.

애국심은 사악한 감정 — 톨스토이

애국심은 과연 선하고 고귀한 감정인가? 의심할 만한 이유가 충분하다. 실제로도 애국심이 인간에게 해로운 허위의 관념이라고 확신한 지식인이 많았다. 대표적인 인물이 러시아의 대문호 톨스토이다. 톨스토이는 애국심에 대해 피히테와는 정반대 의견을 피력했다. 유례없는 대규모 살상을 불러왔던 제1차 세계대전과 인류 역사 최초의 사회주의혁명이 눈앞에 다가왔던 시기 제정 러시아와 유럽의 사회 상황을 보면서, 톨스토이는 애국심이라는 인위적이고 유해한 감정을 근절해야 한다고 소리쳤다.

국가를 연구하는 모든 학자들이 그렇게 본 것처럼, 톨스토이도 국가권력의 토대가 물리적 폭력이라고 생각했다. 그런데 그는 경찰보다 군대의 물리력을 특히 무겁게 보았다. 국가권력이 물리적 폭력을 행사할 수 있는 것은 한 사람의 의지에 따라 일치단결하여 행동하는 무장 병력이 있기 때문이라는 것이다. 그의 견해에 따르면 권력의 근간은 언제나 군대였다. 군대를 지휘하는 자가 권력을 장악한다. 그래서 로마의 카이사르부터 독일과 러시아의 황제까지 모든 통치자들은 군대에 관심을 쏟았고, 온갖 감언이설로 군대를 자기편으로 만들었다. 군대를 장악하고 있는 한 권력도 그들의 수중에 있기 때문이다.[10] 이렇게 하기 위해서 국가는 애국심을 조장한다. 애국심은 권력자가 군대를 장악하고 동원하는 데 쓰는 파괴적인 감정이다.

애국심에 대해 톨스토이는 이렇게 말했다. 애국심은 자기 국민만을 사랑하는 감정이다. 자기 마음의 평정과 재산을 희생하고, 심지어 목숨까지 바치면서 적의 침략과 학살에서 국민을 보호한다는 신조이다. 애국심은 모든 국가의 국민들이 자기들의 이익을 위해 다른 나라의 국민들을 침략하고 학살하는 것을 당연한 일로 생각하던 시절의 개념이다. 하지만 이미 2,000년 전에 인류는 인류의 지혜를 대표하는 최고의 스승들을 통해 형제애라는 높은 차원의 개념을 깨닫기 시작했다. 이 개념은 인간의 의식 속에 더욱더 깊숙이 침투해 오늘날 매우 다양한 형태로 현실화되기에 이르렀다. 통신수단이 발달하고 산업이나 무역, 예술, 과학의 연계성이 커지면서 사람들은 서로서로 긴밀한 관련을 맺었다. 이렇게 해서 이웃 국가의 침략이나 정복, 학살이라는 위협은 자취를 감추었다. 모든 국민들이 함께 평화 속에서 상호 협력의 원칙에 따라 상업적·산업적·예술적·과학적 우호관계를 이루며 살고 있다. 따라서 애국심이라는 낡은 감정은 점차 수그러들어 마침내 완전히 사라지리라고 생각할 수 있을 것이다. 하지만 그와는 정반대의 현상이 일어났다. 시대에 뒤떨어지고 인류에게 해만 되는 이 감정이 계속 존재할 뿐만 아니라 더욱더 격렬하게 불타오르고 있는 것이다.[11]

톨스토이는 애국심이 인위적이고 비이성적이며 유해한 감정이라고 확신하면서 이렇게 주장했다. 인류가 겪는 병폐 가운데 많은 것들이 애국심에서 비롯되었다. 따라서 애국심을 조장해서는 안 된다. 이 성적 존재가 사용할 수 있는 모든 수단을 동원하여 애국심을 억누르고 근절시켜야 한다. 사람들을 궁지로 몰아넣은 세계적 군비확장과 파멸적 전쟁은 바로 이 애국심에서 야기되었다는 것을 부정할 수 없다. 그런데도 애국심이 퇴행적·시대착오적이고 유해하다는 주장에 대해서 사람들은 침묵하거나 왜곡으로 대응한다. 옳지 못한 애국심, 호전적이거나 맹목적인 애국심은 나쁘지만 참되고 올바른 애국심은 매우 고양된 감정이며, 이를 비난하는 것은 비이성적일 뿐 아니라 악의적이라는 반론이 나오기도 했다. 그러나 참되고 올바른 애국심이 무엇인지 아직까지 들은 바가 없다.[12] 이렇게 말할 때 톨스토이는 비뚤어진 애국심이 아니라 애국심 그 자체를 악으로 보았음에 분명하다.

톨스토이의 주장에 공감하지 않는 사람이 많을 것이다. 잘못된 방식으로 나라를 사랑하는 것이 문제이지 애국심 그 자체를 나쁘게 볼 수 없다는 논리도 성립할 수 있다. 그런데 호전적·맹목적 애국심과 참되고 올바른 애국심의 경계가 불분명하다는 점은 인정하지 않을 수 없다. 어느 시대 어느 나라에서도 이 둘을 분명하게 구분하는 경우는 없는 것 같다. 예컨대 우리는 국가의 명령을 따르려고 희생을 감수한 모든 사람을 애국자로 간주한다. 어떤 곳에서는 심지어 명분 없는 침략전쟁에 국민을 동원하여 대량의 전사자를 낸 경우에도, 국가는 그 전사자를 국가를 위해 숭고한 희생을 치른 성스러운 존재로 찬미한다. 그렇게 해서 깊은 정신적 타격을 입은 유족을 위로하고 감사하고 위무한다. 유족이 가슴에 품은 비애와 공허감, 애절한 심정을 국가는 그 같은 '국가의 이야기'로 메워주는 역할을 한다. 동시에 국민들이

유족과 전사자들에게 공감함으로써 그들을 모범으로 삼아 '우리 역시 그들을 계승해야 한다'는 '자기희생의 논리'를 만들어낸다.[13]

　일본 총리와 각료들이 야스쿠니 신사를 참배하면 한국과 중국의 정부와 언론은 화를 내고 비판한다. 야스쿠니 신사에는 전쟁범죄자들의 위패가 있다. 그들은 이웃 나라를 침략하여 영토를 강점하고 압제와 학살을 저질렀던 침략전쟁의 주역이다. 총리와 각료가 신사를 참배하는 것은 곧 그들의 범죄를 애국적 행위로 받드는 것이다. 일본 정부가 그들을 애국자로 추앙한다면, 이웃나라 국민들은 일본이 언젠가 기회가 올 경우 또다시 침략전쟁을 하겠다는 의사를 가졌다고 생각할 수 있다. 그래서 일본 각료의 신사참배를 비판하는 것이다. 일본과 달리 독일은 수도 베를린에 홀로코스트 기록관을 만들어 나치가 저지른 전쟁범죄에 대해 매번 기회 있을 때마다 공개 사과하고 그 일을 잊지 않으려고 노력한다. 침략전쟁을 벌인 국가의 명령을 수행하다가 죽은 독일 군인들을 애국자로 추모하지 않는다. 그러나 대부분의 나라에서는 그들의 행위와 동기가 무엇이었는지 구분하지 않고 국가의 명령을 따르다가 목숨을 잃은 모든 사람들을 애국자로 예우한다. 호전적이고 맹목적인 애국심과 참되고 올바른 애국심 사이에 분명한 경계선이 그어져 있는 것은 결코 아니다.

함께 귀속되고자 하는 인민의 의지 ─ 르낭

참되고 올바른 애국심이 무엇인지 전혀 들은 바가 없다고 한 톨스토이의 말은 수정할 필요가 있다. 이 문제를 깊이 성찰한 프랑스 사람 르낭은 애국심을 다른 각도에서 살폈다. 탁월한 신학자이자 자유주의 철학자였던 르낭은 피히테와 똑같은 경험을 했다.[14] 피히테는 1806년 조국 독일이 프랑스 군대에 짓밟히는 것을 보았지만, 르낭은 거꾸로 조국 프랑스가 독일 군대에 유린당하는 것을 보았다. 1871년 1월 파리를 점령한 프로이센 왕 프리드리히 빌헬름의 군대가 샹젤리제 거리를 거침없이 행진한 것이다. 빌헬름은 베르사유 궁전에서 통일 독일제국 황제로 즉위하는 대관식을 거행했으며, 오랜 세월 영토분쟁이 있었고 100여 년 전부터 프랑스에 귀속되었던 알자스와 로렌 지역을 독일제국 영토에 편입시켰다.[15]

민족주의와 애국심이 광풍을 일으키던 그 시점에, 르낭은 민족 창출의 근본적인 요소가 기억이 아니라 망각이라고 주장했다. 민족은 기억의 공동체가 아니라 망각의 공동체라는 것이다. 이렇게 보면 역사 연구의 발전은 때로 위험한 사태를 일으킨다. 모든 정치조직의 기원에는 폭력사태가 있는데, 역사 연구자들은 가장 유익한 결과를 가져왔던 폭력사태들까지 들추어낸다. 르낭은 민족국가를 형성한 통일 과정은 항상 갑작스럽게 이루어졌고 언제나 대규모 살상과 전쟁을 동반했다는 사실에 주목했다. 예컨대 프랑스 북부와 남부의 결합은 거의 한 세기 동안 계속되었던 몰살과 테러의 결과였다.[16]

이것은 흥미로운 관점이다. 인류 역사를 보면 인간공동체의 규모는 지속적으로 확대되어왔다. 씨족공동체들이 통합되어 작은 부족국가를 형성하는 과정에서 폭력과 살상이 동반되지 않았을 리 없다. 한반도에서도 마찬가지였다. 부족국가 단계를 넘어 고구려, 신라, 백제

삼국이 성립한 과정은 물론이요, 삼국시대에도 전쟁과 살상이 끊이지 않았다. 삼국통일은 신라가 당나라와 연합하여 일으킨 대규모 살상과 전쟁의 산물이었다. 후삼국시대를 거쳐 고려왕조가 성립되는 과정도 다르지 않았다. 이 모든 테러와 살상을 망각하게 한 시간의 축복이 없었다면 한반도에는 단일한 민족공동체가 형성되지 못했을 것이다. 우리 민족은 원나라와 청나라의 침략, 임진왜란과 일제강점기의 기억을 끊임없이 재생해낸다. 이 기억이 살아 있는 한 우리 민족은 중국이나 일본과 하나의 공동체를 만들지 못한다. 우리 겨레가 한반도 분단체제를 극복하고 다시 국가적 통일을 이룬다면 한국전쟁의 처절한 기억도 언젠가는 사라질 것이다. 만약 그 기억이 계속해서 힘을 발휘한다면 우리는 하나의 민족공동체를 영원히 형성하지 못한다. 더 큰 결속을 위해서는 망각과 용서가 필요하다.

르낭은 전쟁과 평화의 원인에 대해 깊이 사색했다. 그런데 그는 피히테와 달리 프랑스인의 애국심에 호소하지 않았다. 그 대신 유럽의 모든 국가들이 자유주의적 정치원칙으로 회귀해야 한다고 주장했다. 무모한 욕망과 배타적 애국심이 불러낸 전쟁의 광풍은 사람들이 자유주의적 행동방침, 즉 평화의 준칙이자 인민단합의 준칙이기도 한 자유주의적 준거에서 멀어졌기 때문에 일어났다고 판단했기 때문이다. 르낭의 견해에 따르면 자유주의적 정치발전 말고는 설욕이라는 해로운 욕망, 몰살을 무한정 연장시킬 수도 있는 무모한 욕망을 배제할 수단이 없다.[17]

르낭은 애국심에 대해서도 자유주의적 접근법을 채택했다. 자유주의 철학은 개인을 집단보다 우선 존중한다. 집단의 결정보다 개인의 자유롭고 주체적인 결정을 앞세운다. 애국심에 대해 생각할 때도 인간의 내면적 의지를 중시한다. 르낭은 언어를 민족의 정체성으로 본 피히테의 견해를 단호하게 비판했다. 언어의 중요성을 지나치게 과장하면 우리는 민족적인 것으로 간주되는 한정된 문화 안에 갇혀버린다. 동포들의 비밀집회에 틀어박히기 위해 인류라는 거대한 들판에서 호흡하는 일을 그만두는 것이다. 정신을 위해서는 이보다 더 나쁜 것은 없으며, 문명을 위해 이보다 더 유감스러운 일은 없다. 이러저러한 언어 안에 몰아넣기 전에, 이러저러한 인종의 구성원이 되기 전에, 이러저러한 문화의 지지자이기 전에, 인간은 무엇보다도 우선 합리적이고 도덕적인 존재라는 기본 원칙을 포기하지 말아야 한다. 프랑스 문화, 독일 문화, 이탈리아 문화 이전에 인류의 문화가 있다. 르네상스 시대의 위대한 인물들은 프랑스 사람도, 이탈리아 사람도, 독일 사람도 아니었다. 그들은 고대와 교류함으로써 인류 정신의 진정한 비밀을 발견하고 거기에 몸과 마음을 바쳤다.[18]

르낭은 철학자와 정치가들이 민족을 규정하는 데 동원한 모든 요소를 다 거부하면서 이렇게 주장했다. 중요한 것은 주민들 자신의 의지뿐이다. 그 의지의 뒷받침을 받을 때에라야 애국심은 가치가 있다. 인간은 어떤 외적인 기준의 강요로 공동체에 속하는 것이 아니라 자신의 의지에 따라 어딘가에 귀속될 수 있다. 인간은 인종의 노예도, 언어의 노예도, 종교의 노예도, 강물의 흐름의 노예도, 산맥의 방향의 노예도 아니다. 인간의 건전한 정신과 뜨거운 심장이 민족이라고 부르는 도덕적 양심을 창출한다. 이 도덕적 양심이 공동체를 위해서 바친 희생을 바탕으로 자신의 힘을 증명할 때 민족은 정당하게 존재할 권리가 있다.

　이렇게 보면 독일어를 쓰는 주민이 많다는 것을 명분으로 들어 주민의 의사를 묻지도 않고 알자스와 로렌 지역을 독일에 편입시킨 프로이센의 행위는 부당하다. 르낭이 그 지역을 반드시 프랑스에 귀속시켜야 한다고 주장하지 않은 것도 같은 이유에서였다. 그는 영토와 국경선을 설정할 때는 주민의 의지를 존중하는 것이 원칙이라고 했다. 주민들에게 어디에 귀속되기를 원하는지 물어보라는 것이다. 주민들은 그 문제에 대해 의견을 가질 권리가 있다. 한 민족은 결코 그 주민들의 의사와 상관없이 병합되거나 압류될 수 없다. 이런 주장을 가리켜 단순하고 유치한 방법으로 외교와 전쟁을 대체하라는 보잘 것없는 이념이라고 비웃는 사람들의 시대가 지나갈 것이며, 아무 결실 없는 노력을 많이 한 후에야 사람들은 경험으로 검증한 겸허한 해결책으로 돌아올 것이라고 르낭은 내다보았다. 그리고 미래에 옳은 편에 서기 위해서 시류에 뒤떨어진다는 평가를 참고 받아들였다.[19]

　르낭에게 민족이란 이미 치러진 희생과 여전히 치를 준비가 되어 있는 희생의 욕구에 의해 구성되는 인간의 거대한 결속이었다. 그것은 함께 공동의 삶을 계속하기를 명백하게 표명하는 욕구라고 요약할 수 있다. 개개인의 존재가 삶의 영속적인 확인인 것과 마찬가지로, 한 민족의 존재는 매일매일의 인민투표라는 것이다.[20] 결국 민족이란 함께 귀속되어 공동의 삶을 계속해나가기를 원하는 민중의 의지일 뿐이다. 국가 역시 마찬가지로 볼 수 있다. 이런 관점에서 보면 애국심은 국가에 대한 배타적 사랑의 감정이 아니다. 함께 귀속되어 살면서 실현하고자 하는 가치 또는 목적에 대한 사랑과 충성심인 것이다. 톨스토이는 들어본 적이 없다고 했지만, 르낭은 '참되고 올바른 애국심'이 어떤 것인지 논증하기 위해 최선을 다했다.

르낭은 전쟁의 진짜 원인은 애국심이 아니라 정치제도에 있다고 보았다. 유럽은 19세기 초에 벌어진 나폴레옹전쟁부터 1870년대의 보불전쟁까지 숱한 전쟁으로 얼룩졌다. 편협한 장군들의 호언장담이나 변덕스러운 외교관들의 개인적 원한, 그들의 상처받은 자존심 같은 것이 민족의 존재 여부를 좌우하는 전쟁의 원인이 되었다. 르낭은 이렇게 주장했다. "의회제도는 변덕 심한 인민의 의지가 지배하는 것이라고들 한다. 그러나 의회제도는 제정(帝政)이나 왕정(王政)과 달리 신중하게 생각하고 판단하는 인민의 선한 본능이 낳은 민족적 의지가 지배한다. 국가는 전쟁을 원한 적이 없으며 풍요로움과 공공의 자유 같은 내적 발전을 원한다. 번영과 자유, 평온함이 어우러져 장관을 이룬 모습, 나아가 평등이 이루어진 광경을 보여주는 것이 군대와 외교관들의 부주의한 언행으로 잃어버렸던 프랑스의 영향력을 되찾는 길이다."[21]

피히테와 톨스토이, 르낭은 애국심을 전혀 다른 각도에서 이해했다. 피히테에게는 '살아 있는 언어'가, 르낭에게는 '함께 귀속되고자 하는 의지'가 가장 중요했다. 톨스토이에게 민족애, 조국애 또는 애국심은 이성으로 근절해야 하는 유해하고 근거 없는 허위의 감정이었다. 피히테에게 애국심은 어떤 대상을 위해, 즉 언어에 의해 규정되는 민족집단을 위해 헌신하고 희생하려는 의지였다. 르낭에게 애국심은 어느 민족 또는 국가에 귀속되어 함께 어떤 가치를 실현하려는 자신의 의지에 대한 사랑이었다. 피히테는 독일인, 르낭은 유럽인, 톨스토이는 지구인이었으니, 세 사람은 결국 서로 다른 것을 사랑했던 셈이다.

애국심은 배타적인 사랑의 감정이다. 국민국가의 시대가 종결되어 인류가 하나의 세계 정부 아래 살게 되기 전까지는, 애국심이라는 이름을 가진 배타적 사랑과 열정이 아주 사라지지는 않을 것이다. 대한민국 국민이 흔히 받아들이는 애국심의 개념은 피히테의 것에 가깝다. 애국심이 배타적 감정이라는 것을 문제삼는 사람은 찾아볼 수 없다. 그리고 오랜 세월 국가주의자들이 애국심이라는 말을 사실상 독점적으로 사용해왔다. 여기에는 두 가지 이유가 있다.

첫째, 국가주의자들은 애국심이 가장 고귀한 사랑의 감정이라고 확신하기 때문에 이 말을 즐겨 쓴다. 대통령선거 때 어떤 대통령 후보는 애국심이라고 쓴 어깨띠를 메고 선거운동을 하며, 많은 후보들이 선거 홍보물에 태극기 앞에 서서 찍은 사진을 쓴다. 자기네와는 다른 방식으로 국가를 사랑하는 사람들에 대해서는 애국심이 없다고 비난한다. 이는 매우 효과적인 정치 커뮤니케이션 전략이다. 애국심을 사악한 감정으로 여기는 사람이 별로 없는 만큼, 그들이 나라를 사랑하는 방법이 옳지 않다고 생각하는 사람도 대놓고 비판하지는 못하기 때문이다.

둘째, 애국심이 사악하거나 위험한 감정이라고 생각하는 자유주의자와 마르크스주의자는 애국심이라는 단어 사용을 기피하는 경향이 있다. 국가주의를 싫어하기 때문이다. 애국심이라는 말을 입에 달고 사는 국가주의자들과 뒤섞이지 않으려면 애국심을 거론하지 않는 게 현명하다. 1987년 6월 민주항쟁 당시 나는 투쟁을 선동하는 '불법 유인물' 제작 임무를 맡은 조그만 모임에 속해 있었는데, 유인물에 '민중들이여' 대신 '애국시민 여러분'이라는 표현을 썼다가 누구인지 알지 못하는 '윗선'의 심한 비판을 들었다. '애국시민'은 극우 보수주의자들의 수사(修辭)라는 것이 비판의 요지였다.

자유주의자와 사회주의자, 사회민주주의자, 마르크스주의자가 애국심이라는 말을 입에 올리지 않으려고 하는 이유는 충분히 이해할 만하다. 그러나 이런 태도는 국가주의자와 보수주의자들로 하여금 다수 국민이 고귀한 감정이라고 생각하는 애국심의 사용권을 독점하도록 허용하는 결과를 초래한다. 민주노동당과 국민참여당, 그리고 진보신당 일부 세력이 2012년 19대 총선을 앞두고 통합진보당을 결성했을 때 보았던 일이다. 여러 보수신문 기자들이 통합진보당 창당대회에서 애국가를 제창하지 않으면 곧바로 기사를 쓰라는 지침을 받았다고 공동대표들에게 미리 알려주었다. 그런데 행사 실무를 주도했던 민주노동당 당권파는 공동대표 세 사람의 합의를 무시하고 중앙당 창당대회 국민의례에서 애국가 제창 순서를 빼버렸다. 나는 개인적으로 국민의례 애국가 제창을 하지 않아도 상관없다고 생각하지만, 이념문제로 비난을 받으면 당과 유권자 사이에 심리적 장벽이 생긴다는 점을 들어 설득했지만 소용이 없었다.

사람은 언어로 생각하고 소통한다. 합리적이든 아니든, 민중이 고귀하다고 여기는 어떤 말을 남이 독점하도록 허용하면 권력을 그들에게 넘겨줄 위험이 뒤따라온다. 물론 톨스토이처럼 지식인이 자기의 철학적 소신에 따라 그렇게 하는 것은 존중해야 할 것이다. 하지만 정당과 정치인이 그렇게 하는 것은 현명한 커뮤니케이션 전략이 아니다. 게다가 애국심에 대한 르낭의 견해를 채택할 경우에는 애국심이라는 말을 굳이 기피할 필요도 없다. 애국심은 "국가라는 하나의 공동체에 함께 귀속되어 훌륭한 삶을 영위하고 공동의 선을 실현하고자 하는 의지"이다. 정당과 정치인은 국민들 속에서 이 의지를 북돋울 책무가 있다.

제 6 장

혁명이냐
개량이냐

1987년 6월 17일, 서울대학교 학생들이 교내시위를 벌이며 진압경찰들에게 돌을 던지고 있다.

점진적 공학을 채택하는 정치가는 이상적 사회의 청사진을 가지고 있을 수도 있고 그렇지 않을 수도 있다. 다만 어떤 경우에도 최대의 궁극적 선을 추구하고 그 선을 위해 투쟁하기보다는 최대의 악과 긴급한 악에 대항해서 투쟁한다.

– 카를 포퍼, 『열린사회와 그 적들』

사회를 계획하고자 하는 가장 열광적인 사람들이 자신이 원하는 대로 계획할 수 있게 된다면, 그들은 다른 사람들의 계획을 조금도 인내하지 못하는 가장 위험한 사람이 된다. 성자와 같은 일편단심의 이상주의자와 미치광이 광신자의 거리는 단지 한 발짝에 불과할 때가 많다.

– 프리드리히 하이에크, 『노예의 길』

국가는 사멸하지 않는다

국가를 계급지배의 도구로 규정한 마르크스의 견해는, 적어도 절반 정도는 '있는 그대로의 국가'를 묘사했다. 국가는 선과 악을 동시에 행한다. 정의를 실현하는 동시에 불의를 자행한다. 인류 문명의 역사를 추동하는 힘을 계급투쟁으로 보든, 아니면 스스로 자기를 실현하는 보편적 이성으로 보든, 또는 서로 다른 이상과 이념들의 살아남기 경쟁으로 보든, 어쨌든 인간은 국가의 질서 안에서 살면서도 그것을 바꾸려고 분투해왔다.

어떻게 국가를, 국가의 기본 질서를, 국가권력의 기능과 작동방식을 바꿀 것인가? 두 가지 길이 있다. 하나는 폭력을 사용해서라도 모든 것을, 단숨에, 근본적으로 바꾸는 사회혁명이다. 다른 하나는 평화적이고 합법적인 방법으로, 가능한 것부터 하나씩 고쳐나가는 점진적 개선이다. 혁명의 길과 개량의 길, 혁명주의와 개량주의, 어느 것이 효과적인가? 어느 것이 옳은 길인가? 이것이 국가와 관련하여 검토해야 할 네 번째 질문이다. 오랜 세월 이어져왔지만 아직 논쟁은 종결되지 않았다. 의미 있는 견해를 남겼던 여러 철학자들의 논리를 중심으로 답을 찾아보기로 한다.

먼저 사회혁명론부터 시작하자. 모든 국가는 인민에게 복종을 요구한다. 복종을 거부하는 자는 폭력으로 응징하며 순종하는 자에게는 보상을 약속한다. 그런데 때로 인민은 복종을 거부하고 힘으로 대항하여 국가를 전복하고 사회질서를 변혁한다. 이것이 혁명이다. 혁명은 국가권력을 장악한 사람들이 스스로 폭력행사를 포기하지 않는 한 반드시 폭력을 동반한다. 평화적 선거를 통해 만델라에게 권력을 양도했던 남아프리카공화국 백인 정부와 스스로 브란덴부르크 문을 열었던 동독 정부의 사례는 희귀한 예외에 속한다. 이 두 국가는 사회질서의 혁명적 변화를 겪었지만 권력자와 민중 어느 쪽도 결정적인 국면에서 폭력을 동원하지 않았다.

간단하게 말해서, 국가권력을 전복하고 새로운 권력을 수립하는 것을 일반적으로 혁명이라고 한다. 혁명 중에서 낡은 국가권력이 발딛고 있던 사회의 기본 질서를 바꾸는 혁명이 사회혁명이다. 자유롭고 평등하며 공정하다고 만인이 인정하는 사회는 인류 역사에서 단한 번도 존재한 적이 없다. 모든 억압과 불평등, 불공정과 사회악을 뿌리째 뽑아버리고 새로운 세상을 여는 혁명은 그래서 언제나 매혹적이다. 그런 혁명은 문명의 역사 그 자체만큼 오래된 꿈이다. 부르주아지가 주도한 프랑스대혁명, 레닌이 지도한 러시아 볼셰비키 혁명, 마오쩌둥이 이끈 중국 사회주의혁명이 사회혁명의 대표적인 사례였다.

사회혁명은 엄청난 폭력과 내전, 학살을 동반했고, 국가와 사회의 기본 질서를 근본적으로 바꾸었다. 이것은 좋든 싫든 일어날 수밖에 없었던 사건이었을까? 만약 그렇다면 사회혁명은 언제 어떤 조건에서 일어나며 어떤 결과를 낳았는가?

마르크스에 따르면 사회혁명은 때가 되어 조건이 무르익으면 반드시 일어난다. 그는 사회혁명의 필연성을 역사법칙의 형태로 논증했다. 섭씨 0도가 되면 얼음이 녹고, 100도가 되면 물이 끓는 것과 같다. 그러나 실제 역사는 그와 다르게 흘러왔다. 자본주의를 타도한 사회주의혁명은 고도로 발전한 산업국가가 아니라 러시아와 중국 같이 산업 발전이 뒤처진 농업국가에서 일어났다. 동유럽 사회주의혁명은 사회 내부에서 발생했다기보다는 제2차 세계대전의 포연 속에서 동유럽을 점령한 소련 군대가 강제로 이식한 것이었다. 북한의 사회주의혁명 또는 인민민주주의 혁명 역시 마찬가지였다. 혁명이 일어났다는 소문만 돌았을 뿐 정작 그것을 본 사람은 아무도 없었다.[1]

한편 자본주의가 고도로 발전한 영국, 프랑스, 미국과 같은 산업국가에서는 사회혁명이 일어나지 않았다. 왜 이렇게 되었을까? 원인은 여러 가지가 있겠지만, 근본적으로는 국가가 단순한 계급지배의 도구가 아니며, 물질적 이해관계의 대립이 사람의 정치적 행위를 결정짓는 유일한 변수도 아니기 때문이다. 마르크스는 국가에 대해서, 국가를 바라보는 인간의 의식에 대해서, 너무나 낙관적이고 단순하게 생각했다.

국가권력의 토대가 군대와 경찰로 표현되는 물리적 폭력이라는 것은 분명하다. 그러나 국가가 폭력만으로 인민을 지배하는 것은 결코 아니며, 폭력행사 그 자체가 국가의 목적을 실현하는 필수적인 수단인 것 또한 아니다. 폭력으로 질서를 유지할 수는 있겠지만 국가의 지배를 보장하지는 못한다. 만약 인민이 국가의 폭력에 복종하느니 차라리 대항하는 게 낫다고 생각하게 되는 순간 국가폭력은 독점적 지위를 잃어버린다. 뒤집어 말하면, 국가가 인민을 복종시키기 위해서 반드시 폭력에 기댈 필요는 없다.[2] 현대 국가는 단순히 '부르주아지의 일상사를 처리하는 위원회'가 아니다. 부르주아지가 오로지 국가폭력의 힘만으로 프롤레타리아트를 지배한 것도 아니다.

국가는 압도적 폭력을 보유해야 하지만, 모든 국가의 모든 폭력이 다 같은 것은 아니다. 국가가 행사하는 폭력의 성격은 그 국가가 어떠냐에 따라 크게 달라질 수 있다. 독재체제의 국가폭력은 지배집단이 자기를 지키기 위해 주민에 '대해서' 행사하는 것으로 여겨진다. 그러나 민주주의 사회의 국가폭력은 주민을 '위해서', 사회 자체를 방어하기 위해서 행사하는 것으로 간주된다. 이렇게 되면 누구도 국가폭력에 맞설 필요가 없다. 주민들은 국가폭력의 잠재적 주체가 됨으로써 전면적 복종 또는 죽음을 각오한 반항이라는 양자택일 상황에서 벗어난다. 국민이 된 주민은 수동적인 피지배자의 입장을 버리고 국가폭력이 추구하는 치안을 자기 것으로 의식할 수 있게 되는 것이다.[3]

국가가 계급지배의 도구가 아니라 나를 위해서 존재한다고 생각하는 한, 인민들은 국가폭력에 대항하거나 국가를 전복하는 사회혁명에 나서지 않는다. 마르크스의 예언과 달리 발전한 산업국가에서 사회혁명이 일어나지 않은 것은 영국과 프랑스, 미국의 프롤레타리아트가 국가를 단순한 계급지배의 도구로 간주하지 않았기 때문이다.

2016년 7월 당선된 필리핀 로드리고 두테르테(Rodrigo Duterte, 1945~) 대통령의 '마약소탕전쟁'도 그런 맥락에서 이해할 수 있다. 그는 취임 직후 반년 동안 무려 6,000명의 마약범죄 혐의자를 재판절차 없이 처형하고 4만 명 이상을 체포했다. 6,000명 가운데 경찰이 죽인 것은 2,000여 명뿐이었고 나머지는 자경단을 자처하는 민간조직이 죽였다.[4] 두테르테는 마약을 근절하기 위해 앞으로도 몇 만 명을 더 죽일 것이라고 호언장담했다. 국제인권단체가 인권유린이라고 비난했지만 개의치 않았다. 그런데 여론조사기관들의 조사결과에 따르면 필리핀 국민들은 두테르테의 마약소탕전쟁을 압도적으로 지지하는 것으로 나타났다. 마약과 관련이 없는 다수의 국민들은 '나에 대해서'가 아니라 '나를 위해서' 두테르테 정부가 폭력을 행사한다고 인식하고 있었다.

마르크스는 국가의 존립근거와 생명력을 과소평가했다. 그는 프롤레타리아혁명으로 국가권력을 장악한 다음 자본주의를 폐지하면 계급관계가 소멸하고, 계급관계가 소멸하면 계급지배의 도구인 국가도 저절로 사라진다고 보았다. 과연 그럴까? 그렇게 판단할 근거는 없다. 설령 현대 국가가 자본주의에 '봉사'하는 것이라 할지라도 국가자체가 자본주의 없이 존재할 수 없는 것은 아니다. 홉스가 말한 바와 같이, 만인이 동일한 능력을 가지고 태어나 동일한 수준의 기대와 희망을 품고 자기를 보호하기 위해 서로 경쟁하는 상황에서 벗어나지 않는 한, 안전과 평화를 유지하기 위해서는 어디서나 '모두가 두려워하는 공동의 권력'이 있어야 한다. 사회가 어떤 경제체제를 채택하든, 정당하다고 간주되는 폭력을 집단적으로 소유하고 행사하는 행위주체는 언제나 존재할 것이다. 부를 사유화하기 위해 폭력을 조직화하는 계기는 특정한 경제체제에서만 찾을 수 있는 것이 아니다. 따라서 현대 국가가 부르주아계급의 지배도구라고 하더라도, 거기에서 자본주의 폐지가 곧 국가의 소멸이라는 도식을 이끌어낼 수는 없다.[5]

혁명은 언제 일어나는가

사람들이 국가에 복종하는 이유에 대한 라스키의 견해는 경청할 만한 가치가 있다. 국가의 강제 권력이 지배하는 사회에서도 사람들은 자유롭다고 느낄 수 있다. 어떤 사람이 주관적으로 느끼는 자유의 정도는 그 사람이 사회가 추구하는 목표를 얼마나 기꺼이 받아들이느냐에 좌우된다. 사회가 추구하는 여러 가지 목표가 가져다주는 혜택이 그가 싫어하는 어떤 것의 폐해보다 더 크다고 생각할 경우, 비록 그 강제가 자신이 원하는 진정한 목표를 지향하지 않는 경우에도 그 사람은 강제에 도전할 권리를 기꺼이 포기할 수 있다.[6] 시민들이 국가에 복종해야 할 형식논리적인 의무는 없다. 국가에 복종할지 여부는 어떤 형식논리가 아니라 국가의 임무수행에 관해 시민들 각자가 실제로 어떻게 판단하느냐에 달려 있다. 국가가 모든 시민의 이해관계를 공정하게 배려하고 권력행사의 혜택을 공평하게 나누라는 요구를 존중한다면 설사 이런저런 불만이 있다고 할지라도 대중은 국가를 전복하는 일에 나서지는 않는다.[7]

이것을 달리 표현하면 국가가 그와 반대로 행동할 때는 혁명이 일어날 수 있다는 말이 된다. 국가가 명분 있게 복종을 요구하면 시민은 복종한다. 그 명분은 시민들의 욕망을 최대한으로 충족하려는 국가의 의지와 능력이다. 국가가 충분한 명분을 가지려면 시민들의 욕망을 대할 때 편견이 없어야 한다. 국가의 노력이 사회의 어떤 특정집단의 이익을 도모하는 쪽으로 심각하게 편향되어 있으면 조만간 혁명이 일어날 가능성이 있다.[8] 그러나 그것은 어디까지나 가능성에 불과하다. 가능성이 현실로 나타나는 데는 여러 조건이 있다.

혁명의 가능성을 현실로 전환하는 조건은 무엇일까? 언제 민중은 폭력으로 국가를 전복하고 사회의 기본 질서를 바꾸는 사회혁명에 나서게 되는 것일까? 이 질문에 대한 라스키의 대답은 이렇게 요약할 수 있다.[9] 일반적으로 인간은 복종하는 데 너무나 잘 길들여져 있다. 따라서 다수 대중이 정상적인 규범에서 벗어나 폭력으로 저항하는 것은 국가가 중대한 질병에 걸려 있다는 것을 의미한다. 혁명이 일어나는 첫 번째 조건은 사회가 근본적으로 잘못되어 있고, 그 사실을 민중이 분명하게 인지하는 것이다. 대다수 사람들이 아무리 열심히 일해도 가난에서 벗어날 희망이 없는데 특정한 사람들이 반칙으로 부를 축적하고 부당한 특권을 누리고 있다고 믿을 때, 정의가 짓밟히고 불의가 횡행하는 세상이 확 뒤집어져야 한다고 생각할 때, 혁명의 첫 번째 조건이 갖추어진다.

혁명의 두 번째 조건은 민중이 국가권력을 장악하고 사회를 지배하는 사람들에게 그 문제를 해결할 의지와 능력이 없다고 생각하는 것이다. 사회에 큰 문제가 있다고 하더라도, 국가가 그 문제를 해결하기 위해 진지하게 노력하고 있다는 확신이 널리 퍼져 있을 경우에는 폭력사태가 일어나지 않는다. 이것은 혁명의 역사에서 거듭 확인된 바 있다. 프랑스혁명과 러시아혁명을 연구한 학자들은 민중이 폭력행사에 들어가기 전에 끈질기게 개혁을 요구했다는 사실을 두드러진 특징으로 주목한다. 지배자의 성의를 더는 믿을 수 없다고 사람들이 생각하게 되었을 때 폭력사태가 찾아온다.

혁명의 세 번째 조건은, 앞에서 지적한 두 가지 조건이 충족된 상황에서, 문제를 해결하려는 사람들이 폭력이 아닌 다른 모든 수단을 남김없이 행사했다는 사실이 널리 인정받는 것이다. 이것은 민주주의 정치제도를 가진 나라에서 특별한 의미를 지닌다. 민주주의 국가에는 국가를 비판할 자유가 있다. 사회의 기본 질서와 국가운영 방식에 대해서 정부와 의견을 달리하는 사람들이 시민을 설득하여 지지를 얻음으로써 국가권력을 차지할 수 있는 길이 열려 있다. 정부의 임기가 제한되어 있으며 정부를 합법적으로 교체하는 데 적용되는 상세한 법규가 있다. 마지막 수단인 폭력행사가 대중의 승인을 받으려면, 폭력에 기대지 않고 문제를 해결하기 위한 모든 행동방안이 다 사용되었으며 다른 방법이 전혀 남아 있지 않다는 것을 입증해야 한다.

이 세 가지 조건이 다 충족되면 조만간 사회혁명이라는 열병이 국가를 엄습한다. 그러나 그렇다고 해서 혁명이 반드시 성공하는 것은 아니다. 기존의 국가권력이 강한 물리력을 행사할 수 있으면 혁명을 힘으로 진압한다. 사회혁명이 성공하려면 국가권력이 썩은 문짝처럼 허약해야 한다. 지배층의 권위와 위신이 바닥으로 추락해 누구도 그들을 두려워하지 않는 상황이어야 한다. 누군가의 말처럼, 혁명은 썩은 문짝을 걷어차는 것이다. 폭삭 썩어 있지 않은 문짝은 걷어차도 쉽게 쓰러지지 않는다. 성공한 사회혁명이 일어난 모든 곳에서 국가는 썩은 문짝처럼 부패하고 허약했다.

미국 학자 테다 스코치폴(Theda Skocpol, 1947~)은 인류 역사에서 가장 유명한 사회혁명인 프랑스대혁명과 러시아 사회주의혁명, 그리고 중국혁명을 치밀하게 비교·연구한 끝에 이런 결론을 내렸다.[10] 혁명 이전의 프랑스, 러시아, 중국에는 확고한 기초를 가진 제국이 있었다. 경쟁하는 주변의 다른 국가보다 경제적으로 뒤떨어져 있었지만, 이 세 나라는 지배권을 유지할 수 있는 능력이 있었고 민중의 반란을 진압할 수 있는 힘이 있었다. 사회혁명은 제국의 행정력과 군사력이 무너진 이후에 일어났다. 제국의 행정력과 군사력이 무너지는 데는 지배층의 무능으로 인한 국가재정의 파탄이나 치욕적인 패전이 큰 역할을 했다. 지배층의 권위와 힘이 혁명 이전에 이미 결정적으로 무너져 있었던 것이다.

사회혁명은 사회의 질적인 변화를 가져온다. 그리고 국가를 소멸시키는 게 아니라 더 강력하게 만든다. 구체제의 붕괴로 시작된 급진적인 정치 계급투쟁은 새로운 행정조직과 군사조직이 옛것을 확실하게 대체하고 자리 잡은 후에야 종식되었다. 국가조직의 붕괴는 다른 국가조직으로 대체되었을 뿐 국가의 소멸로 이어지지 않았다. 그러나 혁명의 공격목표가 지배계급의 재산과 특권이었기 때문에 혁명이 아닌 다른 방법으로는 도저히 할 수 없었을 계급관계의 변혁이 이루어졌다. 사회혁명으로 탄생한 국가는 예전과 다른 성격을 가졌다. 그리고 그 국가는 구체제보다 더 중앙집권적이고 관료적이며 국내외에서 더 능동적인 힘을 발휘했다. 이것은 국가가 사회혁명을 거치면서 쇠

락한 것이 아니라 더 강력해졌음을 의미한다.

톨스토이의 절망

사회혁명은 국가가 앓는 열병이다. 이 열병은 긴 잠복기를 거쳐 발생한다. 병의 조짐을 제때 감지하고 적절한 처방을 하면 국가는 더욱 건강해진다. 그러나 병의 원인을 찾아 제거하지 않고 물리적 폭력으로 병증의 표출을 억압하는 대증요법에 집착하면 국가의 건강은 악화된다. 마침내 국가폭력으로도 억제할 수 없을 정도로 상황이 나빠졌을 때 열병이 폭발한다. 고열이 나면 뇌기능이 마비되고 몸이 발작을 일으키는 것처럼 사회혁명의 열기가 국가를 덮치면 모든 것이 혼돈에 빠진다. 폭력과 학살을 동반한 내전이 터지고, 이성은 흔적도 없이 사라지며, 모든 권위를 뒤집어엎으려는 광기가 세상을 휩쓸게 된다. 지배자가 약탈당하고 기득권이 짓밟힌다. 혁명의 열병은 사회 안에 새로운 이데올로기, 새로운 권위, 새로운 행정조직, 새로운 지도자가 등장하여 새로운 질서를 안착시킨 연후에야 가라앉는다. 그런 다음, 사람들은 혁명이 아니고서는 상상할 수도 없었던 일들이 현실이 되어 있음을 알게 된다.

　역사 연구자들은 이러한 사회혁명들이 일어날 수밖에 없었다고 말한다. 그러나 그것이 과연 바람직한 사태였는지, 그 혁명이 혁명 이전의 국가에서 횡행하던 불의를 타파하고 정의를 바로 세웠는지, 혁명으로 탄생한 국가가 더 많이 사랑받을 만한 국가였는지, 혁명이 국가와 사회를 개선하는 효율적인 또는 바람직한 방법이었는지에 대해서는 견해를 달리한다. 프랑스대혁명은 나폴레옹의 유럽 정복전쟁과 황제 등극, 반혁명과 왕정복고로 귀결되었다. 러시아혁명은 스탈린의 참혹한 독재와 동서 이데올로기 전쟁을 낳았다. 중국혁명은 대약진운동을 거쳐 문화대혁명이라는 또 다른 내전으로 이어졌지만, 지금 중국 사회는 공산당 일당독재 하나를 제외하면 혁명이 지향했던 이상과는 매우 다른 길을 걷고 있다. 그 혁명들에 대해서 독자들은 각자가 나름의 규범적 판단을 할 것이다.

평화주의자 톨스토이는 사회혁명을 좋게 보지 않았다. 농노제와 같은 불합리한 계급제도에 반대했고 자본주의가 몰고 온 부의 불평등을 혐오했지만 혁명이 인간을 구원할 수 있다고는 믿지 않았다. 일하는 사람들이 만든 부가 마치 열이 위로 올라가는 것처럼 상층계급의 수중에 집중되는 것이 모든 사회악의 근원이라고 생각했다는 점에서 톨스토이는 혁명가들의 주장에 동조했다. 그렇지만 사회악을 근본적으로 치유하기 위해 모든 부를 소비하는 상층계급을 없애버리자고 한 혁명가들의 주장에 대해서는, 굴뚝으로 열이 빠져나간다고 해서 굴뚝을 없애버리자는 것과 같다고 비판했다. 굴뚝을 없애버려도 열은 남은 구멍으로 빠져나간다. 열의 흐름이 똑같다면 굴뚝이 있었을 때와 다를 바 없다. 권력기관이 존재하는 한, 모든 부는 계속해서 권력자의 수중에 들어갈 것이다.[11] 그는 혁명이 권력기관 그 자체를 없애지는 못한다고 생각했다.

그러면 국가가 소득과 부를 재분배하는 것은 어떨까? 그것도 소용이 없다. 기존의 질서를 바꾸지 않고 상층계급에게서 부의 일부를 가져다 바닥이 보이지 않는 가난의 심연 속으로 던져주는 것은 굴뚝의 맨 위에 송풍기를 붙여 추운 곳으로 열을 보내려고 하는 것과 같다. 아무리 내려보내도 열은 곧 다시 올라오기 때문에 아무 소용이 없다. 경쟁적이고 개인적인 삶의 원칙을 공산주의적 원리, 연대와 협력의 원칙으로 대체하는 것도 좋은 대안이 아니다. 모든 사람이 공동의 선을 위해 일하고 나중에 자기 몫을 받는 협동의 원리가 아무리 좋다고 해도, 각자의 몫이 얼마나 될지 아무도 모른다는 점 때문에 가장 형편없는 방안이 되고 만다. 열이 끊임없이 위로 향하듯 사람들이 더 나은 삶을 살기 위해 애쓰는데, 뜨거워진 공기분자더러 위로 올라오지 말라고 설득할 수는 없다.

아무리 생각해도 세속의 해법을 찾을 수 없었던 톨스토이는 결국 종교적 해결책으로 눈길을 돌렸다. 그가 제시한 방법은 각자가 욕망을 줄이는 것이었다. 사람들에게 진정한 행복을 계시하고, 부가 축복이 아니라 오히려 진정한 행복을 가로막는 장애물임을 보여주어야 한다. 세속적 욕망의 구멍을 막는 것 말고는 집 안 골고루 열을 보낼 방법이 없다. 이것이 톨스토이가 얻은 결론이었다.[12] 그는 아리스토텔레스가 그랬던 것처럼 사람들이 훌륭하게 사는 세상을 원했다. 사람들 사이에 훌륭한 삶이 존재하려면 먼저 사람들이 훌륭해져야 한다. 사람들을 훌륭한 삶으로 인도하는 방법은 단 한 가지, 스스로 훌륭한 삶을 사는 것이다. 그래서 그는 사람들에게 훌륭한 삶을 정착시키는 데 이바지하고자 한다면 스스로 수양하면서 복음서의 다음 구절을 실천하라고 말했다. "그러므로 하늘에 계신 너희 아버지께서 완전한 것 같이, 너희도 완전하여라."[13]

만년의 톨스토이는 이 결론에 부합하는 삶을 살았다. 부를 축적하지 않았고 농노를 부리지 않았으며 풍요로운 생활을 누리지 않았다. 민중의 사랑을 받는 작가였지만 소박하게 입고 먹으며 성자처럼 살았으며, 무엇인가를 찾아 혼자 길을 떠났다가 기차역 역장실에서 삶을 마감했다. 그는 혁명을 원하지 않았지만 조국 러시아는 인류 역사에서 가장 과격했던 사회주의혁명과 피비린내 나는 내전에 휩쓸렸다. 그리고 그 혁명이 낳았던 소비에트연방은 불과 70년 후에 무너져버렸고, 지금 러시아에서 혁명은 과거의 흔적으로만 남아 있다. 반면 혁명에 반대했던 톨스토이의 생각과 삶, 죽음, 그의 문학작품은 여전히 세계인의 마음에 살아 있다. 혁명과 톨스토이, 어떤 게 세상을 더 아름답게, 더 많이 바꾸었을까?

유토피아적 공학과 점진적 공학 — 포퍼

이제 사회혁명이 초래한 결과에 대해 이야기할 때가 되었다. 사회혁명은 새로운 질서를 창조하고 더 강한 국가를 만들어냈다. 그런데 그 새로운 질서가 혁명이 폐지해버린 옛 질서보다 언제나 더 훌륭하다고 말할 수 있을까? 그럴 수도 있지만 그렇지 않을 수도 있다. 혁명으로 탄생한 더 강한 국가는 혁명이 삼켜버린 옛 국가보다 언제나 더 정의로운 국가였을까? 역시 가능성이 있지만 그럴 것이라는 보장은 없다. 혁명은 그것을 준비하고 실행한 주역들이 기대하거나 상상했던 것과 다른 결과를 낳았다. 고귀한 동기를 가지고 일으킨 혁명이 처참한 결과를 초래하기도 했다.

1970년대에 불과 4년 동안 캄보디아를 지배했던 무장 공산주의 조직 크메르 루즈(Khmer Rouge)는 수백만 국민을 학살했다. 전문지식인과 기술자들 중 살아남은 사람이 거의 없을 정도였다. 정확한 통계를 알기 어려우나 스탈린은 1937년과 1938년에만 200만 명으로 추산되는 사람들을 '인민의 적'으로 몰아붙여 학살한 이른바 '대숙청'을 저질렀다. 스탈린 일파는 자기네 정파에 속하기를 거부한 혁명동지들을 거의 남김없이 죽였다. 마오쩌둥 집권 막바지였던 1966년부터 10년 동안 중국 대륙 전역에서 벌어진 '프롤레타리아계급 문화대혁명'의 희생자는 300만 명으로 추정된다. 그보다 몇 배나 더 많은 사람들이 최소한의 인간적 존엄까지 모두 빼앗기는 박해를 당했다.

도대체 무엇 때문에 사회혁명이 이런 참극을 빚어낸 것일까? 혁명가들의 잘못 때문이었을까? 그런 면도 있을 것이다. 그러나 그들이 보였던 한계는 곧 인간 일반의 한계이기도 하다. 현재를 인식하고 미래를 설계하는 인간의 능력 그 자체가 제한되어 있다는 것이다. 『열린 사회와 그 적들』*The Open Society and Its Enemies*에서 포퍼는 이 점을 날카롭게 지적했다.

포퍼는 사회의 근본적 변화를 도모하는 혁명에 '플라톤식 접근법에 입각한 유토피아적 공학(utopian engineering)'이라는 이름을 붙였다. 플라톤식 접근법이란 '정치문제에 대한 목적론적 사고방식과 행동양식'을 의미한다.[14] 플라톤식 접근법에 따르면 인간의 모든 합리적 행위는 어떤 목적을 가진다. 합리적으로 행동하려면 먼저 목적을 설정해야 한다. 정치활동의 영역에 이것을 적용하면, 어떤 실제적 정치행위를 하기 전에 먼저 궁극적인 정치적 목적이나 이상국가(理想國家)의 모습을 정해야 한다. 원하는 사회의 청사진을 손에 쥐어야 그것을 실현하는 방법과 수단을 모색하고 행동계획을 세울 수 있기 때문이다. 이것이 합리적 정치운동의 필수적 예비행위이며 사회공학의 준비작업이다. 설득력 있고 매력적인 접근법이다.

유토피아주의는 사회악을 뿌리째 뽑아버려야 한다는, 세상에 품위 있는 것을 실현하기 위해서는 비위에 거슬리는 사회제도를 완전히 근절해버려야 한다는 확신이다. 그것은 비타협적 급진주의(radicalism)다. 플라톤과 마르크스는 사회 전체를 급진적으로 변모시키는 계시적 혁명을 꿈꾸었다. 이런 급진주의는 탐미주의와 연결되어 있다. 지금보다 좀더 낫고 좀더 합리적인 정도가 아니라 추함이 전혀 없는 세계, 낡은 쪼가리들이 여기저기 붙어 있는 지저분한 옷이 아니라 완전한 새 옷, 참으로 아름다운 새 세상을 건설하고자 하는 욕망과 관련이 있다. 이러한 탐미주의를 이해할 수 없는 것은 아니다. 그러나 탐미주의적 열광은 이성과 책임감, 남을 도우려는 인도주의적 충동에 의해서 억제될 때만 가치가 있다. 그렇지 않으면 신경증이나 병적 흥분상태로 발전하기 쉬운 위험한 열광이 된다.

만약 '유토피아적 공학'이 사회를 개선하는 유일한 방법이라면 그런 위험을 감수하고서라도 시도하지 않을 수 없을 것이다. 하지만 포퍼는 다른 방법이 있다고 생각했다. 그가 '점진적 공학'(piecemeal engineering)이라고 이름 붙인 사회개량의 길이다. 점진적 공학을 채택하는 정치가는 이상적 사회의 청사진을 가지고 있을 수도 있고 그렇지 않을 수도 있다. 다만 어떤 경우에도 최대의 궁극적 선을 추구하고 그 선을 위해 투쟁하기보다는 최대의 악과 긴급한 악에 대항해서 투쟁한다. 사회생활은 너무 복잡하다. 사회 전체를 개조하는 유토피아적 공학의 청사진이 정말 좋은 것인지, 만인을 행복하게 할 것인지, 어떤 실현방법이 있을지 판단하기 어렵다. 반면 점진적 공학의 청사진은 상대적으로 단순하다. 건강보험, 고용보험, 불경기대책, 교육개혁과 같은 단일제도에 대한 청사진이다. 이것은 악용 위험이 적고 잘못될 경우 조정하기도 쉽다. 게다가 이상적인 선과 선을 실현하는 수단에 대한 합의보다 현존하는 악과 악을 퇴치하는 방법에 대한 합의가 더 수월하다. 합리적인 타협안에 도달할 가능성도 있고 민주적 방법으로 문제를 개선할 수도 있다. 이것이 점진적 공학의 장점이다. 유토피아적 공학은 이상국가를 실현하기 위한 강력한 중앙집권을 요구하며 독재로 흐르기 쉽지만, 점진적 공학은 그렇지 않다.

포퍼는 자본주의사회의 현상유지를 강력하게 옹호한 신자유주의자로 알려져 있지만, 무작정 현상유지가 선이라고 주장하거나 사회혁명을 비난하기만 했던 것은 아니다. 사회혁명이 불합리한 현실을 개선하는 합리적인 방법인지 심각하게 의심했을 뿐이다. 사회혁명이라는 유토피아적 공학이 이런 비판을 이겨내려면 두 가지 가정이 필요하다. 첫째, 최고의 선 또는 이상적인 사회가 어떤 것인지 절대적으로 확실하게 결정하는 합리적 방법이 있어야 한다. 둘째, 이상적인 사회를 만드는 최선의 수단이 무엇인지 절대적이고 확실하게 결정하는 합리적 방법이 있어야 한다. 유토피아적 공학 신봉자들 사이의 견해 차이를 해소할 합리적 방법이 없다면 이성이 아니라 폭력으로 문제를 해결할 수밖에 없다. 이상은 결코 실현될 수 없다거나 언제까지나 꿈에 머물러야 한다는 뜻은 아니다. 문제는 사회 전체를 재구성하는 일은 경험과 지식의 제약 때문에 그 실제적 결과를 예상하기 어려운 전폭적 변화를 요구한다는 것이다. 포퍼는 그런 야심만만한 주장을 뒷받침하는 실제적 지식이 인간에게는 없다고 주장했다.[15]

그러면 점진적 공학이란 어떤 것인가? 포퍼의 표현에 따르면 '민주적 간섭주의'다. 포퍼는 19세기 유럽 자본주의 체제를 '방만한 자본주의'로 규정하면서, 이것이 정의롭지 못하며 비인간적이라는 점은 논쟁할 여지가 없다고 했다. 그의 진단에 따르면 노동자들의 극심한 궁핍과 제한 없는 장시간노동, 폭행과 인권유린, 유아노동 같은 사회악이 창궐한 것은 '자유의 역설' 때문이다. 여기서 포퍼는 마르크스와 같은 견해를 표명했다. "제한되지 않는 자유는 자멸한다."

무제한의 자유는 강자가 약자를 위협하여 약자의 자유를 강탈할 자유가 있다는 것을 의미한다. 따라서 법이 만인의 자유를 보호하는 범위만큼 국가는 자유를 제한해야 한다. 어느 누구도 타인의 자비심에 내맡겨져서는 안 된다. 모든 사람은 국가의 보호를 받을 권리가 있다. 시민이 물리적인 폭력에 시달리지 않도록 보호하더라도 경제적 권력의 오용에서 시민을 보호하지 못한다면 국가는 목적을 달성하지 못한다. 그런 나라에서는 경제적 강자가 약자를 괴롭히고 약자의 자유를 강탈할 수 있다. 경제적 권력은 물리적 폭력만큼이나 위험하다. 국가는 어느 누구도 굶어죽거나 경제적 파멸이 두려워 불평등한 관계 속에 빠지지 않도록 보살펴야 한다. 방만한 자본주의는 경제적 간섭주의에 굴복해야 한다.[16]

'방만한 자본주의'는 흔히 말하는 자유방임형 자본주의를 의미한다. 스미스의 말대로 국방과 치안, 공공재 공급을 제외한 모든 영역에서 국가의 간섭과 규제를 없애고 모든 것을 이기적 개인들의 자유로운 선택과 시장의 거래에 맡기는 것이다. 포퍼는 경제적 권력을 가진 사람, 다시 말해 자본가와 부자들이 경제적 약자의 자유를 강탈하고 불평등한 관계를 강요하는 것을 방치하는 일은 국민을 보호해야 할 국가의 의무를 팽개치는 것과 마찬가지라고 보았다.

그러면 국가는 어떻게 간섭해야 하는가? 두 가지 방법이 있다. 첫째는 보호제도의 '법률적 틀'을 설계하는 제도적 간섭이다. 단결권을 비롯한 노동3권 보장, 해고 보호, 유아노동 금지와 모성 보호, 산업안전과 산업보건을 위한 규제, 법정노동시간 제한, 최저임금제 등 우리가 알고 있는 노동시장에 대한 국가규제가 모두 이 제도적 간섭에 포함된다. 둘째는 통치자가 설정한 목적을 이루기 위해 권력기관을 동원하여 어떤 범위 내에서 조처를 취하는 '대인적·직접적 방법'이다. 국가권력이 구조가 아니라 과정에 개입하여 영향을 미치는 것이다. 부당하게 경제적 약자의 자유를 침해하고 착취하는데도 이를 시정할 법률과 제도가 마땅치 않을 때, 국가는 정치적 권고와 협조 요청을 통하거나 국세청, 검찰, 경찰 등 권력기관을 활용한 압박으로 문제를 해결할 수 있다. 그런데 민주적 간섭주의는 언제나 제도적 방법을 우선적으로 택하며, 이것이 부적합한 경우에만 예외적으로 직접적 방법을 사용해야 한다.[17]

자유주의자의 신념에 따르면 가장 중요한 것은 기회균등이다. 하지만 그것만으로는 충분하지 않다. 기회균등만으로는 재능 있는 사람, 무자비한 사람, 운 좋은 사람이 재능을 덜 타고난 사람, 덜 무자비한 사람, 운이 좋지 않은 사람을 착취하는 것을 막을 수 없다. 그러면 어떻게 할 것인가? 포퍼는 이 질문에 대한 답을 구체적으로 제시하지 않은 채 결국 자유가 그 길을 찾아줄 것이라고 주장했다. 마르크스는 자본주의가 거래의 자유라는 단 하나의 파렴치한 자유만을 남겨두었다고, 부르주아지가 찬양하는 자유는 단순한 형식적 자유라고 비판했다. 그러나 포퍼는 자유가 기회균등을 넘어 모든 것을 이루는 토대가 된다고 보았다.

이 단순한 형식적 자유, 민주주의, 정부를 심판하고 갈아치울 인민의 권리, 이것이 정치권력의 남용에서 우리 자신을 보호할 수 있는 유일한 장치이다. 자유와 민주주의는 원리상 피지배자에 의한 지배자의 통제를 의미한다. 그리고 정치적인 힘은 경제적인 힘을 통제할 수 있다. 경제권력은 정치권력과 마찬가지로 자유를 위협하는 힘이다. 피지배자는 정치적 민주주의를 통해서 정치적 지배자를 통제할 수 있고, 그 통제를 통해서 궁극적으로는 경제권력도 통제할 수 있다. 다른 방법은 없다.[18]

이것은 '경제민주화'를 두고 지난 십여 년 동안 한국의 정치인과 지식인들이 벌였던 격렬한 논쟁을 떠올리게 한다. 전국경제인연합회와 재벌 기업들은 저마다 연구원을 만들어 소위 자유기업주의를 전파하기 위해 오랫동안 노력해왔다. 그들은 특히 포퍼의 책을 번역하여 보급하며 포퍼의 사상을 연구하는 학자들을 지원했다. 그러나 포퍼는 자본가의 앞잡이가 아니었다. 피지배자가 민주주의를 통해서 정치적 지배자로 하여금 경제권력을 통제하게 해야 하며 또 그렇게 할 수 있다고 주장했다. 정부가 나서서 막강한 경제권력을 가진 재벌이 그 힘으로 노동자와 국민을 착취하지 못하게 하라고 했다. 경제적 강자가 노동자와 거래업체와 소비자를 부당하게 착취하는 일을 막기 위해 정부가 개입하는 것을 모조리 '반(反)시장정책'이라고 비난하는 전국경제인연합회 임원들은 포퍼의 책을 꼼꼼히 읽지 않았음이 분명하다.

포퍼는 사회를 근본적으로 바꾸려는 '유토피아적 공학'을 도덕적으로 비난하지 않았다. 그가 사회혁명에 강력하게 반대한 이유는, 혁명가들의 진단이 아무리 훌륭할지라도 폭력으로 이상국가를 실현하려고 하는 것은 그들이 대항해서 싸우고자 했던 악보다 더 나쁜 치료법이 된다고 보았기 때문이다. 그는 천국의 꿈은 지상에서 실현할 수 없다고 믿었다.[19] 그러나 포퍼가 모든 폭력혁명에 반대했던 것은 아니다. 어떤 경우에는 폭력혁명도 정당하다고 인정했다. 물론 그 혁명은 사회혁명이 아니라, 독재를 타도하고 자유와 민주주의를 회복하는 데 멈추는 정치혁명이었다.

포퍼는 폭력혁명이 정당한 경우를 이렇게 설명했다. 정부는 두 유형이 있다. 하나는 유혈사태 없이 선거로 교체할 수 있는 정부이고 다른 하나는 혁명이 아니고는 절대 축출할 수 없는 정부인데, 앞의 것은 '민주주의'요 뒤의 것은 '독재'다.[20] 폭군 치하에서 다른 가능성이 없는 경우에는 폭군살해와 폭력혁명도 정당하다. 그러나 그 혁명의 유일한 목적은 민주주의 수립이어야 한다. 민주주의는 '주권재민'이나 '다수의 지배'와 같은 모호한 것이 아니다. 민주주의는 통치자에 대한 공적 통제를 허용하고, 피통치자가 통치자를 해고할 수 있게 하며, 통치자의 의사에 반하는 개혁을 폭력행사 없이 피통치자들이 할 수 있게 하는 일련의 제도적 틀을 의미한다. 폭력의 사용은 폭력을 사용하지 않고는 개혁이 불가능한 폭군 치하에서만 정당하다. 그리고 그 목적은 오로지 하나, 폭력 없이 개혁할 수 있는 상황을 조성하는 것이어야 한다. 폭력적 수단으로는 그 이상의 것을 성취할 수 없다.[21]

개량의 길이 봉쇄되면 혁명의 문이 열린다

개량과 혁명에 대한 포퍼의 견해를 요약해보자. 유토피아적 공학인 사회혁명은 사회 전체의 근본적 재구성을 추구하지만 경험과 지식의 제약 때문에 더 큰 악을 불러들일 위험이 있다. 더 안전하고 효과적인 방법은 최고의 추상적인 선을 위해서가 아니라 가장 긴급하고 구체적인 악과 싸우는 점진적 공학이다. 점진적 공학의 필수조건은 피통치자가 통치자를 통제할 수 있게 하는 자유와 민주주의 정치제도이며, 독재가 이 가능성을 차단할 때는 민주주의를 회복하기 위한 폭력혁명도 정당하다. 자유와 민주주의를 통해서 어떤 선을 어디까지 실현할 수 있을지는 선험적으로 예단할 수 없다. 그 가능성은 무한히 열려 있다.

유토피아적 공학을 버리고 점진적 공학을 선택하자는 포퍼의 주장은 설득력이 있다. 세상 그 누가 폭력혁명을 좋아하겠는가? 만약 점진적 공학의 길이 넓게 열려 있다면 유토피아적 공학을 선택할 사람은 별로 없을 것이다. 그런데 그의 논리에는 큰 허점이 있다. 사회혁명과 점진적 개량을 양자택일의 문제로 보았다는 점이다. 과연 우리는 둘 가운데 하나를 선택할 수 있을까? 그렇지 않다. 이것을 임의로 선택할 수 있다고 가정한 포퍼의 주장은 그 자체로 잘못되었다. 누구도 이 둘 가운데 하나를 마음대로 선택할 수 없다. 사람들은 누구나 점진적 공학을 좋아하며, 점진적 공학으로는 문제가 되는 불평등과 사회악을 전혀 해결할 수 없다고 판단할 때 비로소 사회혁명으로 눈을 돌리게 된다. 점진적 개량의 길이 넓게 열려 있는 사회에서는 사회혁명이 일어날 가능성이 없다. 그 길이 막혀 있다는 것이 널리 인식되고 확인될 때 비로소 사회혁명의 길이 열리는 것이다. 실제 역사에는 둘 모두가 공존했다. 그리고 거대하고 근본적인 변화를 일으킨 것은 점진적 개량이 아닌 사회혁명이었다.

포퍼에게 물어보자. 기원전 73년 검투사 양성소를 탈출해 로마제국의 군대에 맞섰던 스파르타쿠스에게 노예제도라는 '최악의 긴급한 악'을 제거할 수 있는 그 어떤 '점진적 공학'이 있었을까? 1894년 조선왕조를 붕괴 위기에 몰아넣었던 갑오농민전쟁의 지도자 전봉준에게는 엄격한 신분제도에 기초를 둔 봉건제도를 타파할 그 어떤 '점진적 공학'이 있었을까? 1789년 바스티유 감옥을 습격하고 왕을 단두대에서 처형했던 파리 시민들에게 부르봉 왕가의 전제정치를 무너뜨릴 그 어떤 '점진적 공학'이 있었을까? 1905년 황제에게 고통을 하소연하려고 상트페테르부르크 겨울궁전 광장에 모였다가 총탄 세례를 받았던 러시아 노동자들에게 차르의 압제를 이겨낼 그 어떤 '점진적 공학'이 있었을까? 모두가 불가능한 이야기다. '점진적 공학'은 사회혁명의 불벼락이 국가권력을 덮치기 전에 이미 권력 내부에 들어와 있었던 사람들의 몫일 뿐이다. '최악의 긴급한 악'으로 인해 숨이 넘어가기 직전 상황에 몰려 있었던 사람들에게는 오로지 사회혁명의 길 하나만이 남아 있었다.

사회혁명에 반대하면서 민주주의를 세우는 정치혁명 하나만을 인정한 포퍼의 견해는 논리적·경험적 근거가 부실하다. 혁명이 어디까지 나아갈지는 누구도 미리 판단할 수 없다. 그것은 사회의 상황과 대중의 소망이 어떤 것인가에 달려 있다. 우리나라의 1987년 6월 민주항쟁은 포퍼가 폭력사용까지도 흔쾌히 인정했던 바로 그 혁명이었다. 전두환 정권은 국민을 학살하고 총칼의 힘으로 권력을 차지한 후 심각한 인권탄압과 부정부패를 저질렀다. 압도적으로 많은 국민이 그렇게 인식했다. 대통령과 집권당이 이것을 바로잡을 의지도 능력도 없다는 것 역시 널리 인식되어 있었다. 야당의 개헌요구 집회와 시민단체의 시위를 통해 국민의 요구가 명백하게 드러난 상황에서도 전두환 대통령은 소위 4·13호헌선언을 발표해 개헌논의를 금지하고 쿠데타 동지이자 친구인 노태우 씨를 집권당 대통령 후보로 지명했다. 이를 보고 국민들은 폭력 말고는 다른 방법이 아무것도 남지 않았다는 판단을 내렸다. 라스키가 말한 혁명의 세 가지 조건이 충족되었다. 그리고 수백만 명의 시민들이 전국 주요 도시의 거리로 쏟아져 나와 대규모 항쟁을 전개했다.

경찰의 힘으로 상황을 통제할 수 없고 군대를 투입하면 미래를 예측할 수 없다고 느낀 연후에야, 집권세력은 민주화와 대통령 직선제 개헌요구를 받아들였다. 국민들은 독재정권을 '최악의 가장 긴급한 악'으로 규정했다. 평화적·합법적으로 독재를 종식할 수 있는 길이 열리자 대중은 더 이상 거리로 나오지 않았다. 만약 군대를 투입해 대규모 유혈사태가 벌어졌다면 한국 사회는 사회혁명이라는 열병에 감염되었을지도 모른다. 포퍼가 옹호한 민주주의 정치혁명에 그치지 않고 재벌 중심의 경제구조와 한미동맹에 근거를 둔 한반도 안보체제까지 공격의 대상이 되었을 수도 있다. 민주주의 정치혁명과 급진적 사회혁명 역시 선험적·규범적으로 선택할 수 있는 문제가 아닌 것이다.

민중이 뚜렷하게 자각한 요구를 지니고 있을 때, 사회의 지배층이 '점진적 공학'에 입각한 사회적 개량의 가능성을 보여주지 않으면 혁명이 일어난다. 기존의 국가권력이 동원하는 폭력적 수단과 혁명운동이 동반하는 폭력적 수단의 충돌이 크고 격렬해질수록, 그 혁명은 정치혁명을 넘어 사회혁명으로 진전될 가능성이 커진다. 민주주의 정치혁명과 급진적 사회혁명 중 하나를 좋아할 자유는 허용되어 있지만, 현실에서는 누구도 마음대로 선택할 수 없다.

겁에 질린 자유주의자 — 하이에크

포퍼는 투철한 자유주의자였지만 극단적이지는 않았다. 무제한의 자유가 자유 그 자체를 파괴한다는 것을 인정하면서 국가가 민주적 간섭주의에 입각해 경제적·사회적 약자를 보호해야 한다고 주장했다. 그는 오스트리아 태생으로 빈대학교에서 수학과 물리학, 철학을 공부했다. 부모가 기독교로 개종한 유대인이었던 포퍼는 인종주의 그 자체에 반대했으며 자신이 유대인으로 분류되는 것도 싫어했다. 청년 시절 마르크스주의에 매력을 느끼고 오스트리아 사회민주당에 입당했지만, 역사적 유물론이 과학적 진리가 아니라는 판단을 하고 탈당해 사회자유주의를 지지했다. 1937년 히틀러가 오스트리아를 합병하자 뉴질랜드로 망명했으며 전쟁이 끝난 뒤에 영국으로 이주했다. 자연철학과 과학적 방법론 분야에서 탁월한 업적을 남긴 공으로 엘리자베스 2세 여왕에게 귀족 작위를 받기도 했다.[22]

이런 이력에서 알 수 있듯 포퍼는 모든 종류의 집단주의와 전체주의를 거부했다. 그가 보기에 히틀러의 독일과 스탈린의 소련은 단일가치가 사회 전체를 지배한다는 점에서 본질적으로 동일한 전체주의 체제였다. 그런 만큼 사회혁명을 추구하는 이상주의를 매몰차게 비판한 것은 당연한 일이었다. 그는 전체주의 체제를 정당화하는 철학의 기초를 제공한 인물로 플라톤과 헤겔을 지목했다. 『열린사회와 그 적들』에서 플라톤과 헤겔에 대해 논리적 비판을 넘어서는 정서적 적대감을 가감 없이 드러낸 것은 바로 그 때문이었다. 그러나 마르크스에 대해서는 국가의 소멸과 자유로운 개인의 자발적 연합체로서의 사회를 소망했다는 점을 들어 우호적인 태도를 보였다.

그러나 모든 자유주의자가 다 포퍼와 같지는 않았다. 자유가 모든 것을 해결하는 유일한 길이며, 자유를 제약하려는 모든 시도는 전체주의로 귀착된다는 극단적 이론을 펼친 철학자도 흔하다. 그 대표적인 인물이 하이에크였다. 하이에크는 포퍼와 같은 오스트리아 태생으로 빈대학교에서 법학과 심리학, 경제학을 공부했으며 나치가 권력을 잡기 이전인 1930년대 초에 런던으로 이주해 영국 시민권을 취득했다. 1974년에는 스웨덴의 카를 뮈르달(Karl Gunnar Myrdal, 1898~1987)과 공동으로 노벨경제학상을 받았다.[23] 포퍼는 전체주의를 혐오했지만, 하이에크는 전체주의를 두려워했다. 하이에크에게는 '겁에 질린 자유주의자'라는 이름이 어울릴 것이다.

『노예의 길』*The Road to Serfdom*이라는 대표 저서에서 하이에크는 사회혁명에 대해서, 자유와 민주주의를 통한 사회의 점진적 개선 가능성에 대해서, 매우 좁고 극단적인 견해를 세웠다. 그가 맞서 싸웠던 대상은 플라톤이나 헤겔, 마르크스가 아니었다. 1930년대 세계를 덮쳤던 대공황의 재앙에서 자본주의를 구해냈다고 칭송받은 경제학자 존 메이너드 케인즈(John Maynard Keynes, 1883~1946)가 공격의 표적이었다. 케인즈는『고용, 이자 및 화폐에 관한 일반이론』*The General Theory of Employment, Interest and Money*이라는 책에서 대공황에 빠진 자본주의를 구원할 거시경제정책을 제시했다. 그의 이론은 제2차 세계대전이 끝날 때쯤 세계 경제학계를 사실상 평정했다. 그러나 '겁에 질린 자유주의자' 하이에크는 케인즈의 이론이 전체주의로 가는 길을 연다고 생각했다.

하이에크는 유럽 사회가 20세기 초반부터 문명의 기초가 되었던 기본적 사상에서 이탈하기 시작했다고 보았다.[24] 경제문제에서 자유를 포기했다는 것이다. 하이에크가 신봉한 사회운영의 기본 원리는 자연발생적인 힘을 최대한 이용하고 강제력에 최소한으로만 의존하는 것이었다. 그는 이 원리를 사회의 모든 영역에서 무한하게 변형하여 응용할 수 있다고 믿었다. 하이에크의 주장에 따르면 자연발생적인 힘의 핵심은 경쟁이다. 경쟁이 최대한 유익하게 작동하도록 의식적으로 사회체제를 만들어야 하며 수동적으로 제도를 받아들여서는 안 된다. 그런 점에서 자유방임의 원리에 집착하는 아둔한 고집만큼 자유주의의 명분에 해를 입힌 것은 없다.[25] 사회적 조직의 원리인 경쟁을 성공적으로 활용하기 위해서는 경제활동에 대한 특정한 유형의 강제적 간섭을 배제해야 하지만 경쟁의 작동을 도와주는 다른 유형의 간섭은 인정해야 한다.[26] 하이에크에게 가장 중요한 것은 자유 그 자체라기보다는 경쟁이라는 자연적인 힘이다. 포퍼가 옹호했던 '민주적 간섭주의'는 경쟁의 작동을 북돋우는 한에서만 정당하다.

포퍼가 '유토피아적 공학'이라고 이름 지었던 사회혁명을 하이에크는 '사회계획'이라고 했다. 그런데 하이에크의 '사회계획'은 포퍼의 '유토피아적 공학'보다 범위가 넓다. 폭력혁명뿐만이 아니라 합법적·평화적·민주적인 방법으로 사회의 근본적 변화를 추구하는 것까지 모두 여기에 포함된다. 사회민주주의와 케인즈주의도 전체주의로 인도하는 사상이 된다. 포퍼는 인간이 극복할 수 없는 경험과 지식의 부족을 이유로 들어 사회혁명에 반대했지만 하이에크는 혁명의 열정에 사로잡힌 사람 그 자체를 신뢰하지 않았다. 사회혁명의 열정을 광신으로 간주했다. 하이에크에 따르면 사회를 계획하고자 하는 가장 열광적인 사람들이 자신이 원하는 대로 할 수 있게 된다면, 그들은 다른 사람들의 계획을 조금도 인내하지 못하는 가장 위험한 사람이 된다. 성자와 같은 일편단심의 이상주의자와 미치광이 광신자의 거리는 단지 한 발짝에 불과할 때가 많다는 것이다.[27]

하이에크는 우리가 흔히 생각하는 '공동선' 개념도 인정하지 않았다. 따라서 공동선을 위해 사회를 새롭게 계획하려는 생각과 열정도 당연히 인정할 수 없었다. 그의 논리는 매우 정연하고 치밀하다. 하이에크의 말대로, 사회의 조직화가 지향해야 할 '사회적 목적' 또는 '공동의 목적'은 막연하게나마 '공동선' 혹은 '일반적 복지'나 '일반적

이익'과 같이 모호한 표현으로 제시된다. 그런데 이런 용어의 의미는 특정한 행동방식을 결정할 만큼 충분히 확정적이지 않다. 한 사람의 복지나 행복도 하나의 척도로 측정할 수 없다. 수백만 명의 복지와 행복은 말할 나위도 없다. 국민의 행복은 무한히 다양하게 조합될 수 있는 너무나 많은 것이 좌우한다. 하나의 목적으로 적절하게 표현할 수 없으며 여러 목적들의 위계체제, 즉 모든 개인들 각자의 필요가 전체 안에서 자리 매겨지는 '가치들의 포괄적 체계'로만 표현할 수 있다.[28] '공동선' 또는 '일반적 복지'라는 관념 그 자체가 헛되다는 주장이다.

밀이 『자유론』에서 그랬던 것처럼, 하이에크도 철학의 가장 깊은 곳까지 논리를 끌고 갔다. 그런데 밀이 때로 주저하고 번민하는 자유주의자였던 것과 달리, 하이에크는 한순간의 동요도 보이지 않는 냉정한 개인주의자였다. 하이에크의 주장을 요약해보자. 개인주의는 논쟁의 여지가 없이 확실한 기본적 사실에서 출발한다. 가치의 척도는 각자의 정신에만 존재한다는 것이다. 다른 일반적 가치척도는 없다. 존재하는 것은 사람마다 다르고 또 상충할 때가 많은 단편적 가치척도뿐이다. 따라서 개인주의자는 모든 사람이 타인의 가치나 선호가 아니라 자기 자신의 가치와 선호에 따라 행동할 수 있어야 한다고 믿는다. 최고의 선은 개인의 목적체계이며, 이것은 다른 그 누구의 그 어떤 지시에도 종속되지 않는다. 개인을 자기 자신의 목적에 대한 최종적 재판관으로 인식하는 것이 개인주의의 본질이다. 다시 말해서 가능한 한 자신의 견해가 자신의 행동을 지배하게 해야 한다.[29] 한마디로 말해서 선악을 판단하는 도덕기준은 우리들 각자의 내면에 있으며 그 기준은 사람마다 다르다는 이야기다.

이런 생각은 선 또는 도덕법의 근거를 개인의 내면에서 찾았던 칸트의 철학에 맞닿아 있다. 하이에크에게 도덕은 필연적으로 개인의 행동에 관한 현상이다. 도덕은 개인이 자유롭게 스스로 결정할 수 있는 분야에서만, 도덕법의 준수를 위해 개인적 이득을 자발적으로 포기하도록 요청되는 분야에서만 존재할 수 있다. 개인이 책임지는 영역을 벗어나면 선함도 악함도 도덕적 장점을 보일 기회도, 옳다고 믿는 것을 위해 자신의 욕구를 희생함으로써 자기의 확신을 증명해 보일 기회도 존재하지 않는다. 스스로 자신의 이해관계에 대해 책임지는 곳에서만, 그리고 그것을 자유롭게 희생할 수 있는 곳에서만 우리의 의사결정은 도덕적 가치를 지닌다.

자유주의적 도덕법칙의 핵심은 자유와 책임이다. 물질적 상황이 선택을 강요하는 분야에서 우리 자신의 행위를 결정할 '자유', 그리고 삶을 자신의 양심에 따라 꾸려간 결과에 대한 '책임'이다. 이 토양 위에서만 도덕적 감성이 자라날 수 있다. 집단주의는 도덕을 파괴한다. 개인의 책임을 면제하는 것을 주된 약속으로 내거는 운동은, 그 운동을 태동시킨 이상이 아무리 높다고 해도 도덕에 반하는 효과를 낼 수밖에 없다.[30] 사회혁명은 결국 도덕에 위배된다는 뜻이다.

이것은 매우 설득력 있는 이론이다. 이상국가에서는 특정한 하나의 가치규범이나 목적체계가 사회와 사람을 완전히 지배한다. 그 가치가 평등이든 정의든 다른 무엇이든 마찬가지이다. 여기서는 개인의 자유와 다양성이 숨을 쉴 수 없다. 다양성과 개인의 자유를 파괴한 곳에는 도덕이 들어서지 못한다. 이런 체제는 결국 사상의 자유도 파괴한다. 그러한 국가는 모든 사람을 하나의 목적체계에 봉사하도록 만들려 하기 때문이다. 가장 효과적인 방법은 강제력이 아니라 모든 사람이 이 목적체계를 자기 자신의 것이라고 믿도록 만드는 것이다. 그래야 스스로 그 신념을 위해 자발적으로 행동하게 된다. 이럴 경우 사람들은 억압받는다고 느끼지 않고 살아갈 수 있다.[31] 그래서 전체주의 국가는 교육과 언론을 장악하고 통제한다. 국민을 세뇌하기 위해서다. 이 사업을 성공적으로 수행한 국가는 국민들의 자발적 복종을 이끌어내고 비판의식과 저항정신을 발본색원(拔本塞源)할 수 있다. 결국 '사회계획'은 도덕뿐만 아니라 사상의 생명인 이성도 파괴한다는 것이다.

사상의 생명은 서로 다른 지식과 서로 다른 견해를 가진 다양한 개인들의 상호작용이다. 이성은 그와 같은 차이가 만들어내는 사회적 과정을 통해서 성장한다. 인간과 사회와 자연에 대한 어떤 견해가 이성의 성장을 도울 것인지 여부를 우리는 미리 예측할 수 없다. 지금 가진 어떤 견해를 절대적으로 옳다고 생각해 모두에게 강요하면 이성은 성장할 수 없다. 집단주의 사상은 이성을 숭고한 것으로 만들기 위해 출발했지만 이성이 성장하는 과정을 잘못 이해함으로써 이성을 파괴하는 비극으로 끝난다.[32] 소련과 중동부 유럽, 중국, 루마니아, 북한의 사례를 아는 사람이라면 하이에크의 견해를 반박하기 어렵다. 지금 우리가 가진 지식을 토대로 사회의 최종 목표를 설계하고, 설계에 들어 있지 않거나 충돌하는 다른 견해를 일절 허용하지 않는다면, 그 사회에서는 필연적으로 이성의 성장과 정신적 발전이 멈추게 된다.

우리가 흔히 내세우는 공공의 이익이란 것도 허상에 불과하다. 실제로 존재하는 것은 수많은 개인의, 때로는 공존하고 때로는 대립하는 이익일 뿐이다. 국익 또는 사회 일반의 이익은 개인의 이익을 합친 것에 지나지 않는다. 개인에게 귀속될 수 없는 공공의 이익이란 존재하지 않는다. 이렇게 보면 자유와 민주주의도 사회의 개선을 도모하는 점진적 공학의 수단이 될 수 없다. 하이에크에게 자유는 더 높은 정치적 목적을 이루기 위한 수단이 아니다. 자유는 그 자체로 가장 높은 정치적 이상이다. 훌륭한 행정을 위해 자유가 필요한 것이 아니다. 시민사회와 개인의 삶에서 각자 최고로 가치 있다고 여기는 대상들을 추구할 수 있도록 보장하기 위해 자유가 필요하다. 민주주의는 본질적으로 내적 평화와 개인의 자유를 보호하기 위한 실용적 도구에 불과하다.[33]

논리의 덫에 갇힌 자유지상주의

포퍼는 자유와 민주주의를 통해서 기회균등을 넘어서는 평등과 정의를 성취할 가능성을 열어두었다. 그러나 하이에크는 그 문마저 냉정하게 닫아버렸다. 하이에크는 민주적 절차에 의해 수립된 권력이라할지라도 '공동선' 또는 '일반의 이익'을 명분으로 자의적인 권력행사를 해서는 안 된다고 주장했다. 민주적 절차로 권력을 세우면 자의적일 수 없다는 믿음은 전혀 근거가 없다는 것이다. 권력이 자의적이지 않도록 방지해주는 것은 권력의 '원천'이 아니라 권력의 '제한'이다. 민주적 통제는 권력을 자의적으로 행사하지 못하도록 억제할지도 모른다. 그러나 단지 민주적 통제가 존재한다고 해서 반드시 그렇게 되는 것은 아니다. 비록 민주적 절차를 통해 어떤 일을 하기로 결정했더라도, 그 일을 하기 위해서는 반드시 권력을 사용할 필요가 있고 확고한 규칙으로 권력의 사용을 제한할 수 없는 상황이라면 그 권력은 틀림없이 자의적이 된다.[34]

하이에크에게 중요한 것은 권력의 원천이 아니라 권력의 제한이다. 국민이 정당하게 선출한 권력이라 할지라도 법 앞의 평등을 넘어서는 일을 해서는 안 된다. 왜? 그런 시도는 아무리 사소해·보이는 것일지라도 모두 전체주의로 가는 첫걸음이 되기 때문이다. 그가 경기변동을 조절하기 위한 국가의 개입을 권고한 케인즈를 비판한 이유도 바로 이것이었다. 하이에크는 법 앞의 형식적 평등은 물질적·실질적 평등을 이루려고 하는 정부의 어떤 활동과도 양립할 수 없다고 주장했다. 전체주의로 가는 길을 봉쇄하기 위해 하이에크는 다음과 같이 매우 극단적인 논리를 폈다.

분배정의라는 이상을 추구하는 모든 정책은 결국 법치를 파괴한다. 법의 지배가 경제적 불평등을 초래한다는 것은 사실이지만, 이러한 불평등은 특정한 사람들에게 특정한 방식으로 영향을 주려고 누가 일부러 만든 것이 아니다. 사회주의자와 나치주의자들은 언제나 형식적 정의에 항거했다. 그들은 특정한 사람들이 얼마나 부유해야 하는지에 대한 견해를 전혀 포함하지 않은 법에 반대했다. 언제나 '법의 사회화'를 요구했고, 판사들의 독립을 공격했으며, 동시에 법의 지배를 잠식하는 운동을 지지했다. 법의 지배가 효과적이려면 예외 없이 적용되는 규칙이 있어야 한다. 이것이 규칙의 내용보다 더 중요하다고까지 할 수도 있다. 만약 똑같은 규칙이 적용된다면, 규칙의 내용은 그다지 중요하지 않을 때가 많다.[35] 불합리한 규칙이라도 만인에게 똑같이 적용되기만 한다면 나쁠 게 없다는 것이 하이에크의 주장이다.

이렇게 볼 경우 경제적 불평등을 개선하고 분배의 정의를 실현하려는 모든 시도를 공격하는 것은 불가피한 논리적 귀결이다. 자유와 경쟁이 필연적으로 경제적 불평등을 야기한다고 할지라도, 그것은 결과를 미리 예견하고 특정인에게 이익이나 불이익을 주려고 만든 것이 아니다. 최고의 도덕적 이상인 자유를 지키려면 법의 지배를 확고히 수립해야 하는데, 자유와 경쟁이 초래한 불평등을 인위적으로 바로잡으려는 시도는 반드시 법치를 파괴한다. 법치가 파괴되면 자유를 지킬 수 없다. 만약 미리 정해진 기준에 따라 부의 분배가 이루어지도록 보장하고자 한다면, 그리고 의도적으로 누가 무엇을 가져야 하는지를 결정하고자 한다면 반드시 경제 전체를 계획해야 한다. 경제 전체를 계획하려고 하는 순간 우리는 전체주의로 가는 길에 들어서게 된다. 분배의 정의라는 하나의 이상을 실현하기 위해 전체주의를 선택한다면, 우리는 경제적 힘의 자유로운 작동이 일으키는 것보다 훨씬 더 큰 불만과 억압 아래 놓이게 될 것이다.[36]

이 주장이 옳다면 국가는 도대체 무슨 일을 해야 하는 것일까? 경쟁이 최대한 효율적으로 작동할 수 있는 조건을 창출하는 일 하나뿐이다. 이것은 오늘날 공정거래위원회가 하는 일이다. 상품과 서비스 공급자들이 담합하여 가격과 공급량을 통제함으로써 소비자를 착취하는 일을 방지하는 것, 우월한 시장지배력을 가진 기업이 거래처를 수탈하지 못하게 막는 것이다. 그 목적은 소비자와 힘이 약한 기업을 보호하는 것이 아니라 경쟁을 보호하고 북돋우는 것이다. 그리고 스미스가 말한 바와 같이, 사회에 가장 유익하지만 개인이 그 비용을 보상할 수 있을 만큼 이윤이 나지 않는 종류의 서비스를 제공하는 일이다. 이것은 확실히 국가가 해야 한다. 국가가 아무런 일을 하지 않아도 합리적으로 방어되는 체제는 없다. 효과적인 경제체제는 현명하게 제정되고 지속적으로 조정되는 법적 틀을 필요로 한다. 경쟁이 적절하게 작동하기 위한 가장 본질적인 전제는 사기와 기만을 방지하는 것이다.[37]

이것 말고 국가가 할 일은 없다. 국가는 그 밖의 다른 어떤 목적도 추구하지 말아야 한다. 어떤 하나의 목적에 최고의 우월성을 부여하고 거기에 사회 전체가 완전히, 그리고 항구적으로 복종하도록 하는 것은 자유와 양립할 수 없다. 자유사회가 단일목적에 예속되어서는 안 된다는 이 규칙의 유일한 예외는 전쟁과 재앙이 발생한 경우뿐이다. 평화 시에는 어떤 하나의 목적을 다른 것들보다 절대적으로 선호하도록 허용해서는 안 된다. 모든 사람들이 최우선적으로 고려해야한다고 하는 하나의 목표, 예컨대 실업문제 해결과 같은 목표가 있다고 해도 마찬가지이다. 이것은 최대한 노력을 기울여야 할 목표이기는 하지만 다른 모든 것을 배제한 채 우리를 지배하도록 허용할 수는 없다. 그 무엇도 '어떤 대가를 치르더라도' 성취해야 하는 것은 아니다.[38]

어떤 가치 또는 목표를 절대화하여 그것이 사회 전체를 지배하도록 해서는 안 된다고 거듭 강조한 하이에크의 견해를 어떻게 평가해야 할까? 나는 이것 자체는 옳은 견해라고 생각하며 절대적인 지지를 보낸다. 그러나 하이에크가 이런 모토를 내걸고 펼친 이론은 옳지 않다고 본다. 그 스스로 자신이 반대하는 일을 했기 때문이다. 하이에크는 사실상 자유라는 단일가치 또는 하나의 목표가 사회 전체를 지배해야 한다고 주장했다. '자유지상주의'라는 극단적 이데올로기에 사로잡힌 것이다. 하이에크는 인간이 사회를 지배하려고 시도하는 것 자체를 비판했다. 인간이 사회를 지배해서는 안 된다. 자유가 세상을 지배해야 한다. 시장은 자유가 스스로를 실현하는 공간이다. 따라서 인간이 만든 국가는 시장을 지배하려 들기보다 시장의 힘에 순종해야 한다. 국가의 노예가 되기를 거부했지만 자유라는 이념과 시장이라는 비인격적 힘의 노예가 되기를 자청한 셈이다. 도대체 왜 이렇게 극단적인 주장을 펼쳤던 것일까?

사회혁명을 '유토피아적 공학'이라고 불렀던 포퍼는 선을 실현하려는 원래의 목적과는 전혀 다른 결과를 초래한다는 이유로 사회혁명에 반대하면서 사회를 개량하는 '점진적 공학'을 지지했다. 그런데 하이에크가 반대한 '사회계획'에는 사회혁명뿐만 아니라 폭력을 사용하지 않고 민주주의 기본 질서와 합법적 절차를 지키면서 점진적으로 사회를 개량하는 포퍼의 '점진적 공학'까지 모두 포함된다. 인간이 사회를 통제하려고 노력하는 것 자체를 비판했기 때문이다. 하나의 가치 또는 목표가 사회 전체를 지배하는 전체주의 사회를 비판하고, 그것을 만들기 위해 폭력사용을 불사하는 사회혁명에 반대하는 하이에크의 견해는 폭넓은 공감을 얻을 수 있을 것이다. 그러나 그는 자유라는 하나의 가치를 위해 다른 모든 것을 포기해야 한다고 주장했다. 자유라는 하나의 가치가 전일적으로 지배하는 사회와 정의나 평등이라는 단일가치가 지배하는 다른 전체주의 사회가 뭐 그리 다른지 묻지 않을 수 없다.

하이에크는 전체주의를 너무나 두려워한 나머지 스스로를 자유지상주의 이데올로기의 덫에 가두었다. 자유를 절대적으로 우월한 단하나의 가치로 숭배한 이념의 덫이 그로 하여금 자본주의의 수호성인으로 추앙받았던 케인즈의 이론에 대해서까지 전체주의 혐의를 씌우게 만든 것이다. 케인즈는 자본주의 체제에 주기적으로 경기변동과경제공황이 찾아드는 원인을 찾고 대처방법을 제안했다.[39] 공급이 스스로 수요를 만들어내기 때문에 과잉생산공황은 일어날 수 없으며 단지 불균형을 조정하는 데 필요한 일시적인 경기순환이 있을 뿐이라는고전파 경제학자들의 논리를 케인즈는 단호히 거부했다.

공급과 수요는 서로 다른 원리에 따라 서로 다른 행동을 하는 사람들이 결정한다. 일시적으로라도 사회의 총수요가 총공급에 미치지못하는 상황이 생기면 기업은 생산과 공급을 줄이게 되며 이는 곧 실업자 증가를 의미한다. 실업률이 높아져 민간 가계의 소득이 줄어들면 가계는 소비를 줄이게 된다. 총수요는 더욱 감소한다. 그러면 기업은 생산을 더욱 감축하게 되고 실업률은 더 높아지며 소득과 소비는더욱 줄어든다. 이른바 하향나선형의 경기악화 과정이다. 어느 한 나라에서 이런 사태가 발생하면 교역량이 감소해 다른 나라에 전염된다. 기업의 도산이 한꺼번에 일어나면 부실채권을 회수하지 못한 금융기관이 쓰러지고, 이것은 다른 금융기관의 부실로 연결되어 금융위기가 일어난다. 금융위기는 기업의 도산을 부채질해 실물경제를 더욱 회복하기 어려운 구렁텅이로 밀어 넣는다. 이것이 공황이다. 공황이 전 세계로 번지면 세계공황이 된다. 1930년대 미국과 유럽, 아시아의 모든 산업국가를 목 조였던 대공황이 그것이다. 미국 서브프라임 모기지 대출 부실로 촉발된 2008년의 세계금융위기도 비슷한 현상이었다.

　원인이 무엇이든, 케인즈는 국가정책을 통해 경기변동을 조절하고 경제공황을 예방할 수 있다고 보았다. 기업이 투자를 줄이고 민간 가계가 소비를 줄인 탓에 사회의 총수요가 부족해졌다면, 정부로 하여금 기업과 가계 대신 투자하고 소비하게 하라는 것이다. 어디에 투자하고 무엇을 소비하든 효과는 같다. 전쟁을 벌이든, 토목공사를 하든, 병원과 학교를 짓든, 정부가 빚을 내서라도 투자와 소비를 하면 사회의 총수요는 증가한다. 그러면 생산과 소비의 누적적 감축이라는 악순환을 생산과 소비의 누적적 증가라는 선순환으로 바꿀 수 있다. 반대로 총수요가 총공급을 초과해 인플레이션이 생기는 경우에는 정부의 투자지출과 소비지출을 줄임으로써 경기과열을 저지할 수 있다. 한마디로 정부가 민간 경제주체와 반대로 행동하라는 것이다. 이념의 덫에 걸린 사람이 아니고서는 이 이론을 전체주의와 연관시킬 수 없을 것이다.

미끄러운 비탈 이론

케인즈의 이론을 알았든 몰랐든, 이 이론대로 행동한 사람이 둘 있었다. 히틀러는 유럽 정복을 위해 자동차 전용도로인 아우토반을 건설하고 군수산업을 키우는 방법으로 정부지출을 키워 자본주의 역사에서 가장 참혹했던 초인플레이션과 대량실업 사태를 극복했다. 프랭클린 루즈벨트(Franklin D. Roosevelt, 1882~1945) 대통령은 이른바 뉴딜정책으로 대공황을 이겨냈다. 뉴딜은 단순한 국가 주도의 토목건설사업이 아니라 국민의 자유와 정의를 실현하기 위해 경제 시스템과 운영방식을 교정하는 정책이었다. 연방정부는 농가소득을 높이기 위해 보조금을 지급하고 농산물 가격을 통제했다. 학교와 병원을 짓고 학생들에게 급식을 제공했으며 숲을 복원하는 공공사업을 벌였다. 빈민들에게 생계비를 지급하고 주택을 공급하는 등 복지정책을 확대했으며 노동조합의 활동을 우호적으로 장려했다. 테네시 계곡에 전력생산과 홍수예방을 위한 대형 댐을 짓고 전국의 도로를 확충하는 등 대규모 토목건설사업을 벌였다. 금융규제를 강화하고 연방준비제도를 만들어 금융시장을 안정시켰다. 그리고 결국 독일과 일본을 상대로 한 제2차 세계대전에 휘말려 군비지출을 대폭 확대함으로써 미국 경제는 대공황에서 벗어날 수 있었다. 이 모든 일들은 케인즈의 이론에 타당성이 있음을 증명했다. 이후 1970년대 중반 미국과 유럽 산업국가에서 높은 실업률과 인플레이션이 동시에 진행되는 새로운 현상이 나타날 때까지 케인즈 경제학은 자본주의 세계를 실질적으로 지배했다.

케인즈 경제학과 마르크스주의 경제학은 공황의 가능성 또는 필연성을 인정한 것 말고는 아무 공통점이 없다. 마르크스는 그 진단을 토대로 자본주의에 시한부 생명을 선고했지만 케인즈는 자본주의에 영생을 약속했다. 그러나 국민경제에 대한 국가의 적극적 개입을 옹호한 탓에 케인즈는 공산주의자라는 의심을 받았다. 하이에크가 케인즈의 이론을 공격한 것은 전체주의에 대한 대중의 공포감을 대변한 것이었다. 루즈벨트 대통령이 대공황을 극복하기 위해 사용한 정책수단 가운데 연방대법원의 위헌결정을 받은 것이 여럿 있었다. 미국 국민들 다수가 뉴딜정책에 비판적이었다. 이런 현상도 전체주의에 대한 공포감을 드러낸 것이었다. 무솔리니의 이탈리아, 히틀러의 독일, 그리고 일본제국 등 제2차 세계대전에서 유럽과 미국이 목숨을 걸고 싸웠던 적국은 모두 전체주의 국가였다. 한때 한편이 되어 손잡고 싸웠던 스탈린의 소련도 전체주의 국가였다. 이후 중국도 마오쩌둥이 15년에 걸친 내전 끝에 장제스 군대를 축출하고 또 다른 전체주의 국가를 세웠다. 이 나라들은 모두 특정한 단일가치 또는 목표가 사회 전체를 지배하는 국가였다.

하이에크의 이론은 세계의 절반이 전체주의 깃발 아래 놓였던 20세기 중반, 공포감에 사로잡혔던 유럽과 미국 자유주의자들의 정서를 보여준다. 그들은 국가가 특정한 가치 또는 공동선을 내세워 자의적 개입을 하는 그 순간 사회는 미끄러운 비탈에 발을 들여놓게 된다고 우려했다. 일단 그 비탈에 들어서면 바닥까지 미끄러지는 것을 피할 수 없다. 비탈 아래에는 전체주의가 있다. 그 어떤 아름다운 가치를 내세울지라도 결과는 같다. 하이에크는 인간보다 시장을 신뢰했다. 이렇게 볼 경우 전체주의를 피하려면 시장의 비인격적이고 불합리해 보이는 힘에 순종해야 한다. 통제할 수 없고 자의적인 다른 사람들의 권력에 순종하는 것보다 비인격적인 힘에 순종하는 편이 낫다. 인간이 자연의 힘을 다스리는 방법은 배웠지만 사회적 협력의 가능성을 잘 활용하는 데에는 너무 뒤처져 있어서 슬프다는 주장에는 일리가 있다. 하지만 우리가 자연의 힘을 다스리는 것처럼 사회의 힘을 지배하는 방법을 배워야 한다는 주장은 잘못된 것이다. 이것은 전체주의로 가는 길일 뿐만 아니라 문명의 파괴로 가는 길이며, 미래의 발전을 막는 확실한 방법이다.[40] 하이에크는 국가의 경제력을 활용하여 경기변동을 조절하라는 케인즈의 권고를 그렇게 해석했다.

그렇다면 하이에크는 더 좋은 사회로 가는 길을 어디에서 찾았을까? 답은 국가가 아니라 사람이었다. 하이에크는 사람들이 사회를 움직이는 원천인 미덕을 존중하지도 실천하지도 않는 현실을 개탄했다. 독립심, 자조(自助), 기꺼이 위험을 감수하는 태도, 다수에 대항하여 자기의 소신을 지키는 각오, 이웃과 자발적으로 협력하는 태도가 그것이다. 집단주의는 이런 미덕을 모두 파괴한다. 그 결과 전체주의 사회에는 개인의 도덕적 선택 기회가 점차 축소되어 결국 주기적인 대표자 선거만 남게 된다는 것이다.[41]

1997년 외환위기 이후 한국 사회에는 모든 사회악의 근원이 신자유주의라는 주장이 유행했다. 그러나 신자유주의가 무엇인지에 대해서는 사람마다 다른 견해를 표명했다. 1980년대 대처 총리와 레이건 대통령 시절 영국과 미국 사회를 지배했던 신자유주의는 이론적·정책적인 면에서는 케인즈주의 경제정책에 대한 반작용이었다. 철학적인 면에서는 고전적 자유주의와 크게 다르지 않았다. 차이가 있다면 스미스와 밀, 루소와 같은 고전적 자유주의자들을 고통스럽게 만들었던 사회악, 다시 말해 심각한 경제적 불평등에 대한 번민이 없다는 것뿐이다. 고전적 자유주의 철학에서 뜨거운 심장을 빼버리고 냉철한 두뇌는 더 발육시킨 자유주의, 그것이 바로 하이에크의 신자유주의 철학이다. 전체주의에 대한 하이에크의 걱정은 그야말로 기우(杞

憂)에 지나지 않았다. 케인즈주의를 수용했던 그 어떤 민주주의 국가도 전체주의로 가는 미끄러운 비탈에 굴러 떨어지지 않았다. 현실세계에는 그런 비탈이 존재하지 않기 때문이다.

사회혁명의 길과 점진적 개혁의 길 가운데 어느 것이 옳은가? 이것은 처음부터 잘못 만들어진 질문이다. 그것은 양자택일의 문제가 아니다. 결과가 불확실하고 폭력을 동반하는 사회혁명과 위험이 적고 폭력을 사용할 필요가 없으며 결과가 즉각적·구체적으로 나타나는 점진적 개혁의 길 가운데 사회혁명을 선호할 사람은 별로 없을 것이다. 점진적 개혁의 길이 봉쇄된 곳에서만 사회혁명이 길을 연다. 마르크스가 폭력을 좋아하는 성향 때문에 프롤레타리아혁명의 필연성을 논증한 것이 아니다. 마르크스의 시대 유럽 자본주의사회가 집단적 궁핍과 소외, 억압과 착취에서 벗어날 수 있는 점진적 개혁의 길을 전혀 보여주지 못했기 때문이었다.

만약 철두철미 하이에크의 철학을 추종하는 사람이 절대권력을 쥐고 모든 종류의 '사회계획'을 배척하는 사회가 있다면, 틀림없이 포퍼와 같은 사람이 '점진적 공학'의 깃발을 들고 국가의 '민주적 개입'을 통해 사회정의를 실현하자고 일어설 것이다. 하이에크가 끝까지 포퍼를 적대시하고 배제하려 한다면, 라스키가 말한 것과 같은 사회혁명의 조건이 만들어질 것이다. 그리고 포퍼가 최종적으로 좌절하는 곳에서 마르크스와 같은 사람들이 '유토피아적 공학' 또는 사회혁명의 깃발을 들고 폭력의 사용을 불사하는 도전을 감행할 것이다. 민주주의 문명국가가 걸어야 할 길은 하이에크의 길이 아니다. 전체주의를 피하려고 할 때 우리가 무엇보다 우선해서 선택하고 시도해야 하는 것은 포퍼의 길이다. 이 길이 열려 있는 곳에서 마르크스의 길이 열릴 가능성은 없다. 사회혁명의 문을 걸어 잠그고 싶다면 부지런히 점진적 개량을 시도해야 한다.

제 7 장

진보정치란
무엇인가

2010년 2월 23일, 진보신당의 주최로 국회에서 열린 친환경 무상급식 D−99일 캠페인 선포식. 서울시장 후보에 출마를 예고한 진보신당 노회찬 대표와 서울시 지방선거 출마 후보자들이 서울 시내 학교의 친환경 무상급식 지원을 다짐하며 식판을 들고 퍼포먼스를 벌이고 있다.

자연은 텔로스(목적) 없이는 아무것도 만들지 않는다. 존재하는 모든 것은 목적이 있다. 사물이 충분히 발전해 최선의 상태에 도달하는 것, 그것이 사물의 본성이며 목적이다. 국가는 모든 인간공동체의 텔로스이며, 국가가 충분히 발전해 최선의 상태에 도달하면 최고의 선과 훌륭한 삶을 실현한다. 모든 학문과 기술의 궁극적인 목적은 선이다. 모든 학문과 기술의 으뜸인 정치의 선은 정의다. 정의는 특정한 사물을 평등한 사람들에게 평등하게 분배하는 것이다.

— 아리스토텔레스, 『정치학』

인간은 모두 보수적이다 ─ 베블런

우리는 앞에서 대표적인 국가론 세 가지를 살펴보면서 국가주의 국가론은 이념형 보수, 자유주의 국가론은 시장형 보수, 마르크스주의 국가론은 진보로 분류했다. 그런데 자유주의 국가론은 단순하지 않다. 산업화된 민주주의 국가에서는 보수정치세력의 국가론으로 널리 인정되지만 꼭 그런 것만은 아니다. 국가가 악을 저지르지 못하도록 권력을 분산하고 견제하는 데 중점을 두는 쪽이 있는가 하면, 자유주의적 기본 질서를 튼튼히 하면서도 시장에서 벌어지는 불의를 바로잡고 선을 실현하는 데 국가가 적극 나서야 한다고 보는 쪽도 있다. 자유주의 내부에도 보수와 진보가 있는 것이다. 그런 점에서 라스키는 포퍼보다 진보적이며, 포퍼는 하이에크보다 진보적이다. 게다가 진보와 보수를 가르는 울타리는 고정되어 있지 않으며 넘나들 수 없을 만큼 높지도 않다.

지금까지 보수와 진보라는 용어를 여러 차례 사용하면서도 개념을 명확히 하지 않았다. 이제 그 이야기를 할 때가 되었다. 보수와 진보를 구분하는 기준은 여럿 있지만 여기서는 국가의 기능이나 권력의 작동방식에 대한 견해를 중심으로 살펴보자. 진보는 보수와 어떻게 다르며, 진보정치는 국가를 어떻게 바꾸려고 하는 것인가? 이것이 이 책에서 다루는 다섯 번째 질문이다.

진보와 보수는 맞물려 있는 상대적 개념이다. 하나를 무엇이라고 규정하면 다른 하나는 자동적으로 그 의미를 드러낸다. 여기서는 제도주의 경제학파의 창시자로 널리 알려진 소스타인 베블런(Thorstein Bunde Veblen, 1857~1929)의 견해를 채택한다. 베블런은 다윈의 진화론을 사회에 적용하여 19세기 말 미국 자본주의사회와 지배계급의 생활양식을 관찰하고 분석한 『유한계급론』*The Theory of the Leisure Class* 을 쓴 인물이다. 일단 베블런의 생각을 따라가보자.[1]

인간의 삶은 다른 종(種)과 마찬가지로 생존을 위한 투쟁이고 선택적 적응의 과정이다. 사회환경도 인간의 사고방식도 모두 시간의 흐름 속에서 끊임없이 진화한다. 베블런은 이렇게 표현했다. "인간이 만든 제도와 인간 특성에서 일어나는 진보는 최적의 사유습성(the fittest habits of thought)이 자연선택되는 과정이다." 이 난해한 문장을 통해 그는 무슨 말을 한 것인가. 사회의 진보는 생물의 진화가 그런 것처럼 원하든 원하지 않든 일어날 수밖에 없는 자연적 현상이라는 것이다.

인간은 수많은 제도 또는 제도의 집합 안에서 산다. 그런데 모든 사회제도는 본질적으로 개인과 공동체의 관계와 기능에 대해 널리 퍼져 있는 사유습성의 산물이다. 제도는 그 제도가 만들어진 시기에 사회를 지배했던 정신적 태도를 표현한다. 따라서 지금 존재하는 모든 제도는 현재가 아니라 과거 어느 시기에 사회를 지배했던 관점과 사유습성을 체현한다. 사람들은 그 제도 속에 살면서 과거에서 전승된 정신적 태도에 따라 사유하는 습성을 가지게 된다. 그런데 삶의 환경은 지속적으로 변화한다. 그 변화는 끊임없이 현실에 더 적합한 관점과 사고방식을 요구한다. 과거의 지배적 사유습성이 만든 제도가 그대로 존재한다면 필연적으로 과거와 현재 사이의 불일치와 충돌이 일어날 수밖에 없다. 제도를 조정하라는 요구가 제기되고 조정이 실제로 이루어진다. 이러한 과정은 사회가 존속하는 한 무한히 지속된다. 베블런에게 진보는 어떤 당위적 요구나 지향이 아니다. 그것은 사회와 삶의 방식, 사유습성의 실제적이고 불가피한 진화를 의미한다. 진보는 피할 수도 멈출 수도 없다는 것이다.

예컨대 조선시대에는 사농공상(士農工商)과 남존여비(男尊女卑)라는 신분제도와 관습이 있었고, 군주의 권력은 장자상속(長子相續)의 원칙에 따라 대물림했다. 양반의 자녀는 양반으로, 노비의 자녀는 노비로 살아야 했다. 남자는 여러 여자를 배우자로 들일 수 있었지만 남편을 잃은 여자는 재혼을 할 수 없었다. 정실부인이 아닌 배우자가 낳은 자녀는 차별을 받았다. 이러한 제도는 제도가 만들어질 당시의 사람들, 특히 권력을 장악한 사람들이 가졌던 사유습성의 산물이다. 한때는 모두가 이런 제도를 자발적으로 또는 어쩔 수 없이 받아들이고 적응했다. 그러나 조선 후기로 가면서 안팎의 생활환경이 변화하자 점차 많은 사람들이 이 제도들을 비판하고 거부하기 시작했다. 과거의 지배적 사유습성과는 다른 사고방식을 채택하기 시작한 것이다.

　19세기 말이 되자 삶의 환경 변화가 만들어낸 새로운 사유습성이 낡은 제도에 대한 항전을 선포했다. 1884년 김옥균이 이끈 갑신정변 주체들이 제출한 14개조 혁신정강에는 '문벌 폐지와 백성의 평등권' 이라는 요구가 등장했다. 일본 침략에 맞섰던 갑오농민전쟁의 주역들은 봉건제도 그 자체를 공격하고 나섰다. 이런 도전이 모두 실패로 끝난 탓에 낡은 제도를 그대로 유지했던 조선은 일본 제국주의의 먹잇감이 되고 말았다. 그러나 이 새로운 사고방식은 3·1운동과 항일투쟁으로 힘을 길렀고, 결국 대한민국 임시정부가 한반도 최초의 '공화국'을 선포한 임시헌장에서 지배적인 지위를 획득했다. 제도의 교체는 낡은 사유습성이 지배적인 지위를 잃고 새로운 사유습성이 그 자리를 차지할 때 현실이 된다. 왕조국가 조선과 민주공화국 대한민국은 판이한 제도의 집합으로 구성되어 있으며, 그 제도의 차이를 만들어낸 것은 지배적 사유습성의 차이였다.

　진보와 보수는 사유습성과 생활방식, 제도의 변화에 대응하는 정신적 태도를 가리킨다. 진보는 생활환경의 변화가 요구하는 새로운 사유습성과 생활방식, 그에 따르는 제도의 조정 필요성을 능동적으로 받아들이고 실천하려는 정신적 태도이며, 보수는 익숙한 것을 지키려 하다보니 변화를 거부하게 되는 태도를 말한다. 보수의 핵심은 "존재하는 것은 무엇이든 옳다"는 말로 요약할 수 있다. 그러나 진화의 법칙을 인간의 제도에 적용하면 "존재하는 것은 무엇이든 틀렸다"고 해야 마땅하다. 현재의 제도는 과거의 지배적 사유습성을 체현하는 것이어서 오늘의 생활환경이 요구하는 최적의 대응일 수 없기 때문이다.

왜 사람들은 서로 다른 정신적 태도를 가지게 되는 것인가? 왜 누구는 보수주의자가 되고 누구는 진보주의자가 되는가? 베블런의 이론에 따르면 생활환경의 변화에 강하게 노출되는 사람이 먼저 새로운 사유습성을 받아들인다. 사회의 공인된 생활양식은 옳은 것, 선한 것, 합당한 것, 아름다운 것이 무엇인지에 대한 합의를 토대로 성립한다. 그런데 생활환경의 변화가 몰고 온 충격이 모든 개인에게 똑같이 전달되지는 않는다. 어떤 환경의 변화를 긴급한 상황으로 인식한 사람은 새로운 사고방식과 생활양식을 신속하게 받아들인다. 진보주의자가 되는 것이다. 보수주의자는 진보주의자의 여집합(餘集合)이다. 보수주의자는 기존의 지배적 사유습성과 생활양식을 그대로 따르려고 한다. 이것은 인간의 삶에서 보수주의가 기본이라는 것을 의미한다. 환경의 변화에 의해 강요당하지 않는다면 인간은 영원히 보수주의자로 살아갈 것이다. 보수주의는 특정한 계급의 독점적 특성이 아니라 인간의 보편적 속성이다. 확신에 찬 진보주의자에게는 우울한 이야기일지 모르겠으나 베블런의 말을 부정하기는 쉽지 않다. 그러나 보수주의를 편들려고 그렇게 말한 게 아니었으니 진보주의자들이 그를 미워할 필요는 없을 것이다.

마르크스가 부르주아지라고 불렀던 자본가계급을 포함하여 문명의 모든 시대를 지배했던 계급에게 베블런은 유한계급(有閑階級, leisure class)이라는 듣기 좋은 이름을 선사했다. 유한계급은 생산적 노동을 하지 않으면서 다른 사람의 생산적 노동이 창출한 것을 약탈하고 활용한다. 유한계급은 보수주의의 몸통이다. 하지만 그들이 알량한 기득권을 지키려고 변화를 거부하는 건 아니다. 그와 같은 통념은 유한계급에 대한 부당한 모욕이다. 사유습성과 생활양식을 바꾸고 조정하는 작업은 많은 에너지를 소모하기 때문에 누구에게나 귀찮고 번거로운 일이다. 유한계급은 돈과 권력이 있기 때문에 이처럼 귀찮은 일을 하지 않아도 사는 데 별 지장이 없다. 어지간한 생활환경의 변화에는 압력을 느끼지도 않는다. 그들은 자연스럽게 현존하는 제도와 지배적 생활양식은 모두 좋고, 옳고, 합당하고, 아름답다고 받아들인다. 그들에게 보수주의는 고상하고 품위 있으나 혁신은 천박하고 나쁘다.

전통적으로 유한계급은 정치, 종교, 전쟁, 스포츠 분야에 종사한다. 정치인, 고급 공무원, 종교 지도자, 체육계 고위 인사들이 대개 보수적이라는 사실은 널리 알려져 있다. 과학기술과 생산력이 크게 발전했고 거의 모든 일들이 시장에서의 계약과 거래를 통해 이루어지는 자본주의사회에서 유한계급의 활동무대는 기업, 언론, 대학, 예술, 대중문화 분야까지 뻗어나갔다. 재벌 총수와 그 가족들, 기업 경영자와 임원들, 대학교수, 큰 신문사와 방송사의 간부들이 대체로 보수적이라는 사실 역시 따로 증명할 필요가 없을 것이다. 그런데 대부분의 민주주의 국가에서 유한계급과는 아무 관계가 없는 하위 소득계층 유권자들이 보수적인 태도를 보이는 경우가 많다. 우리나라도 예외가 아니다. 그들은 선거를 할 때 주로 진보정당이 아니라 보수정당에 표를 준다. 어떻게 된 일인가? 베블런의 이론에 따르면 그것 역시 유한계급제도와 관계가 있다. 요즘 유행하는 말로는 사회경제적 양극화 때문이다.

생산적 노동을 하지 않는데도 돈이 많은 사람이 있다는 것은 생산적 노동을 하면서도 몹시 가난하게 사는 사람이 있음을 의미한다. 베블런은 그 둘이 약탈하고 약탈당하는 관계에 있다고 보았다. 이미 말한 것처럼 유한계급은 부유하기 때문에 혁신을 거부한다. 그런데 가난한 사람들은 너무나 가난한 나머지 혁신을 생각할 여유가 없어서 보수적이다. 기존의 사유습성을 바꾸는 것은 유쾌하지 못한 일이며 상당한 정신적 노력을 요구한다. 변화된 환경이 무엇인지, 나의 정신적 태도가 어떠한지, 무엇을 어떻게 바꾸어야 하는지를 생각하고 기존의 사유습성을 바꾸는 데 대한 본능적 저항감을 극복하려면 힘겨운 노력을 해야 한다. 지배적 생활양식에 순종하면서 일상적 생존투쟁을 견뎌내는 데 모든 에너지를 쏟아부어도 부족하다고 느끼는 사람들은 이 과업을 수행하기 어렵다. 풍요로운 사람들은 오늘의 상황에 불만을 느낄 기회가 적어서 보수적이고, 가난한 사람들은 내일을 생각할 여유가 없어서 보수적인 것이다. 생활환경 변화에 적당한 압력을 느끼면서도 학습하고 사유할 여유가 있는 중산층이 가장 뚜렷한 진보주의 성향을 보이는 것은 바로 이런 이유 때문이다.

어느 사회에서나 고령층이 청년들보다 더 보수적인 현상도 마찬가지 논리로 설명할 수 있다. 젊은이들은 기존의 제도와 사유습성에 노출된 기간이 짧으며 지적 활동이 상대적으로 왕성하다. 기존의 사유습성에 대한 집착이 덜하고 그것을 바꾸는 데 쓸 수 있는 정신적 에너지가 풍부하다. 반면 나이가 들수록 기존의 사유습성은 더욱 강력한 지속성을 지니며 그것을 바꾸는 데 쓸 수 있는 정신적 에너지는 부족해진다. 사람 따라 정도 차이가 있기는 하지만 나이가 들수록 점점 보수적으로 변하는 것은 불가피한 생물학적 필연이다. 역사의 중대한 고비마다 청년층이 낡은 제도와 지배적 사유습성, 전통적 생활양식에 반기를 드는 주체로 나선 것은 바로 이 때문이다. 모든 사회에서 청년은 상대적으로 진보적이며 노인은 그보다 보수적이다. 고령 유권자들이 압도적으로 보수정당을 지지하는 것은 어느 정도 불가피하고 자연스러운 현상이다.

한때 진보의 기수였던 우리의 이른바 '386세대'도 '486'이 되고 '586'이 되면서 상대적 보수화의 길을 걷고 있다. 지금 진보 성향의 정당을 지지하는 30대 유권자들도 30년 후에는 보수정당을 더 많이 지지하게 될 것이다. 기성의 모든 권위와 관습을 거부하고 부정하면서 전후 독일 사회를 벌컥 뒤집어놓았던 독일 '68혁명 세대'도 이제 보수 신문을 구독하고 벤츠 승용차를 즐겨 모는 중장년 시민이 되었다. 공산당원 할아버지와 사회민주당원 아버지를 가진 독일 젊은이들은 구좌파를 외면하고 신좌파(New Left)인 녹색당으로 대거 몰려들고 있지만, 그들도 몇십 년 세월이 흐르면 새로운 시대의 조류에 거부감을 느끼게 될 것이다. 진보주의에 매혹을 느꼈던 젊은이가 나이가 들면서 보수주의로 회귀하는 것은 인간의 생물학적 운명이다. 계급적 귀속은 진보주의자와 보수주의자를 결정하는 중요한 변수이지만 유일한 변수는 아닌 것이다.

새는 좌우 두 날개로 난다. 보수주의는 생물학적 본능이고 진보주의는 목적의식적 지향이다. 보수가 구심력이라면 진보는 원심력이다. 사회는 진보와 보수가 있기에 유지되고 발전한다. 진보주의자만 있는 사회는 안정성이 없을 것이다. 생활환경의 사소한 변화조차도 통제할 수 없는 사회적 혼란과 정치적 혁명으로 번져나갈지 모른다. 반면 보수주의자만 사는 세상에서는 혁신이 불가능할 것이다. 그 사회는 존립을 위협하는 심각한 환경 변화에 적응하지 못해 몰락할 것이다. 사회가 건전하게 발전하려면 둘이 적절한 균형을 이루어야 한다.

"진보는 분열로 망한다"는 주장이 있다. 조금 더 부드럽게 표현하면 진보는 단결하는 능력이 부족해 어려움을 겪는다. 현존하는 지배적 사유습성을 지키는 보수주의는 익숙한 것을 수용하고 낯선 것을 배척하는 인간의 본능에 부합한다. 쉽게 단결하며 잘 무너지지 않는다. 무너져도 단시간에 수월하게 복원된다. 반면 진보주의는 새로운 사유습성을 창조하여 지배적인 것으로 만들어야 하는 운동이다. 진보는 본능을 거슬러 간다. 그래서 쉽게 단결하지 못하며 작은 오류만으로도 쉽게 무너진다. 한번 무너지면 복구하기 어렵다. 진보는 바람을 거슬러 나는 새, 물살을 거슬러 헤엄치는 물고기와 같다.[2] 열정과 신념이 무너지면 바람에 날리고 물살에 휩쓸려 떠내려가게 된다. 평생 진보주의자로 사는 것은 쉬운 일이 아니다.

진보는 자본주의를 극복하는 것 — 김상봉

베블런은 노르웨이 이민자의 아들로 태어나 영어를 외국어로 익힌 사람이었다. 열 가지도 넘는 언어를 읽고 쓰고 말할 수 있었던 이 천재는 예일대학교에서 철학박사 학위를 받은 뒤 미네소타 주의 고향에서 취직도 하지 않은 채 7년 동안이나 독서로 소일하며 빈둥거렸다. 신흥 명문으로 등장했던 시카고대학교에 뒤늦게 자리를 잡은 후 『유한계급론』을 써서 일약 학계의 스타로 떠올랐지만, 현실에 전혀 개입하지 않고 미국 사회와 인류 문명을 냉정하게 관찰하는 이방인으로 살다가 캘리포니아 시골 오두막집에서 혼자 죽었다.[3] 베블런의 사상과 이론에서는 열정을 느끼기 어렵다. 그는 보수주의와 진보주의를 묘사하고 서술했을 뿐 도덕적 평가를 하거나 개입하지 않았다. 그래서 진보를 추구하는 사람들은 베블런의 이론에 만족하지 못한다.

진보주의자는 일상적 실천을 위한 활동의 목표와 구체적 행동방침을 원한다. 그렇게 하려면 과거에 만든 현재의 제도보다 옳고 선하고 정의로운 제도가 어떤 것인지, 현존하는 제도를 그러한 제도로 바꾸는 데 적합한 실행방법이 무엇인지를 판단하는 데 필요한 규범이 있어야 한다. 그리고 이러한 규범을 찾는 데서 진보의 분열이 시작된다. 목표와 전략 전술을 둘러싼 논쟁이 터지고 대립이 생기며 진영이 나뉘는 것이다. 정통과 이단, 레알 진보와 가짜 진보, 명품 진보와 짝퉁 진보, 원조 진보와 사이비 진보를 나누는 논쟁이다. 이것은 새로운 사유습성을 창조하는 진보주의자들의 피할 수 없는 운명이다.

그러면 과연 진보주의자들이 생각하는 진보는 무엇인가? 대표적인 견해를 몇 가지 살펴보자. 가장 좁은 의미의 진보는 자본주의를 극복하는 것이다. 가장 넓은 의미의 진보는 인간 능력의 지속적 발전을 이루는 것이다. 둘 사이 어디엔가, 인간을 자유롭게 만드는 것이 진보라는 견해가 있다. 먼저 김상봉 교수의 견해를 소개한다. 이것이 요즘에 본 것 중에 진보의 울타리를 가장 좁게 설정한 이론이다. 지금도 그런지는 모르겠으나 이 글을 쓴 시점의 김상봉 교수에게 진보란 자본주의를 극복하는 것이다.[4] 그가 보기에 세계적으로도 한국에서도 진보주의는 이미 죽었다. 그런데도 사람들은 이것을 모르고 선량한 열정을 낭비한다. 19세기 이후 유럽 진보정당의 대의는 자본주의 극복과 프롤레타리아트의 해방이었다. 이 대의를 추구하는 국가나 정당은 지금 세계 어느 곳에도 없다. 말로는 공산주의를 내세우지만 중국도 경제는 자본주의와 다름이 없다. 우리나라 진보정치세력은 일제강점기에는 민족해방을, 군사독재시대에는 민주화를 위해 싸웠다. 다른 나라에서는 보수정당이 했던 일들이다. 진보정당의 본래 과제인 반자본주의 투쟁은 한 번도 진보정치의 중심적 의제가 되지 못했다. 자칭 진보정당들도 이제는 자본주의 전복을 꿈꾸지 않는다. 기껏해야 복지국가를 실현하자고 주장할 따름이다.

김상봉의 주장에 따르면 우리의 국가는 부르주아지의 일상사를 처리하는 위원회에도 미치지 못한다. 오늘날 대한민국은 부르주아계급 전체가 아니라 그 최상층부인 재벌 기업 또는 재벌 가문의 이윤 추구에 복무하는 도구가 되었다. 재벌 기업이 국가기구를 포위하고 장악해 기업과 비슷한 것으로 바꾸어 버렸다. 우리가 지난 10여 년 동안 목격한 민주주의 퇴행은 국가 기업화의 필연적 결과이다. 그러므로 진심으로 시민의 자유와 민주주의를 지키고 싶다면 정부권력을 비판할 것이 아니라 국가를 공화국이 아닌 사적 이익 추구의 도구로 만든 한국의 재벌 기업 체제를 해체할 궁리를 해야 한다. 자본주의 경제학 교과서 어디에도 노동자가 경영권을 가지면 기업 경영이 불가능하다는 이론은 없다. 국가의 주권이 시민에게서 나오듯, 기업의 경영자를 노동자가 선출하지 못할 이유는 없다.

그래서 김상봉은 호소한다. 언젠가는 재벌의 독재를 견디다 못한 민중이 누가, 어떻게 한국의 재벌 체제를 해체하고 자본주의라는 괴물을 퇴치할 수 있는지 물을 것이다. 진보정당이 살아 있다면 그때를 위해 준비해야 한다. 하지만 지금 한국의 자칭 진보정당들은 내심으론 자본주의 극복도, 재벌 해체도 포기했으니 주검에 지나지 않는다. 진보는 죽었다. 이것을 명확히 인식하고 인정하지 않는 것에서 지금 진보정당들의 가장 치명적인 허위의식이 생겨난다. 낡은 것이 죽고 새로운 생명이 다시 태어나는 것은 역사의 자연스러운 운행이니, 죽은 것은 죽은 자들의 세계로 보내고 산 사람은 산 사람으로 다시 시작해야 한다.

이 견해를 받아들이면 예전의 민주노동당과 진보신당도 지금의 정의당도 산 것처럼 보일 뿐 실제로는 생명이 없는 '좀비정당'이 되고 만다. 이 주장을 어떻게 해석해야 할까? 만약 진보를 자본주의 극복과 같은 의미로 규정한다면 진보주의 운동은 곧 사회주의 운동이어야 한다. 재벌 해체는 시작에 불과하다. "자본의 민주적 통제를 위해서는 궁극적으로 사회제도가 변화되어야 하겠지만, 그 변화의 시작은 가장 전제적이고 폭력적이며 탈법적인 특정 자본을 타도하는 데서 일어나야 할 것이다. 지금 한국 사회에서 그런 자본권력은 삼성이다. 우리의 과제는 자본을 민주적 통제 아래 두는 것이다."[5] 자본을 민주적 통제 아래 둔다는 것은 어떤 의미일까? 포퍼가 말한 '민주적 간섭'은 아닐 것이다. 재벌 총수도 법을 어기면 처벌을 받아야 한다는 로크식의 '법치주의' 또한 아닐 것이다. 여기에 어울리는 표현 가운데 우리가 아는 것은 '사회주의' 또는 '공산주의'밖에 없다. 진보는 곧 사회주의이다. 이것이 김상봉의 주장이라고 나는 해석한다.

인간의 자유를 확대하는 것 ─ 이남곡

김상봉과 달리 매우 넓게 진보의 울타리를 친 사람은 오랜 세월 영국 정부의 외교 관련 기밀문서를 다루었던 역사가 에드워드 H. 카(Edward H. Carr, 1892~1982)가 아닐까 싶다. 카는 베블런과 달리 진보를 제도의 진화를 가리키는 실증적 개념으로 보지 않았다. 진보는 어떤 자동적인 또는 불가피한 진행이 아니라 인간 능력의 계속적 발전을 의미한다. 진보에 대한 믿음은 인간 능력의 발전에 대한 믿음이다. 그는 또 김상봉과 달리 진보의 목표를 정하지 않았다. 진보는 추상적인 말이다. 인류가 추구하는 구체적 목표는 역사의 흐름에서 때에 따라 나타나는 것이지 역사 밖에 있는 어떤 원천에서 나오는 것이 아니다.[6] 카는 인간의 능력이 계속 발전하는 것을 진보라고 생각했으며, 이런 의미의 진보가 이성적 존재인 인간의 본질이라고 믿었다. 진보는 단순히 생활환경의 변화가 강제하는 정신적 적응과정이 아니다. 인간은 과거 여러 세대의 경험을 축적함으로써 사고의 효율성을 확대한다. 이것이 사회진보의 토대이다. 그리고 사회진보는 현존하는 제도를 조금씩 개선하는 데 머무르지 않고, 이성의 이름으로 근본적인 도전을 감행하는 인간의 대담한 결의를 통해서 이루어진다.[7]

카는 진보를 일으키는 근본적인 도전의 목표와 내용이 역사의 흐름 속에서 결정된다고 보았다. 진보주의 운동의 목표와 내용은 밖에서 주어지거나 고정된 것이 아니다. 자본주의 극복이라는 목표 추구가 그런 근본적인 도전에 포함되지 말아야 할 마땅한 이유는 없다. 그러나 그렇다고 해서 자본주의 극복이 아닌 다른 어떤 목표도 진보의 이름으로 허용하지 말아야 한다고 주장할 근거 또한 없다. 카의 진보 개념은 무엇이든 받아들일 수 있다는 장점이 있다. 그러나 범위가 너무 넓어서 구체적인 또는 규범적인 목표를 제시해주기를 원하는 사람들을 만족시키지 못하는 것이 약점이다.

진보의 범위를 넓게 설정하면서도 그 목표와 방법을 한결 구체적으로 제시한 것으로는 『진보를 연찬하다』에서 이남곡 선생이 제시한 견해를 들 수 있다.[8] 이남곡에 따르면 진보는 인간이 행복을 위해 자유를 확대해나가는 과정이다. 이를 위해서는 자유를 억압하는 모든 것에서 인간을 해방시켜야 한다. 이것을 지향하는 게 진보주의이다. 인간의 자유를 얽어매는 것은 세 가지다. 불합리한 제도, 물질의 결핍, 낡은 생각이다. 진보는 첫째, 자유롭고 평등한 사회제도를 발전시키는 것이다. 노예제도, 신분제도, 계급제도, 독재, 자의적인 국가폭력 등 불합리한 제도는 인간을 억압하고 자유를 박탈했다. 인간은 수많은 사회혁명과 점진적 개량을 통해 자유를 증진해왔다. 둘째는 물질의 결핍에서 인간을 해방하기 위한 생산력 발전이다. 자유는 물질의 절대적 결핍이 지배하는 곳에서는 숨 쉬지 못한다. 따라서 과학기술의 발전도 진보에 큰 기여를 했다고 인정해야 한다. 셋째는 인간의 의식을 변혁하는 것이다. 타인과 자연을 침범하는 것을 부끄러워하고 남에게 먼저 양보하고 싶어 하는 인간이 되는 것이다. 과학, 종교, 여성운동도 진보의 중요한 영역이다.

나는 이남곡의 견해가 진보와 진보주의를 이해하고 실천하는 데 적합한 '중용적'(中庸的) 입장이라고 생각한다. 진보는 특정한 사상이나 이론, 어떤 구체적 국가정책이나 제도에 대한 특정한 견해와 고정적으로 결합되지 않는다. 자유무역협정이나 해외파병에 반대하면 진보 찬성하면 보수라든가, 친북 반미면 진보 반북 친미면 보수라는 식으로 구분할 수 없다. 진보는 현재 자신의 사유습성과 생활양식을 객관적으로 보고 그것과 환경의 변화 사이의 불일치나 부조화를 직시할 것을 요구한다. 생각이 막히고 닫히는 순간, 기존의 사유습성에 갇히는 순간 그 사람은 진보와 멀어진다. 중요한 것은 사회관계와 물질, 의식의 모든 면에서 행복을 위해 자유를 확대하고자 하는 진보의 방향을 의식하고 유지하고 실현하는 것이다. 진보주의 운동에는 당연히 정치가 포함된다. 무엇보다도 인간이 불합리한 제도의 억압에서 벗어나 자유로운 존재로 살면서 행복을 추구할 수 있게 하려면 국가의 기능과 작동방식을 그에 맞게 만들어야 한다. 이런 일을 하는 것이 바로 정치다. 진보주의가 정치와 결합한 것, 또는 정치를 통해 진보적 지향을 실현하는 것이 진보정치다.

진보를 이렇게 이해하면서 정치를 생각해보자. 과연 정치란 무엇인가? 이 질문에 대해서는 독일 사회학자 막스 베버(Max Weber, 1864~1920)의 견해를 적절한 답변으로 채택한다. 베버는 정치를 "국가를 운영하거나 국가운영에 영향을 미치는 활동"으로 폭넓게 규정했다.[9] 정치를 논의하면 반드시 국가와 마주치게 된다. 그렇다면 진보주의자는 국가를 어떻게 운영하려 하는가? 국가를 직접 운영할 권한을 지니고 있지 않은 경우, 국가운영에 어떤 영향을 어떻게 주려고 하는가? 그들은 국가가 무엇이며, 무슨 일을 해야 한다고 생각할까?

나는 한국의 진보주의자들이 국가를 보는 관점이 몹시 혼란스럽다고 생각한다. 과격하게 표현하면 진보의 국가론이 확실하지 않다는 것이다. 진보주의자들은 이념형 보수의 이론인 국가주의 국가론을 단호하게 거부한다. 시장형 보수인 자유주의 국가론에 대해서도 혐오감을 감추지 않는다. 모든 형태의 자유주의 국가론을 뭉뚱그려 신자유주의라고 부르기도 한다. 앞서 살펴본 김상봉과 비슷한 견해를 가진 사람들은 국가를 계급지배의 도구로 보는 마르크스주의 국가론에 동조한다. 그런데 이 이론은 현실적인 대안을 제공하지 못한다. 마르크스주의 국가론을 받아들일 경우 유일하게 옳은 길은 자본주의를 타도하기 위한 혁명운동뿐이다. 그런데 이 혁명은 성공할 가능성이 없다. 한때 성공한 사회혁명의 결과였던 소련과 중동부 유럽 사회주의 체제는 다 무너져버리고 없다. 사회혁명을 진보주의의 유일한 목표라고 생각하는 경우, 민주적 절차에 입각해 전개하는 현실의 정치는 별로 의미가 없다. 하지만 달리 믿고 기댈 만한 다른 국가론이 있는 것도 아니다. 그래서 진보주의자들은 자유주의 국가론과 마르크스주의 국가론 사이를 끝없이 방황한다. 자유주의 국가론은 이념적으로 만족스럽지 않고, 마르크스주의 국가론을 따르자니 현실에서 할 수 있는 일이 별로 없기 때문이다.

정치를 "국가를 운영하거나 국가운영에 영향을 미치는 활동"으로 규정한다면, 진보정치에도 그 나름의 국가론이 있어야 한다. 마르크스주의 국가론에 비판이론의 가치를 부여하는 것은 나쁘지 않다. 그러나 진보정치를 하려면 정치 그 자체를 의미 있는 활동으로 인정하는 진취적 국가론이 필요하다. 이런 점에서 나는 하버드대학교의 마이클 샌델 교수가 『정의란 무엇인가』라는 책의 맨 마지막 문장에서 조심스럽게 펼친 견해에 공감한다. "도덕에 개입하는 정치는 회피하는 정치보다 시민의 사기 진작에 더 도움이 되며 더 정의로운 사회 건설에 더 희망찬 기반을 제공한다."[10]

국가의 텔로스는 정의 — 아리스토텔레스

'누가 다스려야 하는가'를 다룬 제4장에서 플라톤과 맹자의 사상을 검토할 때 '목적론'이 지성 발전의 미숙한 단계를 지배한 사고방식이라고 지적했다. 그러나 유치한 사고방식이라고 해서 옳지 않다거나 진리를 담고 있지 않은 것은 아니다. 아리스토텔레스는 플라톤의 목적론적 사고방식을 더 높은 수준으로 발전시켰는데, 당시의 정치현실과 사회제도에 대한 그의 견해를 다 배척하더라도 국가에 대한 목적론적 사고방식만큼은 살려나갈 필요가 있다.

목적론에 따르면 만물에는 다 고유의 목적이 있다. 국가에도 당연히 본연의 목적이 있다. 아리스토텔레스에 따르면, 국가의 목적은 으뜸가는 선을 훌륭하게 추구하는 것이다. 모든 공동체는 선을 실현하기 위해 구성된다. 무릇 인간 행위의 궁극적 목적은 선이라고 생각되는 바를 실현하는 데 있기 때문이다. 모든 공동체 중에서도 으뜸가며 다른 공동체를 모두 포괄하는 공동체야말로 분명 으뜸가는 선을 가장 훌륭하게 추구할 것인데, 이것이 이른바 국가 또는 국가공동체이다.[11] 아리스토텔레스도 국가가 처음부터 선을 실현하기 위한 공동체로 출발한 것이라고 생각하지는 않았다. 국가는 다른 공동체와 마찬가지로 단순한 생존을 위해 형성되었다. 그러나 국가는 훌륭한 삶을 위해 존속한다. 오늘의 관점에서는 무척 이상해 보이는 이 논리의 사슬을 따라가보자. 아리스토텔레스는 이렇게 주장했다.

가족과 부족집단 같은 국가 이전의 여러 공동체들이 자연스럽다면 국가도 자연스러운 것이다. 국가는 국가보다 먼저 만들어진 모든 공동체들의 텔로스다. 사람이든 말이든 집이든 사물이 충분히 발전했을 때의 상태를 우리는 그 사물의 본성이라고 한다. 자연은 목적 없이는 아무것도 만들지 않는다. 인간은 언어(logos) 능력을 가진 유일한 동물이다. 단순한 목소리는 다른 동물도 갖고 있으며 고통과 쾌감을 표현하는 데 쓰인다. 다른 동물도 고통과 쾌감을 느끼고 서로에게 알릴 능력이 있다. 그러나 언어는 무엇이 유익하고 무엇이 해로운지, 무엇이 옳고 무엇이 그른지 밝히는 데 쓰인다. 인간만이 선과 악, 옳고 그름을 인식할 수 있다. 이런 인식을 공유함으로써 가정과 국가가 생성되는 것이다. 공동체에 대한 인간의 본능은 모든 인간에 내재하지만, 맨 처음으로 국가를 만든 사람은 인류의 최대 은인이다.[12]

"자연은 목적 없이는 아무것도 만들지 않는다"는 믿음이 목적론적 사고방식의 핵심이다. 존재하는 모든 것은 목적이 있다. 사물이 충분히 발전해 최선의 상태에 도달하는 것, 그것이 사물의 본성이며 목적이다. 국가는 모든 인간공동체의 텔로스이며, 국가가 충분히 발전해 최선의 상태에 도달하면 최고의 선과 훌륭한 삶을 실현한다. 모든 학문과 기술의 궁극적인 목적은 선이다. 모든 학문과 기술의 으뜸인 정치의 선은 정의다. 정의는 특정한 사물을 평등한 사람들에게 평등하게 분배하는 것이다.[13] 훌륭한 삶을 가능하게 하려면 훌륭한 국가가 있어야 한다. 완성된 인간은 가장 훌륭한 동물이지만 법과 정의에서 이탈한 인간은 가장 사악한 동물이다. 무장한 불의는 가장 다루기 어렵다. 인간은 지혜와 탁월함을 위해 쓰도록 무기들을 갖고 태어나지만, 이런 무기들이 너무나 쉽게 정반대의 목적에 쓰일 수도 있다. 미덕이 없으면 인간은 색욕과 식욕을 밝히는 가장 야만적인 동물이 된다. 국가는 정의를 세움으로써 미덕을 북돋워야 한다.

그렇다면 텔로스를 실현한 국가, 충분히 발전해 최선의 상태에 도달한 국가는 과연 어떤 국가일까? 아리스토텔레스에게 최선의 국가는 행복하고 잘나가는 국가이다. 그런데 훌륭한 행위를 하지 않고는 잘나갈 수 없으며, 개인이든 국가든 탁월하고 지혜롭지 않고서는 훌륭한 행위를 할 수 없다. 용기, 정의, 지혜, 절제와 같은 탁월함은 국가든 개인이든 같은 효력과 성격을 지닌다. 국가의 행복과 개인의 행복은 같은 것이다. 최선의 정체(政體)는 누구나 가장 훌륭하게 행동할 수 있고 행복하게 살 수 있는 제도여야 한다. 훌륭한 입법자가 할 일은 국가나 민족이나 공동체가 어떻게 훌륭한 삶과 행복에 참여할 수 있을지 고민하는 것이다.[14]

실현하기가 어려워서 그렇지, 국가가 이런 일을 하는 데 반대할 사람은 없을 것이다. 그렇다면 아리스토텔레스는 최선의 국가를 만들어 국가의 텔로스를 실현하는 길을 어디에서 찾았을까? 종국적으로 시민 각자가 훌륭해지라는 것이 그의 대답이었다. 훌륭한 국가는 우연한 행운이 아니라 지혜와 윤리적 결단의 산물이다. 국가가 훌륭해지려면 국정에 참여하는 시민들이 훌륭해야 한다. 따라서 시민 각자가 어떻게 해야 스스로가 훌륭해질 수 있는지 고민해야 한다. 시민 각자가 훌륭하지 않아도 시민 전체가 훌륭할 수는 있겠지만, 시민 각자

가 훌륭하면 더 바람직하다. 각자가 훌륭하면 전체도 훌륭할 것이기 때문이다.[15]

이것은 인류 지성의 역사에서 제일 오래된 국가론으로, 앞에서 살펴보았던 근대 이후의 어떤 국가론과도 같지 않다. 홉스의 국가는 선을 실현하는 훌륭한 국가가 아니다. 아리스토텔레스의 표현을 빌리면 그것은 최선의 상태로 발전한 국가가 아니라 단순히 생존을 위해 만들어진 국가이다. 로크와 밀, 스미스의 국가 역시 훌륭한 국가라 할 수 없다. 그것은 기껏해야 악을 저지르지 않는 국가일 뿐이다. 마르크스의 국가는 훌륭한 국가라는 게 불가능하다. 국가는 본질적으로 계급지배와 착취라는 악을 저지르는 도구에 지나지 않는다. 목적론으로 표현하면 마르크스는 국가의 텔로스가 계급지배라고 한 셈이다.

왜 이렇게 되었을까? 르네상스 시대 이후 수백 년 동안 유럽의 내로라하는 지식인들 가운데 플라톤과 아리스토텔레스를 공부하지 않은 사람이 없었는데도 목적론적 철학에 입각한 국가론, 선을 실현하는 것을 국가의 목적이라고 보는 국가론을 누구도 계승하지 않은 이유는 무엇일까? 포퍼는 플라톤을 전체주의·집단주의 사상의 철학적 원조로 규정하고 맹렬하게 비판하기까지 했다. 아마도 아리스토텔레스 시대의 환경을 고려하지 않고 목적론적 국가론을 평가했기 때문이 아닌가 싶다.

아리스토텔레스는 인류 역사 최초로 민주주의를 꽃피웠던 고대 그리스 도시국가의 철학자였다. 물론 그 민주주의는 지금 우리가 아는 민주주의와는 다르다. 그것은 특정한 사람들만을 위한 정치제도였다. 귀족과 자유민들만의, 그것도 남자들만의 민주주의였다. 플라톤과 아리스토텔레스는 노예제도를 옹호하고 성평등을 명확하게 부정했다. 그들이 주장한 정의 관념은 명백한 한계와 오류를 내포할 수밖에 없었다. 게다가 그들은 국가를 개인보다 앞세웠다. 정의나 선의 개념을 먼저 국가에서 찾은 다음 그것을 개인에게 적용하려고 했다. 개인을 국가라는 전체를 구성하는 일부분으로 간주한 만큼, 그들의 국가론은 집단주의 또는 전체주의 성향을 가질 수밖에 없었다. 그러나 선을 실현하는 것을 국가의 목적으로 간주하고 훌륭한 국가를 만들기 위해 시민들에게 훌륭한 삶과 적극적인 정치참여를 요구한 아리스토텔레스의 생각은, 그의 국가론이 내포한 수많은 철학적·이론적 허점에도 불구하고, 그리 간단하게 부정할 수 없다.

아리스토텔레스는 훌륭한 국가, 선을 행하는 국가, 정의를 실현하는 국가를 원했다. 홉스나 마르크스의 국가론을 신봉하는 사람들은 이것을 적절하지 않거나 비현실적인 요구라고 생각할 것이다. 그러나 자유주의 국가론은 목적론적 국가론과 큰 어려움 없이 결합할 수 있으며 많은 사람들이 실제로 그렇게 했다. 대표적인 인물이 '위대한 개인주의자' 소로였다. 때로 국가의 필요성 그 자체를 부정하는 듯 보이는 그의 주장을 면밀하게 살펴보면 아리스토텔레스의 견해를 받아들였음을 알 수 있다. 소로는 악을 저지르는 국가에 '시민의 불복종'으로 대항했지만 정부를 당장 폐지하라고 요구하지는 않았다. 그가 절실히 원했던 것은 '더 나은 정부'였으며, 더 나은 정부를 얻는 길로 나아가려면 각자가 자신이 존경할 만한 정부가 어떤 것인지 분명히 밝혀야 한다고 주장했다.[16]

소로가 원했던 국가는 "모든 사람을 공정하게 대하고 개인을 한 이웃으로 존경할 줄 아는 국가"였다. 그런 국가는 어떤 시민이 국가에 대해 초연하며 국가에 대해 참견하지도 않고 국가의 간섭을 받지 않고 살더라도 이웃과 동포에 대한 의무를 다하는 한 국가의 안녕을 해친다고 생각하지는 않는다. 이러한 열매를 맺고 또 이 열매가 익는 대로 떨어지게 허락해주는 국가는 그보다 더 완전하고 영광스러운, 상상만 했지 보지는 못한 그런 국가가 탄생하도록 길을 열어줄 것이다.[17]

자유주의 국가론과 목적론적 국가론은 결합할 수 있으며, 그 결합을 통해 각자의 결점을 제거하고 서로를 보완해줄 수 있다. 나는 진보정치세력에게 필요한 국가론이 바로 이것이라고 생각하며, 이 국가론에 바탕을 두고 형성되는 국가에 '미덕국가'(美德國家) 또는 '선행국가'(善行國家)라는 이름을 붙일 수도 있다고 본다. 진보정치는 무엇인가? 진보정치는 국가를 어떻게 바꾸려 하는가? 이것이 우리가 지금 다루고 있는 국가에 대한 다섯 번째 질문이다. 내가 찾은 답은 이러하다. 진보정치는 국가로 하여금 선을 행하게 하려는 활동이다. 직접 국가를 운영하거나 국가운영에 영향을 줌으로써 국가로 하여금 선을 행하게 하는 것이 바로 진보정치의 목표여야 한다는 것이다.

다시 말하지만 플라톤과 아리스토텔레스의 목적론적 국가론은 전체주의로 흐를 위험성을 내포한 이론이다. 그들은 민주정치가 중우정치(衆愚政治)와 참주정치(僭主政治) 사이를 오가면서 빚어낸 폐해를 목격했기에 민주정치보다는 철인정치(哲人政治)를 선호했다. 그런데 선이 무엇인지 아는 사람이 국가권력을 쥐고 자기가 생각하는 선을 실현하기 위해 권력을 행사해야 한다는 주장은 민주주의 원리에 정면으로 배치된다. 포퍼가 그토록 맹렬하게 플라톤을 비판했던 것은 바로 그 때문이었다. 그러나 국가의 목적이 선을 행하는 것이라는 생각 자체를 배척해야 할 이유는 없다. 주권재민 사상과 법치주의, 권력의 분산과 보통선거제도가 확립되고 정착된 곳에서 철인정치는 원천적으로 불가능하다. 자유주의자 포퍼와 하이에크가 혐오하거나 두려워했던 것과 달리, 그런 곳에서는 목적론적 국가론이 집단주의나 전체주의로 번져나갈 위험이 없다. 선을 실현하는 것이 아니라 악을 저지하는 것을 목표로 삼는 고전적 자유주의 국가론에만 집착할 이유가 없다. 이제는 우리가 자유주의 국가론의 토대 위에 아리스토텔레스의 목적론을 세울 때가 되었다고 나는 믿는다.

보론 — 복지국가론

우리는 제8장에서 진보정치가 국가를 통해 이루어야 할 선이 무엇인지 살펴볼 것이다. 그 전에 한 가지, 오늘날 진보정치의 화두로 떠오른 복지국가론에 대해서만 잠깐 살펴보기로 하자. 복지국가론은 철학 차원의 국가론이 아니다. 복지국가는 선을 행하는 국가의 한 형태, 또는 정의를 실현하기 위한 정책과 제도의 조합으로 보는 게 적절하다. 이것은 마르크스주의 국가론과의 분명한 결별을 의미하며, 그런 면에서 진보정치세력의 사상적·실천적 발전을 반영한다. 계급지배의 도구에 불과한 국가로 하여금 대중의 복지를 실현하게 한다는 것은 정통 마르크스주의 국가론에 비추어보면 터무니없이 유치하고 낭만적인 발상이다. 국가가 악을 저지르지 못하게 하는 데 초점을 맞추는 고전적 자유주의 국가론으로도 국가로 하여금 적극적으로 선을 실현하게 하는 복지국가론을 정당화하기 어렵다. 결국 복지국가론을 주장하는 사람들은 은연중 자유주의 국가론과 목적론적 국가론의 결합을 수용하고 있는 것이다.

복지국가가 무엇인지에 대해서는 다양한 의견이 있다. 흔히 가난한 사람들의 인격적 존엄성을 보장하는 데 많은 돈을 쓰는 국가를 복지국가로 이해한다. 국민들이 공통적으로 겪는 삶의 애로를 해소하기 위해 모든 국민에게 보편적인 서비스를 제공하는 국가라는 주장도 있다. 스위스 로잔대학교의 프랑수아 자비에 메랭(François-Xavier Merrien, 1971~) 교수에 따르면 가장 엄격한 의미에서 복지국가는 "사회적 연대의 기능을 독점하는 국가"이다.[18] 출산, 육아, 교육, 취업, 보건, 노후 등 시민들이 혼자 힘만으로 대처하기 어려운 과제를 해결하고 갖가지 사회적 위험에 대비하는 사회적 연대의 책임을, 그야말로 '요람에서 무덤까지' 국가가 책임지는 것이 복지국가이다. 그러나 사회적 연대의 기능을 완전히 독점하는 복지국가는 존재하지 않으며, 역사적으로 한 번도 존재한 적이 없다. 사회적 연대의 기능은 국가와 시민들이 함께 나누어 수행한다. 나라와 시대에 따라 국가와 시민이 담당하는 몫이 다를 뿐이다. 복지정책이 상당히 발달한 유럽 산업국가들은 점진적으로 국가의 몫을 늘림으로써 복지국가라는 이상에 접근해왔다.

복지국가의 주요 기능은 세 가지이다. 첫째, 국가의 규제를 통해 일정한 수준에서 시민들을 경제적으로 보호하는 것이다. 둘째, 조세

징수와 보조금 지급을 통해 소득을 재분배하는 일이다. 셋째, 시장가격보다 훨씬 저렴한 가격으로 서비스와 공동장비를 국민에게 제공하는 것이다.[19] 같은 내용을 조금 다르게 표현하면 복지국가는 조직화된 권력으로 시장법칙을 세 방향에서 수정한다. 첫째 개인 또는 가족에게 노동의 시장가치나 재산 수준과 관계없이 최저소득을 보장하고, 둘째 질병과 노령, 실업 등 개인과 가족이 감당하기 어려운 위험에 대한 불안을 줄이며, 셋째 계급적 귀속이나 사회적 신분을 가리지 않고 모든 시민에게 일정한 수준의 사회적 서비스를 보장한다.[20]

이렇게 간단하게만 살펴보아도 복지국가론과 우리가 지금까지 다루었던 네 가지 국가론의 관계를 짐작할 수 있다. 흔히 복지국가론이 진보주의자의 전유물인 것처럼 말하지만 실제로는 어느 국가론도 완전하게 배척하지는 않는다. 복지국가는 시민들에게 훌륭한 삶의 기회를 더 많이 제공한다는 점에서 훌륭한 국가를 꿈꾸었던 아리스토텔레스의 목적론적 국가론에 부합한다. 사회적 연대를 통해 모든 시민에게 인격적 존엄을 보장하는 국가를 아리스토텔레스는 기꺼이 칭찬할 것이다. 다수의 시민들이 복지국가를 원하는 경우에 민주주의 제도는 그리로 가는 길을 열어준다. 자유주의 국가론을 펼쳤던 로크와 밀, 스미스도 당연히 환영할 것이다. 하이에크는 반대하겠지만 포퍼는 기꺼이 수용할 것이다. 마르크스도 복지국가론을 대놓고 비난하지는 않을 것이다. 『공산당선언』 제2장에서 마르크스는 "생산방식 전체의 변혁을 위한 불가피한 수단"으로, "발전한 국가에 일반적으로 적용할 수 있는" 열 가지 정책을 제시했는데 그중에는 고율의 누진세, 국립은행을 통한 신용의 국가 집중, 아동에 대한 보편적 공공무상교육,

아동노동 폐지 등이 포함되어 있다. 이런 것들은 복지국가의 기본으로 인정받고 있다.

복지국가론은 심지어 국가주의 국가론과도 손을 잡을 수 있다. 홉스는 국가의 목적을 인민의 안전과 평화를 지키는 것 하나로 규정했지만, 인민의 안전을 더 넓게 해석하면 그의 국가론도 복지국가론과 전면 배치되지는 않는다. 홉스의 주장에 따르면 국가는 시민을 보호해야 한다. 그런데 무엇이 시민의 삶을 위협하는가? 오늘날 시민의 안전을 위협하는 것은 타인의 폭력이나 외부의 침략만이 아니다. 빈곤, 실업, 질병, 산업재해, 소득 없는 노령, 시장거래를 통한 경제적 강자의 착취 등 홉스의 시대에는 볼 수 없었던 사회적 위험이 시민의 안전을 위협한다. 모든 위협에서 시민을 보호하는 것을 국가의 목적으로 인정한다면, 홉스조차도 복지국가론을 일정 부분 받아들일 것이다.

실제 역사를 보아도 그렇다. 국가주의의 화신으로 알려진 독일 제2제국의 철혈재상(鐵血宰相) 오토 폰 비스마르크(Otto von Bismarck, 1815~1898)는 1880년대에 독일 복지정책의 주춧돌을 놓았다. 그는 기업인과 관료들의 반대를 물리치고 법정노동시간 제한과 일요휴무, 아동노동 제한을 비롯한 노동시장 규제를 도입했으며 산재보험과 노후연금, 고용보험 같은 사회보험법을 세계 최초로 제정했다. 한편으로는 '공공질서를 위태롭게 하는 사회민주주의 행위를 금지하는 법률'(세칭 사회주의자탄압법)을 만들어 사회주의·공산주의 운동을 탄압했지만, 다른 한편으로는 노동자들의 생존권을 보장하고 사회복지제도를 도입함으로써 민중의 삶을 안정시키려고 노력했다. 우리나라에서도 최초의 국민건강보험과 산재보험을 도입한 사람은 군사쿠데타로 권력을 탈취한 뒤 유신체제를 만들어 영구집권을 시도했던 박정희 대통령이었다. 국민연금은 전두환 정권이 기획해 노태우 정부 때 도입했다. 고용보험을 대폭 확대한 것은 김영삼 정부였다. 이런 토대가 있었기에 김대중 정부와 노무현 정부는 국민연금을 국민 전체를 대상으로 확대하고 국민기초생활보장제도와 노인장기요양보험을 새로 도입할 수 있었다.

다시 말하지만 복지국가론은 진보주의자의 전유물이 아니다. 비스마르크가 진정으로 구원하려 했던 것은 시민이 아니라 국가였다. 임박한 사회주의혁명의 위협에서 국가를 지키기 위해 폭넓은 사회복지정책과 제도를 도입했다. 그러나 종국적으로 보호받은 것은 국가만이 아니었다. 동기가 어떠하든, 비스마르크가 도입한 복지제도는 국민들을 사회적 위험에서 보호했다. 진보주의자만 복지국가를 만들 수 있는 것이 아니며, 복지국가론이 진보와 보수를 가르는 유일한 기준 또는 이데올로기가 되어야 하는 것도 아니다. 이것을 정치적 이데올로기로 내세우게 되면 오히려 복지정책에 대한 국민의 호감과 수용성을 떨어뜨리는 부작용을 낳을 수 있다. 소위 선별적 복지와 보편적 복지 논쟁은 소모적인 '허위 논쟁'이다. 복지정책은 사회적 연대를 통해 시민의 삶을 보호하려는 수단이다. 그 위험이 어떤 성격을 가진 것인가에 따라 정책수단도 달라질 수밖에 없다. 사회는 선별적 복지와 보편적 서비스 둘 모두를 요구한다.

사회적 연대를 구현하는 복지정책은 세 가지로 이루어져 있다. 첫째는 사회보험이다. 우리나라는 국민건강보험, 노인장기요양보험,

국민연금, 고용보험, 산업재해보상보험, 이 다섯 가지 사회보험을 통해 질병, 고령, 실업, 산업재해와 같은 사회적 위험에서 국민을 보호한다. 국민연금은 장기 재정안정성에 문제가 있고, 국민건강보험은 보장률이 너무 낮으며, 고용보험도 비정규직과 소규모 사업장에 사각지대가 있고, 장기요양보험은 아직 규모가 너무 작아서 수요를 감당하지 못하는 상황이다. 크고 작은 보완이 필요하다. 이 제도들은 수십년에 걸쳐 점차적으로 발전해왔듯이 앞으로 긴 세월에 걸쳐 더 발전할 것이다. 사회보험은 국가가 재정을 지원하기는 하지만, 근본적으로는 모든 시민들이 가입하여 소득에 비례하여 책정되는 보험료를 납부하고 필요한 혜택을 누린다는 면에서 시민들 사이의 수평적 연대를 실현하는 제도이다.

둘째는 공적 부조(公的扶助)다. 이것은 "모든 국민은 인간다운 생활을 할 권리를 가지며 국가는 사회보장, 사회복지의 증진에 노력할 의무를 진다"고 선언한 헌법 제34조에 근거를 두고 있다. 이 조항은 어떤 국민이든 소득과 재산이 적어 인간다운 생활을 누리지 못할 경우, 그 원인이나 책임소재를 가리지 않고 공동체의 지원을 요청할 권리가 있음을 인정한다. 우리나라의 대표적인 공적 부조제도는 김대중 대통령이 도입한 국민기초생활보장제도다. 스스로 최저생계비를 마련하지 못하는 사람은 누구나 이 제도의 혜택을 요구할 수 있다. 수혜자를 가리키는 법률용어가 수급자(受給者)가 아니라 수급권자(受給權者)임을 눈여겨보시기 바란다. 국민기초생활보장제도는 국가의 시혜가 아니라 시민의 권리를 보장하는 제도다. 참여정부가 도입했고 박근혜 정부가 일부 수정한 기초연금 역시 소득과 재산이 일정 수준 이

하인 65세 이상 노인 70%에게만 지급하는 공적 부조제도다. 중증장애인 활동보조 서비스, 저소득층 학생들을 위한 교육비 지원제도, 소득 하위계층부터 시작해서 점차 중산층까지 확대해온 영유아 보육비 지원제도 역시 마찬가지다. 공적 부조는 국가가 자기의 의무를 수행하기 위해 실시하는 정책이다. 특별한 사정이 있는 국민을 대상으로 하기 때문에 공적 부조는 선별적 복지정책이 될 수밖에 없다. 선별적 복지정책이 그 자체로 나쁜 것은 아니라는 말이다.

셋째는 보편 서비스이다. 이것은 어떤 정책수요를 가진 국민 모두에게 국가가 필요한 서비스를 제공하는 것이다. 중학생까지 부모의 재산과 소득을 따지지 않고 모든 아이들에게 제공하는 의무교육은 전형적인 보편 서비스이다. 선별적 복지와 보편적 복지를 나누는 견고한 울타리는 없다. 공적 부조 형태의 선별적 복지 서비스를 모든 국민에게 제공하면 보편적 서비스가 된다. 영유아 보육비를 중하위 소득계층만이 아니라 아이를 키우는 모든 가정에 제공하거나 기초노령연금을 65세 이상 모든 노인에게 지급하면 선별적 복지정책이 보편적 복지정책으로 변하는 것이다. 저소득층 자녀들에게 지급하던 학교 급식비를 모든 학생에게 확대하는 정책도 마찬가지다.

학교급식을 둘러싼 소위 '무상급식'과 '부자급식' 논쟁은 학생들에게 점심밥을 제공하는 서비스를 어디까지 확대할 것인지에 대한 견해 차이가 정치적으로 표출된 것이었다. 국가는 헌법에 따라 의무교육을 실시한다. 부유층 자녀라고 해서 따로 수업료를 받지 않는다. 이런 것이 보편 서비스이다. 학교급식도 이런 식으로 할 수 있다. 국가가 빈곤가정 아이들뿐만 아니라 모든 아이들의 급식비를 부담하면 공적 부조에서 보편 서비스로 넘어간다. '부자급식'이라는 반박은 적절하지 않다. 학교급식을 보편 서비스로 제공할 때, 그 비용은 국가재정에서 나온다. 국가재정의 원천은 국민이 낸 세금이다. 소득과 재산이 많은 부유층은 소득이 많을수록 세율이 높아지는 직접세를 많이 낸다. 소득이 적은 국민들은 소득세를 면제받지만 부가가치세와 유류세 등 소득이 적을수록 세율이 높아지는 간접세를 많이 납부한다. 국세 수입 중에서 직접세와 간접세가 차지하는 비중은 거의 비슷하다. 국민들은 자녀의 학교급식비를 이미 납부한 것이나 다름없다고 할 수 있다. 보편적 학교급식 서비스를 '부자급식'이라고 비난하는 것은 세금을 많이 낸 것을 공동체에 대한 기여가 아니라 사회적 징벌의 대상으로 만드는 어리석은 일이다. 더 많이 발전한 복지국가일수록 더 많은 서비스를 모든 국민에게 보편적으로 제공한다.

  복지국가는 사회보험, 공적 부조, 보편 서비스를 통해 시민의 삶을 사회적 위험에서 보호하고 평등한 기회를 적극적으로 제공한다. 사회보험제도를 더 강화하고 발전시키자는 데는 특별한 이견이 없다. 논쟁의 초점은 국가가 얼마나 다양한 서비스를 얼마나 많은 국민에게 제공하느냐는 것이다. 진보주의자는 가능한 한 많은 서비스를 국가가 제공하기를, 그리고 가능한 한 많은 서비스를 보편적으로 제공할 것을 요구한다. 그들은 시민들의 훌륭한 삶을 가능하게 하는 일에 국가가 더 큰 책임을 져야 한다고 믿는다. 반면 자유주의자들은 개인의 자유와 삶에 대한 개인의 책임을 중요하게 생각한다. 보수자유주의자들은 작은 정부를 선호하며 삶의 모든 영역에서 개인의 책임을 더 중시한다. 그 사이에 개인의 자유와 국가의 책임이 균형을 이루어야 한다고 믿는 진보자유주의자들이 있다. 그들은 개인의 자유와 삶에 대한 그 자신의 책임을 일차적으로 중시한다. 그러나 동시에 개인에게만 맡길 수 없는 사회적 공동선, 기회균등, 정의를 실현하기 위한 국가의 적극적 노력과 민주적 개입을 요구한다. "내 인생은 내가 설계하고 내가 옳다고 생각하는 방식으로 살며 내 삶은 내가 책임진다. 그 대신 국가는 국가가 할 일을 제대로 하라." 그런 것이다.

다시 한 번 강조할 필요가 있을 것 같다. 복지국가론은 하나의 독립된 이념체계 또는 철학 차원의 국가론이 아니다. 그것은 사회적 위험에서 시민의 삶을 보호하기 위해 국가가 적극 채택하고 실현해야 할 '제도와 정책의 조합'에 관한 이론이어서 우리가 이 책에서 살펴본 네 가지 국가론 모두와 어느 정도는 조화를 이룰 수 있다.

제 8 장

국가의
도덕적 이상은 무엇인가

2011년 1월 31일 서울 홍익대학교 청소, 미화원 분규가 29일째 계속되고 있는 가운데 정문 앞에 비정규직 청소노동자들의 유니폼이 전시돼 있는 모습.

개인을 중심에 놓고 보면 최고의 도덕적 이상은 이타성이다. 그러나 사회는 여러 면에서 어쩔 수 없이, 도덕성이 높은 사람들이 결코 도덕적으로 승인하지 않을 방법을 사용해서라도, 종국적으로 정의를 추구해야 한다. 이 두 도덕적 입장은 서로 배타적이지 않으며, 양자 사이의 모순도 절대적이지는 않다. 하지만 그렇다고 쉽게 조화되는 것도 아니다.

— 라인홀트 니버, 『도덕적 인간과 비도덕적 사회』

도덕적 인간과 비도덕적 사회 — 니버

정치는 "국가를 운영하거나 국가운영에 영향을 미치기 위한 활동"이다. 진보정치는 "국가로 하여금 선을 행하게 하려는 정치활동"이다. 나는 정치와 진보정치를 이렇게 규정했다. 그렇다면 진보정치가 국가로 하여금 실현하게 하려는 선은 어떤 것인가? 진보주의자는 어떤 선을 실현하라고 국가에 요구하는가? 이것이 이 책에서 다룰 여섯 번째 질문이다.

선과 악은 분명히 존재한다. 언제 어떤 상황에서나 명확하게 금을 그을 수 있는 것은 아니겠지만, 인간은 직관적으로 선과 악을 판단할 수 있다. 그리고 사람은 누구나 악보다는 선을 좋아한다. 물론 선과 악은 공존하는 경우도 있으며, 동일한 것이 어떤 때는 선이었다가 다른 때는 악이 되기도 한다. 선악은 분명 존재하지만 무엇이 선이고 악인지에 대한 판단은 때론 사람의 주관에 좌우된다. 그리고 우리의 주관적 판단은 자신의 개성과 경험, 학습, 이해관계에 큰 영향을 받는다. 선과 악을 가르는 객관적 판단기준이 있는지를 둘러싼 철학적 논쟁도 완결되지 않았다. 게다가 선 또는 선한 가치가 하나만 있는 것도 아니다. 때로 여러 개의 선이 있을 때, 어느 것이 크고 무거운지 판단하기가 어렵다. 서로 다른 것을 더 근본적이고 큰 선이라고 주장할 경우, 선을 지향하는 사람들 사이에도 악한 수단을 동원한 투쟁이 일어난다. 실제 역사에서 그런 일이 많았다. 5,000만 국민이 저마다 자기가 생각하는 선을 행하라고 국가에 요구할 경우, 국가를 운영하는 사람들은 선후와 경중을 따져서 일할 수밖에 없다. 국가의 이런 태도가 옳은지에 대해서 끝없이 토론해도 합의에 이르기 어렵다.

여기서 선과 악의 개념과 경계를 논하는 철학 토론을 할 필요는 없을 것이다. 우리는 지금 국가에 대해 이야기하고 있다. 정당하다고 간주되는 폭력을 독점한 유일한 인간공동체로서 국가가 지닌 힘에는 모든 폭력에 잠복한 악마성이 있다. 국가권력으로 선을 행할 수도 있지만 악을 행할 수도 있다. 게다가 국가는 개인과 다르다. 개인이 행하는 선과 악에는 한계가 있다. 그러나 국가가 행하는 선과 악에는 한계가 없다. 특히 악에 관해서 말하자면, 개인이 저지르는 악은 국가가 어느 정도 방지하고 응징할 수 있지만 국가가 저지르는 악은 누구도 쉽게 저지하거나 응징하지 못한다. 그리고 실제로 국가는 선 못지않게 크고 많은 악을 저질러왔다. 그렇기 때문에 국가가 악을 저지르지 못하게 하고 더 많은 선을 행하도록 하기 위해서는 아주 많은 사람들의 집요하고 목적의식적인 노력이 필요하다.

그렇다면 국가가 악을 저지르는 이유는 무엇인가? 그것은 무엇보다 도덕이 개인의 내면에서 형성되는 이성적 의식인 데 반해, 국가 또는 집단을 지배하는 것은 집단적 감정과 충동이기 때문이다. 집단에는 양심이 없다. 이 문제를 들여다보는 데는 미국 기독교 신학자 라인홀트 니버(Karl Paul Reinhold Niebuhr, 1892~1971)의 견해가 도움이 된다. 목사이며 신학자였던 니버는 기독교 윤리학과 실천신학 강의로 세계에 명성을 떨쳤던 인물이다. 그는 두 차례의 세계대전을 보면서 개인과 국가의 행동은 상이한 원리에 따라 이루어진다는 판단을 내렸다. 개인으로서 사람은 서로 사랑하고 봉사해야 하며 서로 간의 정의를 확립해야 한다는 사실을 믿는다. 그런데 인종적·경제적·국가적 집단으로서의 개인들은 스스로 그 힘이 명하는 것이면 무엇이든 한다.[1] 개인과 국가는 도덕적 이상이 서로 다르다 .

여러 기준이 있겠지만 개인이 행하는 선은 남을 이롭게 하는 행동이다. 자신을 이롭게 하는 것은 타고난 생물학적 본능이어서 가르칠 필요도 없고 칭찬할 이유도 없다. 그래서 이기적 본능을 거슬러가는 것, 타인을 위해 무엇인가를 하려고 자신의 이익을 희생하는 것을 우리는 도덕적 선행으로 인정한다. 그런데 그러한 개인들이 모여 집단을 이루면 이야기가 달라진다. 여기서는 누구도 이타적 행동을 선으로 여기지 않는다. 그 집단의 이익을 도모하는 것이 선이요, 다른 집단을 이롭게 하는 것은 악이 될 수 있다. 개인과 집단은 다른 것이다. "집단에는 양심이 없다"는 게 틀린 말이 아니다. 이타성을 선으로 보는 직관적·도덕적 가치판단은 우리가 소속한 집단 내부에서만 유효하다. 집단의 경계선을 넘어서는 이타성은 때로 불신과 비난의 표적이 된다. 극단적인 사례가 국가보안법이다. 국가보안법은 대한민국 국민이 북한을 이롭게 하려는 목적을 가지고 행동하면 대한민국에 해를 끼치지 않아도 처벌하도록 규정하고 있다.

니버는 『도덕적 인간과 비도덕적 사회』*Moral Man and Immoral Society*라는 책에서 이러한 도덕의 분열이 일어나는 원인과 그것을 극복하는 방안에 대해 주목할 만한 견해를 제시했다. 니버는 가족의 범위를 넘어서는 큰 사회집단인 공동체, 계급, 인종, 민족은 사람들에게 자기부정과 자기확대의 이중적인 기회를 제공한다고 보았다. 애국심은 저급한 충성심이나 지역적 충성심보다 고양된 형태의 이타주의이다. 하지만 절대적 전망에서 보면 애국심도 한갓 이기주의의 또 다른 형태에 지나지 않는다. 집단이 크면 클수록 그 집단은 스스로를 이기적으로 표현한다. 그렇게 될수록 그 집단은 더욱 효율적이고 강력해지며 어떠한 사회적 제재도 물리칠 수 있게 된다. 집단이 크면 클수록 공동의 지성과 목적에 도달하기 어려워지며, 불가피하게 순간적인 충동이나 직접적이고 무반성적인 목적과 연계를 맺게 된다.[2]

만약 이것이 부정할 수 없는 사실이라면, 국가라는 가장 큰 공동체에 대해서는 개인과는 다른 도덕적 기준을 적용해야 한다. 니버는 "사회에 요구할 수 있는 최고의 도덕적 이상은 정의(justice)"라고 했다. 개인을 중심에 놓고 보면 최고의 도덕적 이상은 이타성(unselfishness)이다. 그러나 사회는 여러 면에서 어쩔 수 없이 도덕성이 높은 사람들이 결코 도덕적으로 승인하지 않을 방법, 예컨대 이기심, 반항, 강제력, 원한 등을 사용해서라도 종국적으로 정의를 추구해야 한다. 이 두 도덕적 입장은 서로 배타적이지 않으며 양자 사이의 모순도 절대적이지는 않지만 그렇다고 쉽게 조화되는 것도 아니다.[3]

정의란 무엇인가

도덕적 이상에 대한 니버의 견해는 경청할 가치가 있다. 우리는 무엇이 선인지를 판단할 때 개인과 집단에 대해서 서로 다른 기준을 적용해야 한다. 국가를 중심으로 놓고 볼 때 최고의 도덕적 이상은 정의를 실현하는 것이다. 그렇다면 자연스럽고 불가피하게 다음 질문이 따라온다. 국가가 실현해야 할 정의란 무엇인가? 플라톤은 건강하고 안정되고 통합되어 있는 국가가 정의롭다고 생각했다. 아리스토텔레스에게 정의는 각자에게 마땅히 받아야 할 것을 주는 것이었다.[4] 권리, 소득, 기회, 부, 권력, 명예 등 사람들이 원하는 희소한 것들이 그것을 받을 자격이 있는 사람들에게 돌아가도록 하는 것이 정의다. 여기서는 아리스토텔레스의 정의 개념을 채택하자. 그렇다면 누가 무엇을 얼마나 받는 것이 정의로운지, 국가는 어떻게 판단하고 결정할 수 있는가? 그런 판단을 할 수 있다고 가정할 경우, 국가는 그 결정을 어떤 방법으로 집행할 수 있을까?

국가가 실현해야 할 최고의 도덕적 이상이 정의이고 정의가 각자에게 받을 자격이 있는 것을 주는 것이라고 할 경우, 이 질문은 피할 수 없다. 그런데 국가는 직접 행동하지 않는다. 실제로 판단하고 행동하는 것은 국가권력을 가진 사람들, 정부를 구성하는 사람들이다. 정의를 실현하려면 그들이 누가 무엇을 받을 자격이 있는지 판단하고 결정하는 데 필요한 모든 것을 알고 있어야 한다. 그리고 그 결정을 실제로 집행하는 데 필요한 모든 권한을 다 가져야 한다. 누가 이런 지식과 권능을 가지고 있을까? 전지전능한 신뿐이다. 그런데 세상에는 신이 없다. 어쩔 수 없이 사람이 신을 대신해야 한다. 그래서 플라톤은 철학자가 왕이 되어야 한다고 주장했다. 아리스토텔레스는 뛰어난 미덕을 지니고 있으며 무엇이 공동선인지 가장 잘 아는 사람이 최고의 공직을 가져야 한다고 주장했다.[5] 그런데 플라톤의 철인왕도 전지전능한 신을 대행하기에는 능력이 부족하다. 그가 삶의 모든 영역에서 완벽하게 정의를 실현하는 것은 불가능하다. 그래서 아리스토텔레스는 이 문제를 주로 공직과 명예의 배분과 관련해서만 다루었다. 어쩔 수 없는 한계였다.

포퍼가 플라톤을 비난했던 이유를 다시 생각해보자. 국가의 선이 정의를 실현하는 것이며 정의는 각자에게 마땅히 받아야 할 것을 주는 것이라고 한 플라톤과 아리스토텔레스의 견해는 철학자들의 폭넓은 지지를 받았다. 그 생각에는 아무 문제가 없다. 그러나 그들은 정의를 실현하는 방법을 잘못 찾았다. 그 어떤 철인왕도 사람들 사이에서 그런 의미의 정의가 실현되도록 할 능력이 없다. 정의를 직접 국가에서 찾으려 하거나 국가가 직접 정의를 실현하게 할 경우, 사회는 필연적으로 전체주의에 빠져든다. 그런데 그 어떤 전체주의 국가도 정의를 실현하지 못한다. 절대권력을 휘두르는 어떤 지배자도 신과 같이 전지전능한 존재는 아니기 때문이다.

그렇다면 삶의 모든 영역에서 각자가 마땅히 받아야 할 것을 받을 수 있게 하는 더 좋은 방법이 있을까? 이상적이고 일반적인 해법은 없다. 그렇지만 인간은 나름의 방법을 찾아 그 문제를 해결해왔다. 여기저기 누더기처럼 기운 자국이 있지만 우리는 그런대로 쓸 수는 있는 정의의 원칙들을 가지고 산다. 때로 무척 남루해 보이지만, 이

남루한 원칙들이라도 세우기 위해 인류는 헤아릴 수 없이 많은 반란과 폭동, 학살, 내전, 혁명과 반혁명을 겪었다. 때로는 피가 강물처럼 흐르고 시신이 산처럼 쌓이는 참극을 겪었다. 그리고 그 모든 희생을 치른 끝에 세운 정의의 원칙들은 민주주의 문명국가의 헌법에 새겨졌으며, 대한민국 헌법도 그 원칙을 명시하고 있다.

홉스의 이론에 기대자면 헌법은 성문화된 사회계약이다. 물론 헌법이 먼저 만들어지고 그에 따라 국가가 형성된 것은 아니다. 폭력을 독점한 국가의 실체가 먼저 형성되고 난 후에 그것을 확인하는 절차로서 헌법을 제정했다. 그러나 어쨌든, 주권자인 국민의 동의를 받아 형식적·정치적 효력을 얻은 헌법은 최고의 지위를 가진 성문법이다. 국민들은 투표를 통해서 헌법이 명시한 기본 질서를 지키며 함께 살아가기로 서약했다. 헌법은 각자가 마땅히 받을 자격이 있는 것을 받도록 하기 위한 정의의 원칙을 담고 있다. 서로 생각이 다르면 토론해야겠지만, 새로운 합의가 성립되기 전까지는 현행헌법의 규정을 모두가 받아들여야 한다.

"각자에게 마땅히 받아야 할 것을 주는 것"이라는 아리스토텔레스의 정의 개념을 우리 헌법이 어떤 방식으로 표현했는지 살펴보자. 헌법은 무엇보다도 먼저 재산, 지위, 성별, 연령, 능력, 외모 등 그 어떤 차이가 있든 상관없이, 대한민국 국민이라면 누구나 마땅히 받아야 할 것을 열거한다. 그리고 특별한 자격을 가진 사람만이 받을 수 있는 공직과 명예, 소득과 부담을 어떤 원리와 절차에 따라 배분해야 하는지도 분명하게 밝히고 있다. 아울러 이 모든 것이 정의를 실현하는 완벽한 방법은 아니라는 것을 인정하고, 그것을 교정하고 보완할 수 있는 가능성까지 열어두었다. 정의가 무엇인지, 국가로 하여금 어떻게 정의를 실현하게 할 수 있을지를 알아보려면 그 어떤 철학자의 위대한 저서보다 먼저 헌법을 읽는 게 유익하다.

그렇다면 헌법에 따라 모든 국민이 마땅히 받아야 할 것은 무엇인가? 모든 국민은 인간으로서의 존엄과 가치를 가지며 행복을 추구할 권리를 가진다. 국가는 개인이 가지는 불가침의 기본적 인권을 확인하고 이를 보장할 의무를 진다.[6] 이것이 국가가 실현해야 할 정의의 첫 번째 내용이다. 이 권리를 누리는 데는 특별한 자격이 필요하지 않다. 대한민국 국민, 인간이라는 것만으로 충분하다. 나는 인간으로서 무엇보다 먼저 자유를 누릴 권리가 있다. 국가는 법률에 의하지 않고는 나를 잡아가거나 가두거나 처벌하지 못한다. 나를 고문할 수 없으며 나에게 불리한 진술을 하도록 강요하지 못한다. 법률에 따라 체포하는 경우에도 나는 가족에게 연락할 수 있고 변호인의 도움을 받을 수 있다. 범죄의 자백 말고 다른 증거가 없을 때 국가는 나를 처벌할 수 없다. 가족이나 다른 사람의 행위를 이유로 국가는 나에게 불이익을 줄 수 없다.[7] 나는 내가 가고 싶은 곳에 가고 살고 싶은 곳에 살아도 된다.[8] 나는 내 마음대로 직업을 선택할 수 있다.[9] 사생활의 비밀을 보호받으며 남이 듣지 못하는 가운데 다른 사람과 통신할 수 있다. 내 양심에 따라 살면서 나는 내가 원하는 종교는 어느 것이든 믿을 수 있고 믿기 싫으면 아무 종교도 믿지 않아도 된다. 국가는 내게 특정한 종교를 강요할 수 없다. 내가 말하고 싶은 것을 원하는 방식으로 말할 수 있고 검열 없이 책을 낼 수 있으며, 국가의 허가를 받지 않고도 다른 사람과 함께 단체를 만들거나 집회를 할 수 있다. 내가 원하는 공

부와 예술 활동을 마음대로 할 수 있다.[10]

이것은 모두 내가 마땅히 받아야 할 권리이며, 이 권리들을 묶어서 자유권적 기본권이라 한다. 이 권리를 받는 데는 국민이라는 것 말고는 다른 자격이 필요하지 않다. 아리스토텔레스가 말한 대로라면, 자유권적 기본권을 모든 국민에게 보장하지 않는 국가에는 정의가 없다고 해야 마땅하다. 1948년 만든 제헌헌법은 현행헌법의 자유권적 기본권을 대부분 담고 있었다. 그러나 1987년 6월 이전까지 국가를 장악한 권력자들은 국민의 권리를 전면적으로 또는 심각하게 침해했다. 그때 대한민국에는 정의가 없었다. 국가가 자유권적 기본권을 전면적으로 보장함으로써 정의를 실현하려고 본격적으로 노력하기 시작한 것은 최초의 평화적 권력교체가 이루어졌던 1998년 2월부터였다. 그러나 역(逆)정권교체가 이루어진 2008년 2월 이후 이명박 정권과 박근혜 정권을 거치면서 우리는 이 권리의 일부를 다시 빼앗길 수 있다는 사실을 알게 되었다. 미네르바 박대성 씨를 비롯하여 '전기통신기본법' 위반으로 입건되고 기소되었던 많은 네티즌들, 촛불집회에 참여했다가 불이익을 당한 '유모차 부대'와 '예비군 부대' 대원들, 광우병 보도로 인해 장관의 명예를 훼손했다는 혐의로 체포당하고 기소되었던 방송 프로듀서와 기자들, 정부를 비판하는 성명에 이름을 걸었다는 이유로 블랙리스트에 오른 문화예술인들은 자유권적 기본권을 행사했다가 국가의 보복을 당했다. 자유 그 자체가 정의는 아니다. 자유가 있다고 정의가 수립되는 것은 아니다. 그러나 자유 없이 수립할 수 있는 정의는 없다.

인간이라는 이유만으로 똑같이 받아야 마땅한 것은 자유 말고도 더 있다. 나에게는 능력에 따라 균등하게 교육을 받을 권리가 있으며 일할 권리도 있다.[11] 인간다운 생활을 할 권리와 건강하고 쾌적한 환경에서 생활할 권리가 있다.[12] 또한 보건에 관하여 국가의 보호를 받는다.[13] 노동권과 인간다운 생활을 할 권리 등을 묶어서 사회권적 기본권이라고 한다. 이것 역시 자유권적 기본권과 마찬가지로 국민이라면 누구나 마땅히 받아야 할 것에 속한다. 만인에게 이 권리를 실현해준다고 해서 정의가 전면 실현되는 것은 아니지만, 이 권리를 보장하지 않고서는 정의를 수립할 수 없다.

여기까지는 모든 인간이 마땅히 가져야 할 것들이다. 그러나 인간이라는 이유만으로 똑같이 받을 수 없는 것도 있다. 공직, 소득, 부, 명예 등은 마땅히 그에 걸맞는 능력을 보여주었거나 크고 작은 기여, 공헌, 희생을 한 사람들에게 주어져야 한다. 인간의 기본권은 모두에게 똑같이 주어지는 것이 정의롭지만, 여기에 적용되는 정의의 원칙은 '같은 것을 같게 다른 것을 다르게' 대하는 것이다. 먼저 헌법이 공직 또는 국가권력을 누구에게 어떻게 배분하도록 했는지 살펴보자. 가장 중요한 원리는 헌법 제1조에 있다. "대한민국은 민주공화국이다. 대한민국의 주권은 국민에게 있고, 모든 권력은 국민으로부터 나온다." 여기서 모든 권력이란 지식이나 부와 같은 개인의 사적 권력이 아니라 정당하다고 간주되는 강제력을 국민에게 행사할 수 있는 국가권력을 의미한다. 이 조항은 1919년 3·1운동 직후 대한민국 임시정부가 제정한 '대한민국 임시헌장'에 처음 등장한 이래 현행헌법까지 그대로 이어져왔다.[14]

이 권력을 배분하는 원리는 경쟁이다. 국회의원과 대통령, 시장,

도지사, 군수와 지방의원은 모두 국민의 보통, 평등, 직접, 비밀 선거로 선출한다.[15] 19세가 넘은 모든 국민이 똑같이 한 표의 투표권을 행사한다. 다른 사람이 대신 투표할 수 없으며, 내가 누구에게 투표했는지 남이 알아서는 안 된다. 입법권은 국회에 속한다.[16] 국회가 만든 법률에 의거하지 않으면, 국가는 세금이라는 이름으로 나의 재산을 빼앗아갈 수 없다. 내 아이들을 군대에 데려가지 못하며 나를 체포하거나 구금하지도 못한다. 국회가 만든 법률이 없으면 국가가 합법적으로 할 수 있는 일이 거의 아무것도 없다.

대통령의 권한은 국회보다 훨씬 강하다. 국가폭력의 요체인 군대와 경찰을 지휘한다. 대통령은 국가의 원수이며 국가를 대표한다. 대통령은 국가의 독립과 영토보전, 국가의 계속성과 헌법을 수호해야 한다. 대통령은 행정권을 가진 정부의 수반이다.[17] 대통령은 국가가 중대하고 긴급한 위난에 직면했을 때 법률과 같은 효력을 내는 명령을 내릴 수 있고, 전쟁이나 그와 비슷한 사태가 발생했을 때 계엄을 선포할 수 있으며, 비상계엄을 선포했을 때는 국민의 기본권과 국회, 사법부의 권능을 정지시키는 특별조치를 할 수 있다.[18]

대통령과 국회의원이 되어 국가권력을 배분받으려면 어떻게 해야 할까? 공직을 차지하기 위해 사람들은 정당을 만든다. 누구나 정당을 만들 수 있다. 정당이 아무리 많아도 막을 수 없다. 일정한 득표를 한 정당은 국가의 보호와 지원을 받는다. 정당의 조직과 활동은 민주적이어야 한다.[19] 그러나 정당이 민주적으로 운영되지 않아도 크게 비판받지 않고 넘어간다. 그것은 정당 내부의 일이라고 생각하는 경우가 많기 때문이다. 그래서인지 우리나라의 큰 정당들은 민주적 운

영원칙에 그다지 연연해하지 않는다. 여기서는 헌법 제1조가 힘을 발휘하지 못한다. 형식상 당헌에서 민주주의 원칙을 표방할 뿐, 실제로 정당을 지배하는 것은 당원이 아니라 국회의원과 직업정치인들이다. 당원들의 전면적인 보통, 평등, 직접, 비밀 선거로 지도자와 공직 후보를 선출하는 정당은 작은 진보정당들뿐이다. 그러나 어쨌든 큰 정당의 당원이 되고 공천을 받지 않으면 공직을 배분받기 어려운 것이 현실이다. 무소속으로 출마해 공직을 받는 것도 가능하지만 국민들은 일반적으로 정당의 추천을 받은 후보에게 표를 준다.

이 모든 것을 뭉뚱그려 한마디로 말하면 공직을 배분하는 정의로운 방법은 경쟁이다. 유권자의 호감을 차지하려는 경쟁에서 승리한 사람이 권력을 차지한다. 그 사람은 남자일 수도 있고 여자일 수도 있다. 명문대를 나온 박사일 수도 있고 자수성가한 무학자일 수도 있다. 고매한 인품의 소유자일 수도 있고 야비한 모사꾼일 수도 있다. 훌륭한 정책전문가일 수도 있고 연고와 끈끈한 인정으로 맺어진 넓은 인맥 말고는 무엇도 가진 것 없는 마당발일 수도 있다. 정직한 애국자일 수도 있고 엄청난 거짓말로 대중을 현혹하는 사기꾼일 수도 있다. 당선된 후에 공약을 잘 지킬 수도 있고 식언(食言)을 할 수도 있다. 헌법과 법률을 존중하면서 권력을 행사할 수도 있고 헌법과 법률을 짓밟으면서 권력을 이용해서 사리사욕을 탐할 수도 있다. 그러나 어쨌든 많은 득표를 하는 자가 권력을 장악한다. 민주주의 국가에서 공직을 배분하는 가장 중요한 기준은 표를 많이 모으는 능력이다. 좋든 싫든, 이것 말고 다른 기준은 모두 참고사항에 불과하다. 만약 그 선거가 전적으로 자유로운 가운데 치러졌고 후보들이 법률이 금지한 반칙을 쓰지 않았으며 개표가 정상적으로 이루어졌다면, 그 이유가 어디에 있든 표를 많이 얻은 사람이 공직을 차지하는 것이 정의롭다고 인정할 수밖에 없다. 우리는 오늘날까지도 이것보다 더 정의로운 권력배분방법을 찾아내지 못했다.

사법부에서 통용되는 공직배분의 원리는 국회의원과 대통령을 뽑는 것과 다르다. 여기서는 '지식의 지배'라고 할 수 있는 원리가 적용된다. 일단 사법고시에 통과하거나 로스쿨을 졸업하지 않으면 진입이 원천적으로 불가능하다. 사법부의 공직은 법률공부를 잘하는 사람에게 배분된다. 지성이 뛰어난 사람 또는 일반적으로 머리 좋은 사람이 아니다. 국회가 만든 법률을 집행하는 데 필요한 지식을 자기 것으로 만들고 활용하는 능력이 뛰어난 사람을 국가시험을 통해서 뽑는 것이다. 그 사람의 철학과 인생관, 국가관과 성격이 어떠하든 특별히 문제가 되지는 않는다. 목적론적 사고에 따르면 사법부의 텔로스를 실현하려면 법률가로서 가장 능력 있는 사람에게 배분하는 것이 정의로운 것이다. 사법시험 점수와 사법연수원 졸업성적은 완벽한 척도는 아니지만 법률전문가로서의 능력을 측정하는 합리적 도구로 널리 인정된다. 행정부와 지방자치단체의 임명직도 비슷한 원리에 의해 배분한다. 국가가 시행하는 임용시험에서 획득한 점수가 기준이다. 합리적인 기준인지 논란은 있지만, 어쨌든 공정한 방법으로 널리 인정받고 있다.

시장은 정의를 실현하지 않는다

경제권력 또는 시장권력이라고 일컬어지는 소득과 부의 배분도 경쟁의 원리에 따라 이루어진다. 우리 헌법은 소비자 또는 수요자의 호감을 얻기 위한 자유로운 경쟁을 부와 소득을 배분하는 기본 원리로 규정하고 있다. 나는 내가 원하는 직업을 선택할 자유가 있으며 내가 벌어서 모은 재산을 내 마음대로 운용하고 처분할 권리가 있다. 꼭 필요한 경우에 국가는 재산권 행사를 일정하게 제한할 수 있지만 자의적으로는 할 수 없고 법률에 의해서만 그렇게 할 수 있다. 원칙적으로는 내 마음대로 할 수 있다는 것이다.[20] 대한민국의 경제적 질서는 개인과 기업의 경제적 자유와 창의를 존중하는 것을 기본으로 하며, 국방 또는 국민경제를 위한 긴급하고 절박한 필요성 때문에 법률로 정한 경우를 제외하고는 사영기업을 국유 또는 공유로 이전하거나 그 경영을 통제 또는 관리할 수 없다.[21] 이른바 자본주의 또는 자유로운 시장경제 체제를 경제적 기본 질서로 규정한 것이다.

부와 소득의 정의로운 배분문제를 다룬 헌법조항은 이렇게 단순하다. 이 조항들의 의미를 한마디로 줄이면, 아주 특별한 사유가 있는 경우가 아니고는 국가가 간섭하거나 개입하지 않을 테니 저마다 자유롭게 하고 싶은 일을 하면서 벌고 싶은 만큼 돈을 벌라는 것이다. 번 돈은 법률에 위배되지 않는 한 누구의 간섭도 받지 않고 마음대로 쓸 수 있다. 자유롭게 경쟁하고 계약하고 거래하되, 그로 인해 생기는 이익과 손실은 모두 당사자들이 알아서 소유하고 책임져야 한다. 기업의 이익과 손실은 상품시장에서 결정된다. 노동자의 소득 수준은 노동시장에서 결정된다. 자산소유자의 소득은 금융시장과 자산시장에서 결정된다. 상품이든 서비스든, 자산이든 화폐든, 수요자의 호감을 얻어 비싼 가격에 많이 파는 사람이 많은 소득을 얻고 큰 부를 쌓는다. 각자가 타인을 만족시키는 데 기여한 만큼 경제적 보상을 받는 것이다. 국가가 개입할 필요도 없으며 개입할 방법도 없다. 그렇다면 이렇게 해서 이루어지는 소득과 부의 배분은 정의롭다고 할 수 있는가?

그렇다. 몇 가지 조건이 충족된다면, 자기 책임 아래 전개하는 자유로운 경쟁이 만들어낸 소득과 부의 분배를 정의롭다고 인정할 수 있다. 그 조건이란 무엇인가? 첫째, 모든 사람이 동등한 참여의 기회를 가져야 한다. 누군가 처음부터 아예 기회를 얻지 못하거나 출발선이 현저하게 다르다면 이러한 방식으로 부와 소득을 분배하는 것은 정의롭다고 할 수 없다. 둘째, 경쟁은 공정해야 한다. 경쟁의 규칙이 합리적이어야 하고 반칙하는 사람이 없어야 한다. 경쟁의 규칙 그 자체가 불합리하거나 반칙으로 승리를 거둘 수 있다면 그 결과는 정의롭다고 할 수 없다. 셋째, 만인이 자유롭고 독립적이며 동등한 주체로서 경쟁할 수 있어야 한다. 계약과 거래의 어느 한 당사자가 상대방의 시혜 또는 선의에 의존해야 하거나 진정 자유롭게 판단할 수 없을 때, 경쟁이 만들어낸 분배의 격차는 정의로울 수 없다. 모든 시민이 마땅히 받아야 할 것을 받지는 못한다는 것이다.

우리가 경험하고 목격하는 시장의 자유경쟁은 과연 이런 조건이 충족된 가운데 벌어지고 있는가? 그렇지 않다. 기회균등은 이루어지지 않았다. 곳곳에서 반칙과 편법이 저질러진다. 우월한 경제권력을 이용한 불공정한 거래관행이 도처에서 통용된다. 자유시장의 경쟁을 통한 소득과 부의 배분은 이론적으로는 정의로울 수 있지만 실제 현실에서 정의로운 것은 결코 아니다. 시장은 정의를 실현하지 않는다. 현실의 시장은 욕망을 충족하는 데는 효과적이지만 정의를 실현하는 데는 아무 관심이 없다. 더 분명하게 말하면 자유로운 시장은 반드시 사회정의를 위협한다. 그렇다면 국가는 어떻게 이것을 바로잡을 수 있는가? 국가는 어떤 방법으로 소득과 부의 정의로운 분배를 도모할 수 있는가? 헌법은 그에 필요한 권능 몇 가지를 국가에 부여했다.

모든 국민은 법 앞에서 평등하다. 국가는 성별, 종교 또는 사회적 신분에 의하여 정치적·경제적·사회적·문화적 생활의 모든 영역에 있어서 누구도 차별을 받지 않도록 해야 한다. 국가는 어떤 형태의 사회적 특수계급제도도 인정하지 않는다.[22] 국가는 국민의 재산권 행사가 공공복리에 적합하도록 해야 하되, 공공의 필요에 따라 누군가의 재산권을 수용하거나 사용하거나 제한할 때는 법률에 따라 정당한 보상을 해야 한다.[23] 국가는 모든 국민에게 능력에 따라 균등하게 교육을 받을 권리를 제공하고 무상으로 의무교육을 해야 하며 평생교육을 진흥해야 한다. 또 고용증진과 적정임금의 보장에 노력해야 하며 법률이 정하는 바에 따라 최저임금제를 시행해야 한다. 인간의 존엄성을 보장하도록 근로조건의 기준을 법률로 정하고 여자와 연소자의 근로를 특별히 보호하며 고용, 임금 및 근로조건에서 부당한 차별을 받지 않도록 해야 한다. 국가는 근로조건의 향상을 위한 근로자의 자주적인 단결권, 단체교섭권 및 단체행동권을 보장해야 한다.

차별과 계급제도 금지, 무상교육, 공공복리를 위한 재산권 행사 제한, 무상 의무교육과 평생교육 진흥, 임금과 근로조건의 최소기준

도입, 노동권 보호 등의 목적은 모든 시민에게 경쟁에 참여할 기회를 주고 출발선의 불평등을 교정하며 경제적 강자의 횡포를 막음으로써 시장경쟁에 따른 소득과 부의 분배가 더 정의롭게 되도록 하는 것이다. 그런데 헌법을 만든 사람들은 이런 것들만으로는 경제적 강자가 경제적 약자의 자유를 박탈하고 착취하는 것을 막을 수 없다는 사실을 잘 알고 있었다. 그래서 헌법 뒷부분에 국가가 더 적극적인 역할을 할 수 있도록 하는 소위 '경제조항'을 설치했다.

국가는 국민경제의 성장과 안정, 적정한 소득의 분배를 유지하고 시장의 지배와 경제력의 남용을 방지하며 경제주체 간의 조화를 통해 경제의 민주화를 이루기 위해서 경제에 관한 규제와 조정을 할 수 있다.[24] 민주주의를 통해 피통치자인 국민이 정치권력을 통제할 수 있고, 정부가 민주적 개입을 함으로써 결국 경제권력도 통제할 수 있다고 한 포퍼의 주장이 이런 방식으로 헌법에 들어온 것이다. 경제적 약자인 농민을 보호하기 위해 농사짓는 사람만이 농지를 소유할 수 있도록 소작제도를 금지했다.[25] 국가는 또한 지역 간의 균형 있는 발전을 위해 지역경제를 육성할 의무를 지며 기업 생태계 먹이사슬 아래쪽에 있는 중소기업을 보호하고 육성해야 한다. 또 농수산물의 수급 균형과 유통구조의 개선에 노력하여 가격안정을 도모함으로써 농어민의 이익을 보호한다. 이를 위해 농어민과 중소기업의 자조 조직을 육성하며, 그 자율적 활동과 발전을 보장한다. 국가는 생산성의 품질 향상을 촉구하기 위한 소비자보호운동을 법률이 정하는 바에 의하여 보장한다.[26] 이 조항들도 모두 경제적 약자를 특별히 보호하고 지원하려는 국가의 민주적 개입에 정당성을 부여하기 위해 설치한 것이다. 그러나 소득과 부의 정의로운 분배를 실현하기 위해 헌법이 규정한 의무를 국가가 실제로 충실히 이행했던 것은 아니다. 국가권력을 장악한 사람들이 그 일을 하는 데 필요한 법률과 제도를 만들지 않았고 경제적 과정에 민주적으로 개입하지 않았다. 그 결과 지금 대한민국에서 이루어지고 있는 소득과 부의 분배는 정의롭다고 말할 수 없는 상황이 된 것이다.

1997년 외환위기 이후 사회정의와 관련해 가장 큰 의문과 탄식을 불러일으킨 현상은 '비정규직 노동자' 문제라고 할 수 있다. 국가의 도덕적 이상을 정의라고 볼 경우, 비정규직 노동자의 현실은 국가의 기능에 심각한 문제가 있다는 것을 명백하게 보여준다. 현대자동차와 홍익대학교 청소용역 노동자들의 사례를 보자. 2005년 2월 노동부가 현대자동차를 노동관계법 위반 혐의로 검찰에 고발했다. 사내하청이라는 형식으로 비정규직 노동자들에게 일을 시켰는데, 이것이 제조업에 금지되어 있는 '불법파견'에 해당한다는 이유였다. 검찰은 2년을 끌다가 증거가 불충분하다며 무혐의 처분을 내렸다. 정규직 채용을 요구하다가 해고된 노동자들은 이것이 부당하다며 민사소송을 냈다. 2010년 7월 대법원은 현대자동차의 사내하청이 불법파견에 해당한다며 해고가 부당하다는 판결을 내렸다. 그러나 현대자동차는 해고 노동자들을 복직시키지 않았다.

현대자동차는 법률적으로 독립된 하청회사와 계약을 맺어 오랫동안 그 회사 소속 노동자들을 현대자동차 정규직 직원과 함께 생산라인에 투입했다. 그들은 모두 같은 시간 동안 같은 작업을 했다. 그러나 사내하청 노동자들은 현대자동차 정규직 직원에 비해 절반밖에

되지 않는 급여와 복지혜택을 받았다. 이런 현상은 중소기업뿐만 아니라 세계적으로 명성이 있는 대기업 전반에서 나타나고 있다. 이것이 부당하다고 생각한 현대자동차 사내하청 노동자들이 노동조합을 만들어 평등한 대우를 요구했다. 그러자 하청회사가 그 노동자들을 해고해버렸다. 일을 시킨 현대자동차는 자기네 직원이 아니라며 대화조차 하지 않았다. 파업을 하려고 하면 불법파업으로 몰아 경찰과 검찰을 동원해 구속했다. 노동부는 이것을 불법행위로 간주하고 고발했지만 검찰은 무혐의 처분을 내렸다. 노동부와 법무부는 모두 중앙정부의 집행기관이다. 정부 전체로 보면 결과적으로 이런 현실을 방치한 것이다.

이 구조는 2010년 말에 터진 홍익대학교 청소용역 노동자 해고 사건에서도 똑같이 발견할 수 있었다. 대학 당국은 상시적으로 일을 시키면서도 그 노동자들을 직원으로 직접 고용하지 않았다. 노동자들이 노동조합을 만들자 용역회사를 바꿔버렸으며 실업자가 될 위기에 처한 노동자들이 항의하자 학교시설에서 나가라고 요구했다. 최저임금에도 미치지 못하는 임금을 받고 일하면서 청소용구 사이에 쪼그리고 앉아 끼니를 해결해야 했던 노동자들의 처지는 대학 당국이 아니라 용역회사가 해결해야 할 문제라고 주장했다.

자유주의적 관점에서 보면 국가는 여기에 개입할 필요가 없다. 이 모든 것은 노동시장의 '자유로운' 근로계약을 통해 이루어졌기 때문이다. 당사자들이 그렇게 하기로 합의하고 계약한 일에 정부가 개입하는 것은 적절하지 않다. 노동자와 사용자 스스로 알아서 해결해야 할 문제일 뿐이다. 그러나 목적론적 관점에서 보면 문제가 심각하다. 국가의 목적은 정의를 세우는 것이다. 같은 일을 했는데도 급여와 근로조건에서 현저히 차이가 나는 것은 '같은 것을 같게, 다른 것을 다르게' 다루어야 한다는 정의의 원칙을 침해한다. 형식은 자유로운 근로계약처럼 보이지만, 선량한 시민인 비정규직 노동자들이 자신의 생존을 경제적 강자의 자비심에 맡겨야 하는 상황에서 맺은 근로계약은 진정 자유로운 계약이라 할 수 없다. 비정규직 노동자들의 인격적 존엄을 짓밟는 것은 정의를 침해한다. 정의가 훼손당하는 현실을 방치하는 것은 국가의 목적에 위배된다. 국가가 자기 임무를 제대로 수행하지 않고 있는 것이다.

비슷한 문제는 기업들 사이에도 있다. 대기업의 중소기업 수탈문제가 그것이다. 자동차, 핸드폰, 컴퓨터 등을 수출하는 대기업들은 사실상 독과점 수요자이며 협력업체들은 치열한 경쟁상태에 있다. 대기업과 협력업체는 동등한 힘을 가진 거래 당사자가 아니다. 중소기업이 부지런히 기술혁신을 해서 생산비용을 떨어뜨리면 대기업들은 장부를 들여다보고 이른바 납품 가격을 '후려친다'. 원자재 가격이 올라도 납품 단가에 제대로 반영해주지 않는다. 거래가 중단될 위험을 감수하지 않고는 대항하지 못한다. 대기업의 높은 생산성이 협력업체에 혜택을 주는 면도 있지만, 거꾸로 대기업이 우월한 시장지배력을 무기 삼아 중소기업을 수탈함으로써 영업이익을 확대하는 것이 현실이다. 이것은 경쟁을 왜곡하고 경쟁의 효과를 말살하는 행위이다. 국가는 어떤 선도 실현하려 들지 말라고 주장한 하이에크조차도, 이런 행위는 대기업이 시장경쟁이라는 비인격적 힘을 지배하려는 행위라고 비판할 것이다.

대한민국에서 소득과 부가 분배되는 과정과 결과는 결코 정의롭다고 할 수 없다. 어려움이 있고 시간이 걸리더라도 국가가 법률을 정비하고 과정에 개입하여 문제를 해결해야 한다. 물론 완전하게 정의로운 사회를 실현하기 어렵다는 것을 우리 모두가 안다. 그래서 헌법을 만든 이들은 불의를 만드는 근본원인을 제거함으로써 정의를 실현하도록 노력해야 할 국가의 의무를 헌법에 명시하면서, 그 목표를 이루지 못할 경우 국가가 결과를 사후적으로 바로잡는 '대증요법'을 쓸 수 있도록 배려했다. 공정한 시장경쟁을 통해 승패가 나뉘는 경우에도 승자와 패자가 받는 보상의 격차가 너무 클 경우에는 패자가 흔쾌히 승복하기 어렵고 승자도 양심의 가책을 느낀다. 하물며 공정한 경쟁의 조건조차 확립되지 않은 경우에는 더 말할 나위가 없다. 이럴 때 국가는 결과의 격차를 사후적으로라도 보정할 책임이 있다. 헌법은 이를 위해 몇 가지 국가의 의무를 명시해두었다. 이것이 사회보장과 사회복지를 증진할 국가의 의무이다.[27]

정의롭게 분배되어야 하는 것은 혜택만이 아니다. 부담도 정의롭게 분배되어야 한다. 헌법은 국민 모두에게 네 가지 의무를 부과한다. 그중에서 교육과 근로는 권리인 동시에 의무로 규정되어 있다. 특별한 사람을 제외하고는 누구나 교육을 받고 일하기를 원하기 때문에, 이것은 의무라기보다는 국민의 권리로 보는 것이 현실적이다. 순수한 의무는 둘뿐이다. 건강한 남자들은 국방의 의무가 있다. 모든 국민은 납세의 의무를 진다.[28] 국방의 의무는 원칙적으로 이를 실행할 신체적·정신적 능력에 따라 배분된다. 그러나 건강상태와 무관한 다양한 면제사유와 대체복무제도가 있고 절묘한 병역기피 수단까지 통용되고 있기에, 지금까지 병역의무라는 부담이 완벽히 정의롭게 분배된 적은 없었다. 납세의무 역시 마찬가지이다. 이것을 배분하는 기본 원리는 세금을 낼 수 있는 능력이다. 소득과 자산, 소비량이 납세능력을 측정하는 지표가 된다. 그런데 조세부담이 정의롭게 분배되고 있는지에 대해서도 심각한 의문이 제기되고 있다.

진보자유주의

진보정치는 국가로 하여금 최고의 도덕적 이상인 정의를 실현하도록 하기 위해 국가를 직접 운영하거나 국가운영에 영향을 미치려고 하는 활동이다. 국가의 정의는 시민들로 하여금 각자가 마땅히 가져야 할 것을 받게 하는 것이다. 인간이라는 이유만으로 똑같이 누릴 자격이 있는 것을 만인으로 하여금 누리게 하고, 각자가 마땅히 받을 자격이 있는 것을 저마다 받게 만드는 것이 국가가 사람들 사이에 세워야 할 정의이다. 국가가 최고의 도덕적 이상인 정의를 완벽하게 실현한다면, 우리는 자유롭고 풍요로우며, 평등하고 안전하며, 평화롭고 환경이 깨끗한 사회에서 살게 될 것이다.

대한민국 헌법이 규정한 국가공동체의 최고 목표 또는 최고 가치는 자유, 복지, 평등, 안전, 평화, 환경 등이다. 자유는 자유권적 기본권에 대한 침해가 완전히 사라진 상태를 말한다. 복지는 1인당 국민소득으로 표현되는 좁은 의미의 물질적 후생을 넘어 국민의 삶의 질을 가리킨다. 안전은 범죄뿐만 아니라 각종 재해와 실업, 질병, 노령 등 사회적 위험으로부터 보호받는 것을 의미한다. 평화는 군사적 위협에 대한 단순한 방어를 넘어 한반도에서 무력충돌과 전쟁의 위험이 항구적으로 제거된 상태를 가리킨다. 환경은 단순한 주거환경이 아니라 지속 가능한 자연생태와 생활환경의 정착을 의미한다.

홉스의 국가는 좁은 의미의 안전과 평화를 보장하기 위한 생존의 방편이었다. 국가주의 국가론을 신봉하는 '이념형 보수'에게는 여전히 이것이 가장 중요하다. 로크와 밀, 스미스, 루소의 국가는 자유를 보장하기 위한 것이었다. 자유주의 국가론을 따르는 '시장형 보수'에게는 자유와 이를 통해 가장 잘 성취할 수 있다는 물질적 부의 증진이 무엇보다 중요하다. 국가주의와 시장형 보수가 손을 잡으면, 우리가 박정희-전두환 정권 아래에서 직접 경험했고, 제2차 세계대전 이후 수많은 신생국가들이 시도했으며, 최근 세계 최고 경제성장률을 자랑하는 중국에서 그 나름 성공적으로 안착한 '개발독재'가 된다. 지금 대한민국 사회를 지배하는 이념도 이것이다. 보수정당—국가의 공안기관—보수언론—재벌대기업—보수지식인들이 반세기에 걸쳐 형성한 소위 주류의 지배 카르텔은 이념으로 보면 국가주의와 보수자유주의가 결합한 것이다.

마르크스는 국가를 무엇보다도 평등의 실현을 가로막는 장애물로 보았다. 마르크스주의 국가론의 영향을 받은 '이념형 진보'는 여러 고귀한 사회적 가치 중에서 평등을 상대적으로 가장 중요하게 여긴다. 20세기 후반 핵전쟁의 공포와 지구 생태계의 위기가 인식되기 시작한 이후 등장한 '신좌파' 또는 새로운 진보세력은 평화와 환경이라는 가치를 앞세운다. 그들은 자유를 부르주아적·형식적 자유라고 말한다. 자유는 좋은 것이지만 만인에게 평등하게 주어지지 않은 자유는 강자의 이익을 지켜주는 이데올로기에 불과하다고 주장한다. 심지어는 자유와 자유주의, 자유주의자에 대한 노골적인 경멸과 혐오감을 공공연하게 표출하는 경우도 있다.

앞서 말했듯이 대한민국 헌법은 자유, 복지, 평등, 안전, 평화, 환경 등을 모두 사회의 최고 가치 또는 목표로 인정한다. 나도 개인적으로 이에 동의한다. 나는 자유가 매우 아름답고 소중하다고 확신하지만 그것이 국가주의자와 진보주의자들이 중시하는 다른 가치들보다 우위에 있다거나 자유를 실현하기 위해서는 다른 가치들을 희생해도 된다고 생각하지 않는다. 자유를 절대적 가치로 여기지 않는다. 그러나 자유의 가치를 폄하하거나 경멸하는 데는 동의할 수 없다. 그런 점에서 나는 분명 자유주의자이다. 나는 이 모든 가치들이 하나의 사회 안에서 똑같이 존중받으면서 공존해야 하며, 민주주의 사회에서는 그렇게 할 수 있다고 믿는다. 나는 자유를 원하는 것과 똑같이 간절하게 정의를 소망한다. 자유주의 국가론이라는 땅을 딛고 정의를 실현하는 국가를 바라보며 나아간다. 그리고 이런 내가 진보자유주의자라고 생각한다.

진보자유주의자는 어떤 가치 하나를 절대화하여 다른 가치를 종속시키거나 무시하는 것은 옳지 않다고 믿는다. 진보자유주의는 모든 형태, 모든 종류의 절대주의(absolutism)를 거부한다. 자유, 복지, 안전, 평등, 평화, 환경 등 헌법이 규정한 사회의 최고 목표 또는 최고 가치는 모두 평등한 지위를 가진다. 어떠한 우열관계나 종속관계도 인정하지 않는다. 어떤 하나의 가치를 절대화하여 다른 가치를 종속시키는 순간, 국가는 단일가치가 지배하는 전체주의로 흐를 수 있다고 본다. 전체주의는 필연적으로 국가의 정의를 파괴한다. 진보자유주의자는 민주주의를 통한 사회개량의 길을 선호한다. 이 문제와 관련하여 다시 니버의 견해를 들어보자.

니버는 점진적 개량을 옹호했다. 점진적으로 이상에 접근해가는 사회는 급진적인 이상을 실현하려다가 역사와 자연의 현실에 좌초하고 마는 사회보다 열등하지 않다고 주장했다. 니버는 어떤 가치 하나를 절대적 선으로 상정하여 다른 모든 것을 희생하는 태도에 대해 조심스럽지만 엄중한 경고를 보냈다. 절대주의는 종교적·정치적 이상을 추구하는 영웅적 행위를 촉진하지만 구체적인 현실 상황에서는 위험천만한 안내자가 된다. 개인은 절대적인 것을 추구해도 정당하며 위험이 적다. 일이 잘못되어도 그 자신이 손해를 볼 뿐이다. 고귀한 비극이라는 감상이 좌절을 보상해주기도 한다. 그러나 개인이 아닌 사회가 절대적인 것을 얻고자 달려들면 수백만 명의 생명과 재산이 하루아침에 풍전등화의 위기에 놓이게 된다. 절대주의는 정책의 수단인 국가의 강제력을 잔혹한 독재로 바꾸어버린다. 개인에게 광신주의(狂信主義, fanaticism)는 해롭지 않은 열정적 기행(奇行)이지만, 이것이 국가의 정책으로 나타나면 인류에 대한 자비심을 파괴한다.[29]

진보정치의 목표는 국가로 하여금 사람들 사이에 정의를 세우게 하는 것이다. 특정한 가치 하나만을 추구하는 '절대주의'로는 국가로 하여금 정의를 수립하게 하지 못한다. 진보정치는 열정을 요구하지만 '광신주의'를 배격해야 한다. 그것은 일당독재, 신정국가, 국가의 신격화 등 여러 형태의 전체주의로 귀결될 뿐이다. 진보정치는 자유로운 개인의 내면에 튼튼하게 닻을 내린 도덕적 이상과 인류에 대한 자비심, 타인의 자유를 존중하는 관용의 정신과 겸허하게 진리를 추구하는 태도를 요청한다. 한마디로 줄여서, 진보정치에는 자유주의적 기풍과 철학이 필요하다. 이것을 갖추어야 우리나라 진보정치운동이 대중의 더 큰 신임을 받을 수 있을 것이라고 믿는다.

제 9 장

정치인은
어떤 도덕법을 따라야 하는가

2016년 11월 19일 광화문광장 일대에서 열린 최순실 진상규명과
박근혜 대통령 퇴진을 촉구하는 4차 촛불집회 모습.

정치는 모든 폭력성에 잠복해 있는 악마적인 힘과 관계를 맺는 것이다. 범우주적 인간 사랑과 자비를 역설한 위대한 대가(大家)들은 폭력이라는 정치적 수단을 가지고 일한 적이 없다. 자신의 영혼과 타인의 영혼을 구제하려는 사람은 이것을 정치라는 방법으로 달성하려 해서는 안 된다. 정치는 전혀 다른 과업을 가지고 있다. 정치의 과업은 폭력이라는 수단을 통해서만 완수될 수 있다.

– 막스 베버, 『직업으로서의 정치』

너 자신의 준칙에 따라 행동하라 — 칸트

사람들은 국가폭력이 합법적이고 정당하다고 여긴다. 그러나 모든 폭력이 그런 것처럼 국가폭력에도 악마성이 내재한다. 국가권력은 선을 실현하는 수단이 될 수도 있고 악을 행하는 도구가 될 수도 있다. 정치는 이처럼 악마적 힘을 가진 국가권력과 관계를 맺는 것이다. 이런 일을 하는 사람에게는 특별한 도덕법 또는 윤리의식이 있어야 하지 않을까? 국가권력이 선을 실현하는 데 쓰이도록 하거나 적어도 악을 저지르지 않도록 하기 위해서 정치인이 지켜야 할 윤리에는 어떤 것이 있는가? 그들에게는 어떤 도덕법이 요구되는가? 이것이 이 책에서 다룰, 국가에 관한 마지막 질문이다. 여기서 정치인이란 정치에 관심을 가지고 정치에 참여하고 정치에 영향을 미치는 활동을 하는 시민이나 정당의 평당원이 아니라 정치를 직업으로 삼는 사람을 가리킨다.

이 질문에 대답하기 위해 칸트와 베버의 철학을 검토할 것이다.

칸트는 모든 인간에게 적용할 수 있는 절대적이고 보편적인 도덕법을 세웠다. 반면 베버는 직업정치인에게 신념윤리와 아울러 투철한 책임윤리를 요구했다. 칸트의 도덕법은 베버의 신념윤리와 맞닿아 있다. 직업정치인도 인간인 만큼 당연히 칸트의 도덕법을 준수하기 위해 노력해야 한다. 하지만 정치인에게는 그것을 넘어서는 특수한 윤리가 요구된다. 정치인에게는 책임윤리가 특별히 필요하다고 베버는 주장했다. 이 둘은 반드시 서로를 배척하지는 않지만 늘 조화를 이루는 것 또한 아니다. 둘 사이에 심각한 부조화가 나타나면 문명을 파괴하고 인간성을 말살하는 재앙을 불러들일 수 있다. 많은 정치가들이 이 둘 사이에서 고뇌했으며 지금도 여전히 고뇌하고 있다. 그 고뇌를 들여다보기 위해 마지막으로 베른슈타인의 철학을 만날 것이다.

먼저 칸트의 도덕법부터 살펴보자. 철학자들은 보통 우리에게 행복한 삶을 권한다. 진정으로 하고 싶은 일을 하면서 삶의 기쁨을 누리라고 한다. 그러나 칸트는 행복한 삶이 아니라 올바른 삶을 권했다. 올바른 삶이 아니면 진정한 행복은 없다고 했다. 이것이 칸트가 제시한 도덕법의 핵심이다. 평생 독일 쾨니히스베르크를 떠나지 않았고, 평생 어떤 극적인 사건도 경험한 적 없으며, 평생 쾌락과는 너무나 멀리 떨어진 삶을 살면서 관념론 철학의 최고봉에 올랐던 이 철학자는, 너무나 지키기 힘든 도덕법과 지독하게 난해한 철학서를 인류에게 남겼다. 칸트의 저서를 읽은 사람은 많지 않아도, 누구나 조금씩은 칸트의 제자라고 할 수 있다. 많은 이들이 칸트의 철학을 모르면서도 칸트의 도덕법을 지키지 못한 것을 자책하며 산다. 칸트가 보편적 인간 이성(理性)이 명령하는 도덕법의 원리를 밝혔기 때문이다. 칸트는 도덕법을 '발명'한 것이 아니라 '발견'했다. 그것은 우리의 이성 안에 원래부터 존재하고 있었다.

칸트는 『순수이성비판』Kritik der Reinen Vernunft에서, 다른 많은 용어에 대해 그랬던 것처럼 자기만의 방식으로 행복의 개념을 정리했다. 그는 행복을 '우리가 갖는 모든 경향성(Neigung)에 대한 만족'으로 규정하고, 이런 의미의 행복을 얻는 데 필요한 실천적 법칙을 '실용적 처세의 규칙'이라고 했다. 이것은 도덕법이 아니다. 도덕법은 행복을 느낄 자격을 얻기 위해서 어떻게 행동해야 할 것인지를 지시한다.[1] '경향성'은 욕구, 바람, 기호(嗜好)와 같은 것이다. 무엇인가를 하고 싶은, 어떤 욕구에 끌리는 마음이다. 물론 '경향성'은 적절한 번역이라 하기 어렵다. 독일어 'Neigung'(나이궁)에 딱 맞는 우리말 단어가 없다. 그래서 '끌림', '기울어짐', '욕구'로 번역하기도 한다.

먹고 싶은 것을 먹고, 입고 싶은 옷을 입고, 마음에 드는 승용차를 몰고, 원하는 오락을 함으로써 사람은 기쁨과 만족을 느낀다. 이런 행복을 얻는 데 합당한 행동의 법칙이 실용적 처세의 규칙이다. 그런데 누구나 행복해질 수는 있지만 행복해질 자격을 얻는 것은 아니다. 칸트의 철학은 정말 특별하다. 행복할 자격을 얻기 위해서는 '경향성을 만족'시키는 것과 다른 무엇인가를 해야 한다. 그것을 하는 데 합당한 규칙이 바로 도덕법이다. 그런데 도덕법이 무엇인지를 설명하는 다음 문장은 무척 난해하다. 이 책에서는 지금까지 원문의 직접 인용을 되도록 피했지만 칸트는 예외로 해야 하겠다. 쉬운 말로 옮기기가 너무 힘들기 때문이다.

"처세의 규칙은 경험적 원리를 기초로 한다. 그러나 도덕법은 경향성이나 경향성을 만족시키는 자연의 수단과는 전혀 관계없으며, 다만 이성적 존재 일반의 자유와 이 자유가 원리에 따라 분배된 행복과 조화를 이룰 수 있는 필연적 조건만을 고찰한다. 따라서 도덕법은 적어도 순수이성의 단순한 이념을 기초로 하는 동시에 선험적으로 인식될 수 있다. 나는 오로지 선험적으로 행동을 규정하는, 다시 말해 이성적 존재 일반의 자유 사용을 규정하는 도덕적 법칙이 실제로 있다는 것과, 이 법칙이 단적으로 명령하는 성질이라는 것이며, 따라서 모든 관점에서 필연적이라는 것을 상정한다."[2]

이것은 칸트의 도덕법을 압축한 문장이기 때문에 꼭 이해하고 넘어가야 한다. 그래서 특별한 철학적 지식이 없는 사람도 비교적 수월하게 이해할 수 있도록 한 샌델의 설명을 끌어다 쓰기로 한다.[3] 칸트의 '이성적 존재 일반'은 인간을 가리킨다. 모든 인간은 자율적으로 생각하면서 자유롭게 선택하고 행동할 능력이 있다. 인간은 누구나 존중받아 마땅한 이성적 존재이다. 칸트는 그렇게 생각했다. 인간은 자연세계에 속하지만 동시에 자유세계에 속한다. 오직 욕구를 충족하고 고통을 회피하기 위해서만 행동한다면, 인간은 자유로운 존재가 아니라 자연세계에만 속한 욕구의 노예로 행동하는 것이다.

칸트의 '자유'는 강제나 구속이 없는 상태가 아니다. 칸트의 '자유'는 인간이 '경향성을 만족'시키는 욕구의 노예로서가 아니라 스스로 자기 자신에게 부여한 법칙에 따라서 자율적으로 행동하는 것을 말한다. 욕구가 이끄는 대로 가는 것은 자율적 행동이 아니다. 스스로 정한 목적을 향해 스스로 정한 규칙에 따라 행동하는 것이 자율적 행동이다. 도덕법은 이성적 존재인 인간이 자유를 사용하는 규칙이다. 도덕법은 욕구의 만족이나 그 수단과 무관하다. 그리고 경험의 원리와도 무관하다. 도덕법은 순수이성의 직접적 명령이다. 인간은 경험의 도움을 받지 않고, 다시 말해서 선험적(先驗的)으로 이것을 인식할 수 있다. 칸트가 『실천이성비판』*Kritik der Praktischen Vernunft*에서 말한 것을 그대로 옮기면, "순수이성은 그 자체만으로 실천적이고 우리가 도덕법칙이라고 부르는 보편적인 법칙을 인간에게 준다."[4]

칸트는 인간 행동의 도덕적 가치가 동기에 좌우된다고 보았다. 일반적으로 선하다고 인정받는 어떤 행동을 한다고 해서 그 행위가 언제나 도덕적 가치를 얻는 것은 아니다. 그것이 다른 동기 때문이 아니라 오로지 옳게 행동해야 한다는 의무감에서 나왔을 때만 도덕적 가치가 있다. 예를 들어 불량부품을 쓴 자동차를 출시한 회사의 경영자가 뒤늦게 그 사실을 알고 자발적으로 공개 리콜하여 무상으로 수리해주고 필요한 보상을 했다고 하자. 이것은 정직한 행동으로 칭찬받을 것이다. 그러나 반드시 도덕적 가치가 있는 것은 아니다. 만약 그렇게 한 이유가, 고객을 정직하게 대하는 것이 회사의 신용도를 높여 장기적으로 회사에 더 큰 수익을 가져올 것이라는 판단 때문이었다면 도덕적 가치가 없다. 그러나 오로지 그렇게 하는 것이 옳다는 의무감에서 리콜을 했다면 도덕적 가치가 있다. 자기의 이익, 바람, 욕구, 기호, 식욕 등 '경향성을 만족'하려는 동기에서 나온 행동에는 도덕적 가치가 없으며, 오로지 의무감에서 나온 옳은 행동만이 도덕적 가치를 지닌다.[5]

칸트는 인간이 욕구의 노예가 아니라 스스로 정한 법칙에 따라 행동하는 자유로운 존재라고 믿었다. 우리는 어떻게 그 법칙을 알 수 있는가? 이성 덕분에 배우거나 경험하지 않아도 그 규칙을 알 수 있다. 칸트는 이성이 직접적으로 그것을 명령한다고 주장했다. 이것이 유명한 '정언명령'(Kategorischer Imperativ)이다. 너 자신의 "행동준칙에 따라 행동하되, 이는 보편적 법칙이 되어야 한다고 주장할 수 있는 준칙이라야 한다."(정언명령 I)[6] 그리고 "나 자신이든 다른 어떤 사람이든, 인간을 절대로 단순한 수단으로 다루지 말고, 언제나 한결같이 목적으로 다루도록 행동하라."(정언명령 II)[7]

자동차 리콜의 사례로 돌아가자. 만약 경영자가 불량부품이 있었다는 사실을 알면서도 감추다가 탄로가 날 때 받게 될 비난과 손실을 두려워해서 자진 리콜을 결정했다면 그것은 정언명령 I에 위배된다. 그러나 스스로 "결함이 있는 제품은 리콜한다"는 행동준칙을 지니고 있었고 그에 따랐다면 정언명령 I에 부합한다. 하지만 스스로 세운 행동준칙이라 할지라도 그것을 실천한 동기가 만약 리콜 비용보다 소비자의 믿음을 사서 얻을 수 있는 이익이 더 크다는 이해타산이었다면 정언명령 II에 위배된다. 소비자를 목적으로 대하지 않고 자기의 욕구를 채우는 수단으로 삼았기 때문이다.

누가 칸트의 도덕법을 완벽하게 지킬 수 있을까? 우리 자신의 모든 행위를 정언명령에 비추어보자. 날마다 수없이 많은 잘못을 저지르며 산다는 느낌이 든다. 칸트 자신도 완벽하게 지켰다고 하지는 못할 것이다. 그러나 그렇다고 해서 칸트의 도덕법이 틀렸다고, 현실에 적용하기는 어렵다고 말할 수도 없다. 중력의 법칙은 엄연히 존재하지만 현실세계에서는 어떤 물체도 물리학 공식 그대로 자유낙하하지 않는다. 진공이 아닌 곳에는 공기의 저항이 있기 때문에 떨어지는 속도나 궤적이 물체마다 달라진다. 인간은 이성을 가지고 자율적으로 행동하는 '자유세계'에 속하지만 동시에 자연세계의 일원으로서 욕구 충족을 추구한다. 자유세계의 일원으로서 보편적 이성이 명령하는 도덕법칙을 그대로 실천하려 해도, 자연세계의 일원으로서 느끼는 욕망 때문에 완벽하게 준수하기 어렵다. 칸트의 도덕법은 북극성과 같은 것인지도 모른다. 그곳에 닿을 수는 없지만, 우리는 그 별을 보면서 삶의 바다를 항해한다.

칸트는 행복과 선을 다르게 보았다. '최대 다수의 최대 행복'을 도덕과 입법의 원리로 삼았던 제러미 벤담(Jeremy Bentham, 1748~1832)의 공리주의(功利主義, utilitarianism) 철학을 전면 거부한 것이다. 칸트에게 공리주의 철학은 도덕법이 아니라 '실용적 처세의 규칙'에 불과하다. 이 규칙에 따라 행동하면 최대한 욕구를 충족하는 행복을 얻는다. 그러나 도덕법의 도움 없이는 행복할 자격을 얻지 못한다. 행복만으로는 선이라고 할 수 없다. 칸트에게 최고선(最高善)은 "도덕적으로 가장 완전한 의지가 최고의 행복과 결합하여 이 세상 모든 행복의 원인을 이루는 지성의 이념"이었다. "순수이성은 이러한 근본적 최고선의 이상 속에서만 파생적인 최고선의 두 요소인 윤리성과 행복을 실천적·필연적으로 결합하는 도덕적 세계의 근거를 찾을 수 있다."[8] 이 말을 이해하기 위해 다시 한 번 칸트를 직접 인용하자. 칸트는 『실천이성비판』에서 행복과 도덕, 선의 관계를 다음과 같이 정리했다.

"행복만으로는 우리 이성의 관점에서 아직 완전한 선이라고 할 수 없다. 우리의 이성은 행복과 행복할 가치가 있는 것, 즉 도덕적 선행이 일치되어 있지 않는 한 행복을 인정하지 않는다. 그러나 도덕성만으로, 또 그와 함께 행복할 가치를 갖춘 것만으로도 도저히 완전한 선이라고 할 수는 없다. 완전한 선을 성취하기 위해서는 행복할 가치가 있는 행동을 한 사람이 행복을 맞이할 기대를 가져야만 할 것이다. 실천적 이념에서 이 두 요소(행복과 윤리)는 본질적으로 결합되어 있기 때문이다. 비록 그런 결합방식에서 도덕적 지향은 조건으로서 행복에 참여하는 것을 비로소 가능하게 하는 것이지, 반대로 행복에의 기대가 도덕적 지향을 비로소 가능하게 하는 것은 아니지만 말이다. 왜냐하면 후자의 경우처럼 행복에의 기대를 조건으로 하는 지향은 도덕적인 것이 아니며, 따라서 또한 전적인 행복을 누릴 자격이 없을 것이기 때문이다."[9] 선은 행복과 도덕의 일치이며 결합이다. 단, 행복해지고 싶은 마음 때문에 도덕을 지키면 행복할 자격이 없다. 동기가 도덕적이지 않기 때문이다.

국가와 정치에 대해서 칸트는 주목할 만한 글을 남기지 않았다. 하지만 인간의 삶을 다스리는 보편적 도덕법칙을 규명하려고 한 그의 철학은 정치에도 막대한 영향을 주었다. 기존의 제도와 가치 관념이 옳지 않을 수 있다는 전제 위에 이성의 이름으로 과감한 도전을 함으로써 공동체의 선을 추구하려는 진보주의자들의 윤리의식은 칸트의 도덕철학과 밀접하게 맞닿아 있다. 순수이성이 도덕법칙을 직접 명령하며, 인간은 이를 선험적으로 인식할 수 있다고 한 칸트의 견해는 이런 점에서 분명 옳았다.

모든 진보주의자가 칸트의 책을 읽는 것은 아니다. 변증법과 유물론 철학을 신봉한 마르크스주의 혁명가나 학자의 책과 논문에 칸트가 등장하는 경우는 흔하지 않다. 칸트는 형이상학과 관념론 철학의 최고수였다. 그러나 진보주의자들 중에는 칸트의 도덕법을 준수하는 사람이 많다. 그들은 칸트의 저서를 읽지 않고서도 스스로 정언명령 형태의 도덕법을 발견한다. 진보주의자들은 인간을 돈벌이 수단으로 삼아 착취하는 사회를 비판하면서 인간을 목적으로 대하는 사회를 만들기 위해 분투한다. 스스로 정한 행동준칙을 따르면서 그것이 보편적 법칙이 될 수 있는 것인지 성찰한다. 오해와 박해를 받고, 모략과 비방을 당하고, 때로 투옥과 죽음의 위험까지 감수하면서도 자유로운 인간으로서 자신이 정한 삶의 목표와 행동준칙을 견지한다. 고문을 당하고 감옥에 끌려가도 굴복하지 않는다. 목표를 실현하지 못해도 상관이 없다. 중요한 것은 결과가 아니라 동기이기 때문이다.

　우리는 그런 사람들이 스스로 정한 목표와 행동준칙을 신념이라고 한다. 어떠한 어려움 속에서도 자신의 신념을 지키면서 그 신념에 따라 사는 사람을 높이 우러른다. 그들의 행동은 칸트가 말한 '경향성을 만족'하는 활동으로 보기 어렵다. 그들이 벌이는 진보주의 활동의 동기는 어떤 이익에 대한 기대가 아니다. 그것이 옳다고 믿기 때문에 하는 것이다. 그런 점에서 투철한 진보주의자는 칸트의 칭찬을 받을만하다. 그런데 칸트의 도덕법칙은 모든 인간에게 적용되어야 할 일반법칙이다. 우리 삶에는 그것만으로 충분하지 않은 경우가 있다. 정치인이 바로 그 특별한 경우에 해당한다. 만약 칸트가 당시 지식인들 사이에서 큰 관심을 끌었던 국가이론을 깊이 연구했다면, 국가와 관련된 일을 하는 사람들에게 적용해야 할 특별한 도덕법을 발견했을지도 모른다.

정치인에게도 칸트의 도덕법은 필요하다. 그러나 때로는 그것과 상충할 수도 있는 윤리의식 또한 필요하다. 칸트의 도덕철학에서는 오로지 동기만이 의미를 가지는 반면, 정치는 동기보다는 결과가 더 중요한 의미를 가지는 활동이기 때문이다. 정치인은 정당한 목적을 실현하기 위해서 '보편적 법칙'이 될 수 없는 행동준칙을 따라야 할 때가 있다. 정치에서는 도덕적으로 훌륭하다고 할 수 있는 동기로 한 행위가 최악의 참극을 초래하기도 한다. 오로지 칸트의 도덕법에만 의지할 경우 정치인은 의도하지 않은 죄악을 저지를 수도 있다.

정치는 결과로 책임지는 일 — 베버

현대 사회학의 창시자로 평가받는 베버는 1919년 1월 뮌헨대학교 자유주의 학생단체의 요청으로 공개강연을 했다. 이 강연을 정리한 책이 바로 『직업으로서의 정치』*Politik als Beruf*이다. 당시 유럽의 정치에 대한 베버의 관찰과 예측은 100여 년이 지난 지금 한국의 정치현실을 이해하는 데도 직접적인 도움이 될 정도로 냉정하고 정확하다.

베버는 국가의 본질적 특성이 폭력이라는 사실을 거듭 강조했다. 국가는 특정한 영토 안에서 정당한 물리적 강제력의 독점을 성공적으로 관철시킨 유일한 인간공동체이다. 정치는 권력에 참여하려는 노력 또는 권력배분에 영향력을 행사하고자 하는 노력을 의미한다.[10] 정치인은 저마다 다른 목적을 추구한다. 그러나 어떠한 목적을 추구하든, 정치는 폭력이라는 특수한 수단과 손잡는 행위이다. 그리고 폭력과 손을 잡는 자는 누구든 폭력이 가져오는 특수한 결과에 직면하게 된다. 국가의 도덕적 이상은 정의라고 한 니버의 말을 받아들일 경우, 우리는 국가는 정의를 실현하기 위해 물리적 강제력을 행사할 수 있으며 또 행사해야만 한다는 것을 인정할 수밖에 없다. 그런데 국가의 합법적인 강제력도 엄연한 폭력이다. 바로 이 사실 때문에 국가를 운영하거나 국가의 운영에 영향을 미치기 위해 활동하는 정치인에게는 특별한 자질과 윤리의식이 필요하다.

베버는 좋은 정치인의 자질로 세 가지를 들었다. 열정, 책임의식, 균형감각이다. 열정은 대의(大義)에 헌신하는 태도를 의미한다. 이것은 지적 흥미를 느끼는 일에 낭만적으로 몰두하는 '비창조적 흥분상태'와 구별해야 한다. 대의에 대한 헌신으로서의 열정은 대의에 대한 책임의식을 일깨우는 것이어야 한다. 이렇게 하려면 내면적 집중과 평정 속에서 사람과 사물에 대해 거리를 두고 현실을 관조하는 능력이 있어야 한다. 거리감의 상실 또는 균형감각의 실종은 그 자체가 커다란 죄과이며 반드시 정치인을 무능의 길로 오도한다. 열정, 책임의식, 균형감각을 소유한 정치인은 충분한 자질을 갖추었다고 볼 수 있다.[11]

베버는 정치적 이상 추구에 몰입하던 당시의 혁명가와 정치인들에게 엄중한 경고를 주고 싶었던 듯하다. 그가 이 강연을 한 시점은 1918년 11월의 혁명으로 독일 국민들이 빌헬름 황제의 제2제국을 철폐하고 새로운 공화국을 출범시킨 직후였다. 이때 제헌의회가 열린 곳이 제국의 수도 베를린이 아니라 작고 한적한 도시 바이마르였기 때문에 이 새로운 국가는 바이마르공화국이라는 이름을 얻었다.

그런데 다수의 독일 국민들은 민주주의가 무엇인지 제대로 이해하지 못했고 정치인들도 민주주의를 운영한 경험이 부족했다. 좌파 개량주의자들이 이끌었던 집권 사회민주당은 능력이 부족한 민주정부였고, 패전의 후유증과 막대한 전쟁배상금 때문에 경제와 국민생활은 극심한 위기에 빠져 있었다. 혁명적 마르크스주의자들과 공산당이 전력을 다해 사민당 정부를 공격하자 정부는 무력으로 혁명주의자들을 진압하려 했다. 곳곳에서 파업과 시위, 폭동이 일어나 사회가 극도로 혼란스러웠다. 보수정치세력과 국가주의자들은 또 그들대로 독일이 천문학적 규모의 전쟁배상금을 내도록 한 베르사유 강화조약에 대한 국민의 불만을 부추기며 사민당 정부를 공격했다. 좌우 양쪽의 거센 공세에 시달리던 사민당 정부는 1929년 세계대공황의 불벼락을 이겨내지 못하고 결국 1933년 총선에서 나치당에 정권을 내주고 말았다.[12]

베버는 바이마르공화국 출범 당시 진보정치인과 혁명가들이 책임의식과 균형감각을 상실한 채 '비창조적 흥분상태'에 빠져 있어서 국가폭력에 잠복한 악마적인 힘에 대한 경각심이 부족하다고 생각했다. 그래서 강연 말미에 청중들을 향해 10년 후에 다시 만나서 이야기하자고 제안하면서, 그때는 이미 반동의 시대가 시작되었을 것이라는 우려를 표명했다. "자신을 신념정치가로 여기며 혁명이라는 도취에 빠져 있는 사람들이 과연 무엇이 되어 있을지 궁금하다"면서 "등골이 오싹한 어둠과 고난에 찬 극지(極地)의 밤이 우리 앞에 놓여 있다"고 예언했다.[13] 결국 바이마르공화국은 14년 후 종말을 고했다. 혁명가들은 남김없이 살해당하거나 나라 밖으로 망명해야 했다. 히틀러는 국가폭력에 잠복한 악마성이 어떤 것인지 적나라하게 보여주었다.

베버가 정치인의 윤리와 관련하여 종국적으로 강조하고 싶었던 것은 책임의식이라고 할 수 있다. 그는 보편적이고 절대적인 도덕법칙이 아니라 정치인에게만 특별히 엄격하게 적용해야 할 특수한 원칙으로 '책임윤리'를 제안했다. 베버의 책임윤리는 칸트의 도덕법과 충돌한다. 베버에 따르면 윤리적 지향을 가진 모든 행위는 화합할 수 없이 대립하는 두 가지 원칙에 따라 수행될 수 있다. 하나는 궁극적 목적윤리 또는 신념윤리의 원칙이다. 이것은 자기가 옳다고 믿는 대로 행하고 그 결과를 신에게 맡기는 것이다. 그러나 책임윤리의 원칙에 따르면 우리는 자신의 행동이 낳게 될 '예견할 수 있는 결과'에 대해서 책임을 져야 한다.

순수한 신념에서 한 행위가 나쁜 결과를 가져온 경우 그 책임을 신념윤리가(信念倫理家)는 세상에 떠넘긴다. 다른 사람들이 어리석어서 또는 신이 인간을 어리석게 창조한 게 잘못이라는 것이다. 그러나 책임윤리가(責任倫理家)는 사람은 결함이 있으며 인간이 완전하고 선하다고 전제할 권리가 자신에게 없다는 것을 인정한다. 자신의 행동이 예측 가능한 범위에 있는 결과를 초래했을 때 그 책임을 남에게 뒤집어씌울 수 없다고 본다. 그런 결과가 나온 것은 자신의 행동 때문이라고 말한다. 그와 달리 신념윤리가는 오로지 순수한 신념의 불꽃, 예컨대 사회질서의 불공정성에 대한 저항의 불꽃이 꺼지지 않도록 해야 한다는 책임의식만 느낀다. 그 불꽃을 살려나가는 것만을 목적으로 삼아 성공할 가능성이 전혀 없는 비합리적 행동을 한다.[14]

그래서 베버는 정치인들에게 이렇게 충고했다. 정치를 직업으로 삼은 사람은 이러한 윤리적 역설을 인식해야 하며, 그 중압에 눌려서 변질된다면 그것은 자신의 책임이라는 사실도 자각하고 있어야 한다. 정치는 모든 폭력성에 잠복해 있는 악마적인 힘과 관계를 맺는 것이다. 범우주적 인간 사랑과 자비를 역설한 위대한 대가(大家)들은 폭력이라는 정치적 수단을 가지고 일한 적이 없다. 정치라는 방법으로 자신의 영혼과 타인의 영혼을 구제하려고 해서는 안 된다. 정치의 과업은 전혀 다르며 폭력이라는 수단을 통해서만 이룰 수 있다. 순수한 신념윤리를 따르는 사람은 모든 정치적 행위에 개입되어 있는 악마적인 힘을 의식하지 못한다. 종교적 신앙투쟁처럼 순수한 신념윤리만을 따른다면 정치의 고귀한 목적을 해칠 뿐만 아니라 정치를 오랜 세월 불신받게 만들 수도 있다.[15]

진보주의는 신념윤리에 기반을 두고 있다. 진보주의자는 스스로 부여한 도덕법을 준수하면서 자기가 정한 목표를 일관되게 추구하는 경향이 있다. 그들에게는 결과보다 동기가 중요하다. 설혹 자기가 추구하는 목표를 이루지 못했다고 해도 공동선을 추구하는 삶이라면 아름답다고 믿는다. 이것은 결과가 아니라 동기가 의미를 가지는 칸트의 도덕법이다. 이러한 도덕법을 따르는 진보주의자가 지식인으로 활동할 때는 큰 문제가 없다. 오로지 다른 사람과 논쟁할 뿐이어서 사회에 해를 끼칠 가능성이 적다. 하지만 정치에 뛰어들어 국가권력과 관계를 맺으려 할 경우에는 심각한 문제가 발생한다. 동기만 중요하게 여길 뿐 결과에 대해 책임지려는 의식이 없기 때문이다. 책임윤리의 부재가 빚어낸 정치적 비극은 무수히 많다. 나는 바이마르공화국의 비극도 여기에서 배태되었다고 본다.

우리가 아는 가장 극단적인 사례는 한국전쟁이다. 김일성과 그의 소위 '혁명동지'들이 칸트의 도덕법을 인식하고 있었는지는 모르겠지만 베버의 충고를 경청하지 않은 것만은 확실해 보인다. 그들은 국가권력을 장악하고 있으면서도 신념윤리가처럼 행동함으로써 500만의 무고한 생명을 희생시켰다. 박명림은 베버의 책임윤리 이론을 한국전쟁을 일으킨 김일성과 박헌영에게 적용했다. 그의 연구결과에 따르면 전쟁을 하기로 결정한 장본인은 그 두 사람이었다. 김일성과 박헌영은 한반도에 사회주의 이상을 실현하는 통일민족국가를 세워야 한다는 신념을 지니고 있었다. 그들은, 적어도 주관적으로는, 자기의 신념이 정당하고 선한 것이라고 믿었을 것이다. 그러나 전쟁을 일으키는 것은 동기가 아니라 과정과 결과로 평가받아야 마땅한 정치적 행위이다. 더구나 그들의 행위에는 국가폭력의 최고 형태인 군사력을 직접 동원하는 게 포함되어 있었다. 정치가의 행동에서 궁극적 목적윤리는, 비록 그 동기의 순수성을 인정하더라도 '종교적 계시나 천년왕국의 예언'과 같은 비현실적 행동으로 전락한다. 그리고 목적이 수단을 정당화함으로써 결국 가장 비윤리적인 행동으로 나타나게 된다. 그 결과 애초의 궁극적 목적윤리도 소멸하고 만다. 정치인은 자신의 행위가 가져올 예측할 수 있는 결과에 대해 책임을 져야 한다는 관점에서 보면, 전쟁을 시작한 것은 책임윤리가 결여된 선택이었다.[16]

전쟁을 벌이는 것처럼 극단적인 정치행위가 아닌 일상적인 정치활동에서도 정치가들은 신념윤리와 책임윤리의 충돌 또는 부조화로 인해 크고 작은 어려움을 겪는다. 신념윤리와 책임윤리의 갈등을 일상적 언어로 바꾸면 원칙과 타협 사이의 갈등이 된다. 대중은 원칙과 소신을 지키는 정치인을 높이 평가한다. 그렇지만 타협하지 않고 정치를 하는 것은 불가능에 가깝다. 타협 없는 정치는 생각할 수 없다. 그런데 함부로 타협하면 원칙을 저버린 배신자가 되는 반면, 한 치도 물러서지 않으면 타협을 모르는 독선적 정치인으로 낙인찍히게 된다. 아무렇게나 타협하다보면 '변절자'라는 비난에 직면할 수도 있다. 베버는 윤리의 역설에 짓눌려 변절하는 것은 정치인 자신의 책임이라고 했다. 신념윤리를 지키면서도 결과에 책임을 지는 정치가 말처럼 쉬운 것은 아니다.

오해를 막기 위해서 한마디 덧붙인다. 진보주의자들이 신념윤리를 따르는 경향이 강하긴 하지만 보수주의자라고 해서 그 위험이 없는 건 아니다. 히틀러와 무솔리니 같은 독재자는 전형적인 극우 신념윤리가였다. 도쿄 전범재판에 회부된 일본 군국주의 전쟁범죄자들 역시 마찬가지였다. 국회의 탄핵 위기에 직면했던 2016년 11월 29일 발표한 국정농단 관련 세 번째 담화문에서 박근혜 대통령도 전형적인 신념윤리가의 태도를 보였다. 그는 정치를 하는 동안 오로지 국가와 국민을 위해서만 일했고 단 한순간도 작은 사심조차 품은 적이 없었다고 말했다. 그에게 중요한 것은 오직 한 가지, 주관적 동기였다. 자신의 행위가 초래한 헌법 파괴와 정치적 혼란, 국정 마비와 민생의 파탄에 대해서는 한 오라기의 책임감도 내비치지 않았다. 이정현 새누리당 대표를 비롯한 친박 국회의원들과 탄핵반대 집회를 연 박사모의 언행 역시 마찬가지로 볼 수 있다.

탄핵요구 촛불집회에 '이석기 석방' 현수막을 들고 나타난 민중연합당 활동가들도 그와 다르지 않았다. 민중연합당은 통합진보당의 후신이다. 헌법재판소의 결정으로 해산된 시점의 통합진보당은 소위 민족해방(NL) 계열 정치노선을 내면화한 경기동부와 광주전남 지역 활동가들만 남은 정당이었다. 그들은 19대 국회의원 총선 당시 벌어진 비례대표후보 부정경선 사건 수습책을 둘러싸고 벌어진 당내투쟁에서 수십 대의 방송 카메라가 돌아가는 가운데 집단 폭력을 휘둘렀다. 그렇게 해서 중앙위원회 의결을 저지함으로써 당선자 여섯 명이 당을 떠났으며, 통합진보당은 결국 일곱 명의 국회의원을 지킬 수 있었다. 그들은 당 운영과 비례후보 경선의 여러 문제점과 중앙위원회 폭력사태에 대해서 어떤 잘못도 인정하지 않았다. 그대로 두었으면 그 정당은 20대 총선에서 유권자의 심판을 받아 국회에서 퇴출되었을 것이다. 실제로 그들은 민중연합당이라는 이름으로 정당을 재건해 2016년 20대 국회의원 총선에서 전국 거의 모든 지역에 후보를 냈지만, 지역구는 물론이요 비례대표 당선자도 내지 못할 정도로 득표율이 낮았다. 박근혜 정부와 헌법재판소는 의미도 없고 옳지도 않은 해산 청구와 해산 결정을 한 것이다. 총선 이후 옛 통합진보당 활동가들의 온오프라인 활동 양상을 관찰한 사람이라면 소위 '진박 국회의원'이나 박사모의 행태와 비슷하다는 느낌을 받았을 것이다. 나는 그들이 대한민국 진보정치에 남아 있는 마지막 신념윤리집단이라고 생각한다.

졌지만 이긴 정치인 — 베른슈타인

베버가 책임의식과 균형감각을 상실한 채 맹목적 열정과 '비창조적 흥분상태'에 빠져 있는 정치인들을 비판하던 바로 그 시기에, 베른슈타인은 바이마르공화국 초대 재무장관이 되었다. 베른슈타인의 생애를 살피면 베버가 말한 '윤리적 역설'을 감당해 나가는 정치인의 모습을 볼 수 있다.[17]

베른슈타인은 베를린의 유대인 가정에서 태어났다. 아버지는 철도기관사였다. 은행원으로 일하던 중 혁명적 마르크스주의자들이 만든 '사회민주노동자당'에 가입한 베른슈타인은 1873년 유럽을 덮쳤던 불황이 장기간 계속되는 것을 보고 자본주의 체제가 필연적으로 붕괴한다는 마르크스의 학설을 신봉하게 되었다. 그러나 그는 사회주의자 탄압법에 쫓겨 스위스와 영국에서 긴 망명생활을 하던 시기에 마르크스의 이론이 현실과 맞지 않는다는 것을 깨닫게 되었다.

그때 독일에서 사회민주당이 정치적 돌풍을 몰고 왔다. 독일 제국의회가 사회주의자탄압법 시효연장을 거부한 덕에 1890년 제국의회 선거에 처음으로 참여한 사회민주당은 노동자들의 압도적 지지를 바탕으로 20%에 육박하는 득표율을 올려 단숨에 원내 제1당이 되었다. 노동자들이 밀집한 대도시에서는 압도적인 지지를 받았기 때문에 농민과 자영업자까지 끌어들이면 의회를 완전히 장악할 수 있다는 전망이 나왔다. 그런데 독일 사민당은 중산층과 농민들의 지지를 얻는데 필요한 강령과 정책의 채택을 거부해버렸다. 당의 지도자들이 자본주의 체제 붕괴이론에 집착한 탓이었다. 그들은 의회 장악을 통한 사회개량이 아니라 오로지 사회주의혁명만이 역사를 바꿀 수 있다고 믿었다. 베른슈타인은 이것을 '당의 정치적 자살'이라고 안타까워하면서 마르크스의 이론을 수정할 필요가 있다고 주장하는 논문을 연이어 발표했다. 독일로 돌아온 1901년 무렵 그는 소위 수정주의(修正主義) 세력의 지도자가 되어 있었고, 이듬해인 1902년 제국의회 선거에서 사회민주당 의원이 되었다.

혁명적 마르크스주의자들은 베른슈타인을 배신자, 수정주의자, 개량주의자라고 비난했다. '수정주의자'라는 용어는 원래 정통 마르크스주의자들이 마르크스주의 혁명이론의 무조건적 수용을 일부라도 거부하는 사람들을 비난하기 위해 사용한 정치적 욕설이었다. 그런데 당대 마르크스주의 최고 권위자 가운데 하나로 인정받았던 베른슈타인은 이 말을 기꺼이 받아들여 스스로 수정주의와 개량주의를 표방했다. 그는 마르크스의 자본주의 체제 붕괴이론이 현실과 맞지 않는다는 것을 구체적인 사회통계와 경제통계를 활용해 입증함으로써 사람들을 설득하려고 노력했다. 그런데 나는 그가 진정으로 수정하려고 했던 것은 마르크스의 이론이라기보다는 사회주의자들의 정치윤리였다고 생각한다. 베른슈타인은 베버가 정치가에게 요구한 열정, 책임의식, 균형감각을 지닌 사람이었다. 무엇보다도 그는 일정한 '거리감'을 가지고 마르크스주의와 사회주의혁명운동을 대했으며, 사회를 변혁하려는 사람들이 가져야 할 책임의식이 무엇인지 잘 알고 있었다.

베른슈타인은 프롤레타리아트가 국가권력을 장악하는 것이 곧 민주주의이며 프롤레타리아 독재를 통해 곧바로 생산수단의 국유화를 근간으로 하는 사회주의사회를 건설할 수 있다고 주장한 정통 마르크스주의자들의 견해를 비판했다. 그의 논리를 요약하면 이렇게 된다. 하나의 가치나 이념이 사회 전체를 지배하는 것은 바람직하지 않다. 강요된 획일주의나 지나친 보호주의는 민주주의의 건전한 발전을 심각하게 저해한다. 획일주의와 보호주의는 자생력이 있는 제도와 기생적인 제도의 합리적인 구별을 가로막기 때문이다. 직업별 조합을 비롯한 다양한 제도를 통해 임금과 근로조건 악화를 막는다면 국가기업이나 협동조합적 기업과 함께 사기업이 존재해도 사회 전체로 보면 아무 상관이 없다. 사기업은 생산의 사회화에 필수불가결한 전제조건이며, 시간이 흐르면서 자연스럽게 협동조합적 성격을 갖게 될 것이다. 그런 제도가 없는 상황에서 생산수단을 국유화하면 생산력의 엄청난 황폐화, 무의미한 실험들, 목적 없는 폭력행위를 야기할 것이다. 그리고 노동자계급의 정치적 지배는 사실상 혁명가 클럽의 폭력에 의해 지탱되는 혁명적 중앙권력의 독재형태를 통해서만 달성될 수 있을 것이다.[18]

베른슈타인이 수정하려고 했던 이론의 핵심은 자본주의 체제 붕괴론이었다. 사실 수정주의(Revisionismus)와 개량주의(Reformismus)는 같은 것이다. 이론적인 문제에 관심을 가지는 수정주의는 정치적 실천으로 가면 개량주의가 된다. 베른슈타인은 개량주의를 '체계적인 개혁활동의 정치'로 규정했다. 개량주의는 혁명적 파국을 원하거나 그것을 운동의 필연적인 단계로 상정하는 정치에 반대한다. 혁명적 파국을 원할 경우 사회주의자는 비사회주의 정당들을 고작 활용의 대상으로 여길 뿐이다. 그래서 파국이 가까이 왔다고 생각할수록 그 정당들과 더욱 냉혹하게 투쟁한다. 그러나 개량주의는 비사회주의 정당들과 협력할 필요를 인정한다. 이들과 투쟁해야 하는 상황에서도 비난의 말을 절제한다. 개량주의는 온건론이라고 할 수 있다.[19]

　탁월한 정통 마르크스주의 이론가로 인정받았던 베른슈타인이 수정주의와 개량주의를 표방하고 나서자 유럽의 정통 사회주의자들은 큰 충격을 받았다. 그는 사회민주당이 노동자계급 정당의 정체성을 지킬 것이라고 거듭 말했지만, 그것은 사회주의자들의 정신적 충격과 정서적 반발을 누그러뜨리기 위한 것에 지나지 않았다. 베른슈타인은 폭력을 동원한 프롤레타리아혁명의 길이 비현실적이고 무책임하다는 견해를 분명히 했다. 독점자본의 등장과 심화되는 대중의 빈곤으로 과잉생산공황과 금융공황이 발생해 자본주의 체제가 급격히 붕괴할 것이라는 마르크스의 예언과 달리, 당시 독일 경제는 꾸준히 성장하는 가운데 중소기업과 영세기업, 영세농민들이 굳건히 실체를 유지하고 있었고 중산층도 오히려 두터워지고 있었다. 베른슈타인은 산업통계를 인용해 이러한 사실을 입증하려고 노력했다.

　베른슈타인은 사회민주당 지도자였다. 그가 수정주의자를 자처하고 나선 것은 단순한 이론적 모색의 결과가 아니었다. 그는 자본주의 사회의 붕괴가 임박했으며 사민당은 임박한 사회적 대파국의 전망 아래서 전술을 수립해야 한다고 주장한 정통 마르크스주의자들이 당의 활동을 왜곡하고 당의 입지를 축소시킨다고 판단했다. 여기에서 벗어나려면 파국론 신봉자들이 의존하는 『공산당선언』의 서술이 실제적인 사회적 변화와 맞지 않는다는 것을 입증해야 했다.[20] 베른슈타인은 자본주의가 곧 붕괴할 것이라는 관념을 버리지 않으면, 그가 '사회주의적 현재 활동'(Sozialistische Gegenwartsarbeit)이라고 불렀던 사민당의 일상적 정치활동이 가치가 없어진다고 생각했다. 붕괴의 관념을 버려야 '사회주의적 현재 활동'이 노동자의 전투력을 대위기 때까지 보존하기 위한 임시적 수단이 아니라 중요하고 근본적인 사회개량을 준비하는 작업으로 인정받을 수 있다. 그는 단순한 선동이 아니라 법적·경제적 입법투쟁을 중심으로 하는 의회활동에 높은 가치를 부여했으며 지방자치단체의 사회주의적 활동과 노동조합, 노동자소비조합 활동을 확장하려 했다. 경제적 대붕괴에 근거를 둔 관념을 버리고 실제로 발전해온 그대로의 사회를 보면 이 모든 활동들이 이전과는 전혀 다른, 이전보다 훨씬 더 큰 의미를 지니게 된다는 것이었다.[21]

그런데 사태는 베른슈타인의 전망과는 전혀 다르게 전개되었다. 제1차 세계대전의 폭발을 눈앞에 두고 독일 사회민주당 의원들은 정부의 전쟁공채 모집법안에 대거 찬성표를 던졌다. 노동조합원들은 줄을 지어 '조국을 지키기 위해' 자원입대했다. 프롤레타리아트에게도 조국이 있었던 것이다. 전쟁에 반대한 정통 사회주의자와 평화주의자들은 쫓기고 박해받고 살해당했다. 반면 러시아는 1917년 사회주의 혁명의 불길에 휩싸였다. 레닌을 중심으로 한 혁명주의자들이 국가권력을 장악했다. 치열한 내전을 거쳐 탄생한 세계 역사 최초의 사회주의 국가 소비에트연방이 '사회주의 세계혁명의 조국'으로 등장했다. 베른슈타인은 현실에서 처절하게 패배했다. '베른슈타인 같은 자'라는 표현은 정통 마르크스주의자와 스탈린주의자들 사이에서 지독한 비난으로 통용되었다. 수정주의와 개량주의는 정치적 파산의 운명을 선고받은 것처럼 보였다.

그가 장관으로 참여했던 바이마르공화국의 사정도 개량주의의 실패를 증명하는 것처럼 보였다. 패전의 상처에 피 흘리던 독일은 전쟁배상금에 짓눌려 스스로의 힘으로는 일어서지 못했다. 민중의 삶은 도탄에 빠졌고 국가와 사회는 혼란의 도가니에 떨어졌다. 독일 사회의 개량은 불가능해 보였다. 이런 상황에서 세계대공황의 습격을 받은 세계 자본주의 체제는 나락으로 곤두박질쳤다. 자본주의 체제는 무너지기 직전의 낡은 집처럼 보였다. 바이마르공화국 화폐를 휴지조각으로 만든 초인플레이션(hyperinflation)과 실업의 고통에 허덕이던 국민들은 변화를 요구했다. 베른슈타인은 1932년 열정과 모험, 영광과 오욕으로 점철된 삶을 마감했다. 그리고 1년 후 독일 사회민주당은 선거에서 참패해 히틀러에게 권력을 넘겨주었다. 그의 개량주의는 독일 사회를 개량하지 못했고, 수정주의는 또 그것대로 역사의 뒤안길로 사라졌다. 혁명가 베른슈타인, 개량주의자 베른슈타인, 정치가 베른슈타인, 모두가 패배한 것이다.

그런데 그는 정말 실패한 것일까? 그렇게 말할 수 없다. 자본주의와 민주주의가 충분히 성숙하지 않은 상황에서 생산수단의 국유화를 중심으로 하는 사회주의 체제를 세우려고 할 경우 "생산력의 엄청난 황폐화, 무의미한 실험들, 목적 없는 폭력행위 등과 같은 것만을 빚어낼 것이며, 노동자계급의 정치적 지배는 사실상 혁명가 클럽의 폭력적 독재에 의해 지탱되는 혁명적 중앙권력의 독재형태를 통해서만 달성될 수 있을 것"이라고 한 베른슈타인의 예측은 소비에트연방을 비롯한 모든 사회주의국가의 현실이 되었다. 혁명가 클럽 내부의 권력다툼이 혁명에 대한 철학과 이론의 차이로 표출되면서 어제의 혁명동지를 무더기로 학살하는 '대숙청'의 명분이 되었다. 권력을 장악해 비밀정보조직을 강화한 스탈린은 국가 그 자체를 '혁명가 클럽의 폭력적 독재' 아래 종속시켰다. 그리고 볼셰비키 혁명 이후 반세기가 겨우 지난 1990년 무렵 소련과 동유럽 사회주의는 모두 무너져버렸다.

반면 베른슈타인의 수정주의를 받아들이고 정치적 개량주의를 선택했던 독일 사회민주당은 제2차 세계대전 이후 부활하여 여러 차례 집권하면서 지금까지 존재하고 있다. 영국과 프랑스 등 유럽의 모든 사회민주주의 정당들이 베른슈타인이 말한 수정주의와 개량주의의 길을 걸었다. 그는 현실에서는 패배했지만 역사 속에서 승리했다. 무엇이 베른슈타인으로 하여금 수정주의와 개량주의를 선택하게 만들었을까? 나는 정치가로서의 책임의식, 자신의 이론과 자기가 하는 정치활동에 대해 일정한 거리감을 유지하며 성찰하게 한 균형감각이었다고 생각한다. 대의에 대한 열정은 컸으나 책임의식과 균형감각을 견지하지 못했던 많은 혁명가와 정치가들은 시간의 흐름 속에서 망각의 축복을 받았다. 오로지 신념윤리 하나만으로 국가권력을 휘둘렀던 정치가들 중 일부는 '인류에 대한 범죄자'로 역사에 남았다.

베른슈타인의 논문을 읽으면 마음이 아프다. 그는 열정과 지성, 교양을 갖춘 사회주의자였지만 아주 솔직하게 생각을 말하지는 않았다. 정통 마르크스주의 이론을 옹호하고 예찬하는 데 필요 이상으로 많은 지면을 할애했다. 마르크스주의 교조(敎條)를 정면으로 비판할 경우 쏟아질 비난과 공격, 다른 동지들과의 인간관계 단절을 두려워했기 때문일 것이다. 이데올로기의 교조는 무서운 것이다. 진보적 이념이 보수적 본능과 결합하면 경직된 교조가 된다. 사회 전체에서 진보는 일반적으로 소수파이다. 그러나 그 이념을 인생의 신념으로 채택한 사람들 사이에서는 다르다. 그곳에서는 그 이념만이 공인받은 지배적 사유습성이 된다. 이것을 바꾸는 것은 많은 정신적 에너지를 소모하게 만드는 귀찮고 번거로운 일이다. 진보주의자들도 그들 사이에서 공인된 지배적 사유습성을 바꾸려는 시도를 불온하게 본다. 베블런의 말대로 언제 어디서나, 심지어 진보진영 안에서도 "혁신은 나쁜 것"이다. 모든 곳에서, 언제나, 인간은 보수적이다.

　　정치인 베른슈타인이 마르크스와 근본적으로 엇갈렸던 지점은 국가를 보는 관점이었다. 마르크스에게 국가는 존재 그 자체가 악이었다. 민주주의 선거는 부르주아지들끼리 벌이는 계급 내부의 권력투쟁에 지나지 않았다. 정치는 국가의 성격을 바꾸지 못하며 사회혁명을 일으키지도 막지도 못한다. 국가는 오로지 소멸됨으로써만 인간의 자유와 해방에 기여할 수 있다. 그러나 베른슈타인은 그렇게 보지 않았다. 그에게 국가는 선한 일을 할 수도 있는 도구였다. 자유와 민주주의는 모두에게 필요한 것이었다. 사회주의적 이상을 실현하는 길에서 정치는 의미 있는 활동이었다. 마르크스와 달리 베른슈타인은 자유를 부르주아지의 전유물로 보지 않았고 자유주의를 경멸하지도 않았다. 베른슈타인의 사회주의는 자유주의를 내포한다. 이것이 가장 중요한 차이였다. 그래서 마르크스는 이론가로 남았지만, 베른슈타인은 정치가로 살았다.

　　베른슈타인은 민주주의 사회에서는 개인의 자유를 지속적으로 훼손하는 법률이 만들어질 수 없다고 보았다. 오늘의 다수는 언제든 내일의 소수로 전락할 수 있으며, 따라서 소수를 억압하는 모든 법률은 일시적으로 다수가 된 사람들에게도 결국 위협이 될 것이기 때문이다. 민주주의가 잘 정착되어 오래 지속된 나라일수록 소수의 권리를 더 많이 배려하며 당파적 투쟁이 수반하는 증오감이 옅어진다. 폭력 없이는 사회주의를 실현할 수 없다고 생각하는 사람들이 바로 이런 현상을 이유로 들어 민주주의에 더욱 반대하는 주장을 펼치는 것을 베른슈타인은 크게 우려했다.[22]

베른슈타인은 자유주의에 대한 공격을 절제할 필요가 있다고 주장했다. 거대한 자유주의 운동의 물결이 무엇보다도 자본가들에게 이익을 안겨주었고, 자유주의를 내건 모든 당파가 순전히 처음부터 자본주의의 근위병들이었거나 시간이 지나면서 그렇게 되었다는 것을 사실로 직시했다. 바로 그것 때문에 자유주의 정파와 사회민주당이 적대적 관계에 놓였다는 것도 인정했다. 그러나 베른슈타인은 세계사적 운동의 관점에서 보면 사회주의가 시기적으로 자유주의를 뒤따라왔으며 정신적으로도 자유주의 사상의 적법한 상속자라고 생각했다. 이것은 사회민주당이 시민적 자유의 보장을 어떤 경제적 요구를 달성하는 것보다 항상 더 중요하게 여겨야 한다는 것을 의미한다. 자유로운 인성의 형성과 보장이 모든 사회주의적 수단의 목적이며, 설사 그 수단이 외견상 강제성을 띠고 있는 경우에도 마찬가지라는 것이다.[23]

베른슈타인에 따르면 자유주의 사상 가운데 사회주의의 이념적 내용에 속하지 않는 것은 하나도 없다. 책임 없는 자유란 없다. 이론적으로는 인간 행동의 자유에 대해서 마음대로 생각할 수 있지만, 실천적으로는 자유주의를 도덕률의 토대로 삼아야 한다. 그래야만 사회적 윤리가 존재할 수 있기 때문이다. 수백만 명의 사람들이 여러 나라를 왕래하는 오늘날과 같은 시대에 노동능력이 있는 모든 사람이 스스로 자신의 경제생활을 책임지려 하지 않는다면 건강한 사회생활이란 있을 수 없기 때문이다.[24]

나는 사회주의자 베른슈타인에게서 밀과 루소, 칸트의 그림자를 본다. 그는 자유주의 철학과 민주주의 정치제도의 개방적 성격에 주목했다. 완고한 신분제도 때문에 폭력이 아니고는 폐기할 방법이 없었던 봉건사회와 달리 자유주의 제도는 유연하고 개방적이어서 발전할 가능성이 있다. 따라서 자유주의 제도는 폐기할 것이 아니라 계속 발전시켜야 한다. 이를 위해서는 정치조직을 만들어 정력적으로 활동해야 한다. 혁명적 독재가 반드시 필요한 것은 아니다. "사회주의를 실현하기 위해서는 먼저 민주주의 국민이 만들어져야 한다." 이것이 그가 사회주의 운동에서 얻은 교훈이며 확신이었다.[25] 이런 확신에 의거해서 베른슈타인은 사회주의 운동가들에게 지성과 사상적 포용력을 요청했다. "노동운동이 필요로 하는 사람은 용감하고 조직적이며 총괄적인 정신을 가진 사람으로서 밀알에서 겨를 가려낼 수 있을 만큼 높은 식별력을 갖추고 있어야 하고, 자기 묘판이 아닌 다른 곳에서 자란 식물도 감싸 안을 수 있을 만큼 생각이 넓어야 하며, 사회주의 사상의 영역에서 왕이기보다는 따뜻한 마음씨를 가진 공화주의자여야 할 것이다."[26]

이제 국가에 대한 일곱 번째 질문에 다시 한 번 대답해보자. 정치인에게 요구되는 윤리는 어떤 것인가? 베버가 말한 책임윤리다. 인간의 완전성과 선을 전제하지 않고, 인간과 사회를 있는 그대로 보면서, 자기의 신념에 따라 행동할 때 얻게 될 "예견할 수 있는 범위 내의 결과"를 자기 자신의 책임으로 껴안는, 그리고 행위의 동기가 아니라 결과로 책임지려는 태도이다. 이것이 반드시 칸트의 도덕법을 배척하는 것은 아니다. 그러나 강제력을 가지고 일하는 국가권력과 관계를 맺은 사람은 때로 칸트의 도덕법을 외면하지 않으면 안 된다. 스스로 세운 행위의 준칙이 아니라 단순한 '끌림의 충족'을 통해 행복을 추구하면서 '실용적 처세의 법칙'에 따라 살아가는 다수 대중의 요구와 그들이 요구하는 행위의 준칙을 받아들여야 한다. '변질'의 위험을 안고 신념윤리와 책임윤리 사이에서 위험한 줄타기를 하는 것, 그것이 정치를 통해서 선을 추구하는 자의 피할 수 없는 운명이다.

연합정치와 책임윤리

여러 해 전에 나온 『정치의 발견』은 정치학을 공부한 박상훈 박사의 책이다. 그가 '정치바로아카데미'에서 했던 강의내용을 글로 엮은 것인데, '정치바로아카데미' 원장은 예전 진보신당 대표였으며 그후에는 정의당 대표를 지낸 심상정 국회의원이고 수강생은 대부분 '진보활동가들'이었다. 박상훈이 이 연속강의에서 가장 자주, 그리고 중요하게 인용한 사람이 바로 베버였다. 진보 활동가들이 '정치를 발견'하기 위해 정치학을 공부한 것은, 비록 늦은 감이 있지만 좋은 일이었다. '운동'을 강조하고 '정치'를 멀리하려는 분위기에서 벗어나 정치의 가능성에 주목하라는 권고도 시의적절했다고 생각한다.[27] 그런데 그는 주로 정치인 개인의 자질이나 정당의 발전과 관련하여 베버를 인용하고 해석했다. 물론 의미가 있는 이야기이다. 그러나 오늘 우리가 베버의 정치윤리학에서 배워야 할 것은 정치인 개인의 윤리문제만이 아니다. 정치세력 또는 정당도 책임윤리에 따라 행동해야 하기 때문이다. 나는 2010년 6월 지방선거를 계기로 관심의 대상으로 떠올랐던 연합정치에 초점을 맞추어 베버의 정치윤리학을 해석해보려고 한다. 연합정치는 강력한 보수정당에 대항하기 위해 여러 자유주의정당과 진보정당들이 공동의 정책을 도출하고 후보를 단일화하여 선거를 치른 후 손을 잡고 국가와 지방자체단체를 운영하는 것이다.

베버의 책임윤리를 칸트의 도덕법, 베른슈타인의 개량주의와 묶어보면 한국 정치의 핵심 이슈가 되어 있는 '연합정치'를 생각하는 데 도움이 된다. 국가의 도덕적 이상이 정의를 수립하는 것이라고 볼 경우, 진보주의와 자유주의는 연합할 수 있고 필요하면 언제든 연합해야 한다고 나는 생각한다. 국가주의 국가론을 따르는, 전체 유권자의 3분의 1 정도를 차지하는 시민들은 거의 언제나 이념형 보수정당을 지지한다. 그래서 보수세력이 크게 분열되거나 큰 잘못을 저질러 국민의 지탄을 받는 등의 예외적인 상황이 아니고는 자유주의 정당과 진보정당 가운데 어느 쪽도 혼자 힘으로는 그 보수정당을 이기기 어렵다. 우리의 대통령선거는 결선투표가 없고, 국회의원 선거는 1등만 당선되는 소선거구제를 실시하고 있다. 이런 상황에서 자유주의 정당과 진보정당들이 나름의 신념윤리에 따라 당락에 상관하지 않고 '정당하고 옳은 주장'을 국민들에게 알리겠다며 저마다 후보를 세울 경우 보수정당의 승리는 "예측할 수 있는 범위 안의 결과"가 된다. 책임윤리에 대한 베버의 견해를 받아들인다면, 이 결과는 '선거제도의 결함'이나 '어리석은 국민들의 잘못'이 아니다. 그것은 진보주의와 자유주의 정당과 정치인의 책임이다. 선거에서 지면 그들은 국가를 운영할 기회를 얻지 못하며 국가운영에 영향을 미치기도 어려워진다.

물론 이런 논리에 동의하지 않는 사람도 많다. 2004년 제17대 국회의원 총선 당시 민주노동당 인사들은 이렇게 말했다. "한나라당과 열린우리당 사이에는 샛강이 있고 열린우리당과 민주노동당 사이에는 한강이 있다." 2008년 이후에는 보수정당과 자유주의정당이 별 차이 없는 '신자유주의' 세력이라는 뜻에서 '노명박 정권'이라는 말을 쓴 사람도 있었다. 이렇게 생각하면 필요하고 중요한 것은 자유주의정당과 진보정당의 연합정치가 아니라 여러 분파로 갈라져 서로 다투는 진보정치세력을 통합하는 일이다. 물론 이런 주장이 논리적으로는 성립할 수 있다고 본다. 그러나 민주화가 시작된 1987년 6월민주항쟁 이후 지금까지 정치상황을 있는 그대로 살펴본 사람이라면 이렇게 말할 것이다. "한강은 보수정당과 자유주의정당 사이에 있고 자유주의정당과 진보정당 사이에는 기껏해야 샛강이 있을 뿐이다."

1987년 이후 우리는 여러 차례 연합정치의 성공과 실패를 경험했다. 1987년 12월 제13대 대통령 선거 당시 자유주의 정파의 유력한 후보 둘이 동시에 출마함으로써 보수정파 후보가 겨우 36%의 득표율로 당선되었다. 저마다 자기 나름의 신념윤리에 따랐겠지만, 자유주의 진보정파의 지도자였던 김대중 후보와 자유주의 보수정파의 지도자였던 김영삼 후보가 모두 출마한 선거에서 보수정당 노태우 후보의 승리는 "예측할 수 있는 범위 안의 결과"였다. 진보주의와 자유주의 진영의 입장에서 보면 노태우 정부의 탄생은 상상하기 싫은 정치적 참극이었다. 나는 이 참극을 불러들인 원인이 다름 아닌 자유주의 진영 정치인들의 책임윤리 실종이었다고 본다.

반면 최초의 평화적 정권교체를 이루어낸 1997년 제15대 대통령 선거는 연합정치의 승리였다. 그런데 이것은 자유주의와 진보주의 정파의 연합이 아니었다. 김대중 후보는 이념형 보수의 원조인 김종필 씨와 연합했고, 그 대가로 권력의 절반을 할애하기로 약속했다. 진보 정당인 '국민승리21' 권영길 후보는 끝까지 뛰었다. 이 선거에서 김대중 후보는 외환위기를 불러들여 국가경제를 파탄위기로 몰아넣었던 집권 보수정당의 이회창 후보를 40여만 표 남짓한 차이로 간신히 이겼다. 경선에 패배하고서도 승리한 후보의 도덕적 결함을 문제 삼으며 따로 정당을 만들어 출마한 또 다른 보수정파 이인제 후보가 무려 500만 표를 가져갔는데도 가까스로 승리를 거둔 것이다. 보수가 셋으로 분열한 상황에서 자유주의 정파가 총단결하고·그것도 부족해 하나의 보수정파와 연합한 상황에서 겨우 이긴 것이다. 진보정파 권영길 후보의 득표는 미약했다. 정권교체는 이루었지만 한국은 보수가 압도적으로 강한 사회임을 다시 확인한 선거였다.

2002년 제16대 대통령 선거 역시 마찬가지였다. 자유주의 정당의 노무현 후보는 보수정파 후보 가운데 하나였던 정몽준 후보와 극적인 후보단일화를 통해 연합했다. 정몽준 씨는 선거운동기간이 끝나는 날 밤 일방적으로 연합을 파기했지만 유권자들이 이러한 행위를 전적으로 승인하지는 않았기 때문에 연합의 효과는 지속되었다. 진보정당 권영길 후보는 다시 독자 출마했지만 이번에도 그리 많은 표를 얻지 못했다. 보수의 분열, 보수의 한 정파인 정몽준 씨와의 후보

연합, 그리고 보수정당의 본거지인 영남 출신이라는 강점을 모두 동원한 끝에 노무현 후보는 이회창 후보보다 겨우 60여 만 표를 더 얻었다.

2007년 제17대 대통령 선거는 연합이 없는 선거였다. 보수는 이번에도 둘로 분열했다. 따로 보수정당을 만든 이회창 후보는 약 360만 표를 받았다. 자유주의정파와 진보정파도 연합하지 않은 채 선거를 치렀다. 가장 큰 자유주의 정파의 정동영 후보는 620여만 표를 얻었다. 또 다른 자유주의 정파의 문국현 후보는 140여만 표를 획득했다. 진보정당 권영길 후보는 끝까지 선거를 치렀지만 이번에도 득표는 기대보다 적었다. 보수정당 이명박 후보는 보수주의와 자유주의 진영이 각각 분열한 선거에서 2위 정동영 후보보다 무려 530여만 표를 더 얻는 압승을 거두었다. 그 결과 최초의 평화적 정권교체가 실현된 지 10년 만에 자유주의 정당에서 보수정당으로 국가권력이 다시 넘어가는 최초의 평화적 역(逆)정권교체가 이루어졌다.

2012년 대통령선거는 보수와 진보 모두 하나로 결집했지만 보수정당의 박근혜 후보가 자유주의 정당의 문재인 후보를 100만 표 차이로 꺾었다. 보수정치세력은 새누리당 하나로 완전하게 결속했다. 자유주의 정파의 안철수 후보는 단일화 방법을 둘러싼 지루한 논쟁 끝에 출마를 포기하고 소극적인 태도로 민주당 문재인 후보를 지원했다. 중앙위원회 폭력사태로 만신창이가 된 통합진보당 이정희 후보는 공식적으로 연합하지 않은 채 중도에 사퇴했고 통합진보당을 나온 사람들이 만든 정의당은 후보등록을 포기하고 문재인 후보를 지지했다. 정책연합 없이 후보만 단일화한 것이다.

민주화 이후 여섯 번의 대통령 선거는 한국 정치에서 압도적인 힘을 가진 것은 보수정당임을 거듭 증명한다. 보수정파는 분열한 상태에서 치른 다섯 번의 선거에서 세 번을 큰 격차로 이겼다. 두 번은 보수가 분열한 가운데 자유주의 정당이 보수정파의 일부와 연합함으로써 승리했지만 득표 차이는 매우 적었다. 양측 모두 단일후보로 결집했던 2012년 대선에서는 보수 후보가 이겼지만 격차가 크지는 않았다. 자유주의 정당과 진보정당의 연합이 완전하게 이루어진 국회의원 총선은 2012년 제19대 총선 한 번뿐이었는데, 이때도 보수정당이 근소한 격차로 승리를 거두었다. 국회의원 총선에서 보수정당이 패배한 것은 2004년 17대 총선이 처음이었는데 가장 큰 요인은 노무현 대통령 탄핵역풍이었다. 자유주의 정파가 열린우리당과 민주당으로 분열되었고 민주노동당이 전국적으로 후보를 냈는데도 그런 결과가 나온 것은 탄핵역풍이 아니고는 설명하기 어렵다. 2016년 제20대 국회의원 총선 역시 예외적이었다. 자유주의 정당이 더불어민주당과 국민의당으로 분열했고 해산당한 통합진보당의 후신인 민중연합당이 전국에 후보를 냈으며 정의당도 적지 않은 후보를 출전시킨 선거에서 보수정당은 2004년보다 더 심각한 패배를 기록했다. 극히 일부 선거구에서만 후보단일화를 했을 뿐이어서 전국적으로는 자유주의 정당과 진보정당이 선거연합을 하지 않았는데도 크게 승리한 것이다. 전국선거에서 그들이 이렇게 압승을 거둔 사례는 이 선거가 유일하다.

제20대 국회의원 총선이 집권 보수정당의 참패로 귀결된 데는 여러 이유가 작용했다. 우선 세월호 참사와 메르스 사태로 박근혜 대통령과 정부의 무능과 무기력이 대중의 눈앞에 분명하게 드러났다. 경제성장률 저하에 따른 고용위기와 비정규직 노동자들의 고통, 자영업의 몰락 같은 경제적 요인도 있었다. 게다가 야당 후보의 난립이 불러올 예측 가능한 결과를 우려한 수도권 유권자들의 전략적 투표도 큰 몫을 했다. 시민들은 정당지지표를 더불어민주당과 국민의당에 비슷한 비율로 던지고 정의당에도 약간 나누어 주었는데, 놀랍게도 지역구의 후보표는 대부분 더불어민주당 소속이었던 강세후보에게 압도적으로 몰아주었다. 야당이 연합하지 않아서 생길 문제를 유권자들 스스로 해결한 것이다. 박근혜 대통령 탄핵으로 조기에 치러질 19대 대통령선거에서도 야당이 연합하지 않는다면 유권자들은 또다시 비슷한 전략적 투표를 할 가능성이 있다.

김대중 대통령과 노무현 대통령이 집권했던 10년 동안 진보정당과 집권 자유주의 정당은 연합하지 못했다. 원인이 무엇일까? 상징적인 사건 하나를 가지고 이야기해보자. 노무현 대통령은 2005년 5월 16일 청와대에서 '대·중소기업 상생협력 대책회의'를 주재했다. 이해찬 국무총리를 비롯한 청와대와 정부의 경제정책 고위 공직자와 이건희 회장을 비롯한 대기업 총수들이 모두 모인 자리였다. 노무현 대통령은 이렇게 말했다. "우리 사회를 움직이는 힘의 원천이 시장에서 비롯되고 있다. 이미 권력은 시장으로 넘어간 것 같다. 정부가 시장을 공정하게 잘 관리하느냐가 중요하다."[28] 이 말을 두고 진보정당과 지식인들은 "대통령이 삼성권력에 항복했다"고 맹렬한 비난을 퍼부었다. 가장 널리 인용된 것은 "권력이 시장으로 넘어갔다"고 한 대목이었는데, 이 말은 정확하지 않은 표현이었고 악의적으로 인용되었으며 적절하지 않은 비판을 받았다. 노무현 대통령은 연합정치를 원했지만 진보정당은 그렇게 할 의사가 조금도 없었다.

노무현 대통령이 말하고자 한 것은 우리 사회에 국가가 직접 통제하기 어려운 영역이 생겼고, 그래서 국가의 강제력만으로는 문제를 해결할 수 없다는 것이었다. 참여정부는 중소기업을 육성함으로써 고용을 늘리는 것을 중요한 국가과제로 설정했다. 그런데 중소기업을 가장 어렵게 만드는 것 가운데 하나가 이른바 '단가 후려치기'를 비롯한 대기업의 불합리한 거래관행이었다. '글로벌 소싱'이라는 이름으로 국내 중소기업보다는 단가가 저렴한 외국 기업에서 부품과 중간재를 조달하는 수출 대기업의 경영전략도 그 못지않게 심각한 문제였다. 대기업들이 국민경제의 발전을 위해 협력하려는 의사를 가지지 않는 한 정부가 문제해결을 강제할 수 있는 합법적 수단을 찾기가 어려웠다. 그래서 대통령은 재계의 '큰손'들에게 어려움을 토로하면서 우호적 협력을 요청한 것이다. 그런데 진보정당은 이 말을 대통령이 신자유주의 이론과 재벌의 힘에 굴복 또는 투항한 증거로 해석했다.

나는 최초의 정권교체를 이룬 국민의 정부와 그것을 계승한 참여정부가 직면했던 가장 큰 문제는, '이념의 편향'이나 '이념의 상실'이 아니라 '역량의 부족'이었다고 생각한다. 앞서 살펴보았던 독일 바이마르공화국 정부의 문제도 같은 것이었다. 그런데 이 두 자유주의 정부에 대한 진보세력의 비판은 이념에 집중되었다. '신자유주의에 굴복'하거나 스스로 '신자유주의에 빠져' 비정규직을 양산하고 양극화를 심화시키는 정책을 썼다는 것이다. 이러한 진보세력의 이념적 공세와 '잃어버린 10년'이라는 기치를 들고 '무능한 좌파정권'이라는 공격을 퍼부은 보수세력의 정치적 공세가 어우러지면서 그렇지 않아도 역량이 부족했던 자유주의 정부는 정치적으로 더욱 허약해졌다. 그리고 바이마르공화국이 사민당에서 나치당으로 권력이 넘어간 것처럼, 우리나라도 자유주의 정당에서 보수주의 정당으로 권력이 넘어가고 말았다.

능력 부족이 이념적 편향보다 작은 잘못이라는 말이 아니다. 국민의 정부와 참여정부를 위해 변명을 하거나 두 정부를 매몰차게 비판한 진보정치세력을 원망하는 것도 아니다. 진단이 잘못되면 처방도 잘못될 수밖에 없다고 생각하기에 이야기하는 것이다. 2007년과 2008년의 권력교체기를 거치면서 대선과 총선에서 자유주의 세력과 진보주의 세력이 함께 몰락한 이유를 생각해보자. 만약 자유주의 정부의 '이념적 우경화'가 문제였다면 진보세력이라도 국민의 지지를 받았어야 할 텐데 현실은 그 반대였다. 국민은 '올바른 이념'이 아니라 자신이 원하는 것을 실현해줄 가능성이 있는 '능력 있는 정부'를 원했다. 지금도 국민은 시민들을 사회적 위험에서 보호하고 누구에게도 치우치지 않게 행동하면서 정의를 실현하는 국가, 그런 국가를 만들수 있는 유능한 정당과 대통령을 원하고 있다.

앞으로 자유주의와 진보주의 세력이 연합하려면, 그 연합은 과거에 대한 성찰을 토대로 국민의 요구를 중심으로 삼아야 할 것이라고 나는 믿는다. 그리고 그런 연합을 통해서만 자유주의와 진보주의 정치세력은 유능한 집권세력으로 인정받을 수 있으리라고 생각한다. 진보정치세력이 단지 진보적이라는 이유만으로 국민의 신뢰를 받을 수 있는 것은 아니다. 진보적 이념과 정책에 대한 지지와 아울러 그것을 실현할 수 있는 능력을 갖추었다고 인정받을 때 비로소 신뢰를 얻을 수 있다.

　민주화 이후 자유주의 정당과 진보정당의 선거연합이 처음으로 이루어진 것은 2010년 6월 지방선거였다. 자유주의 정당인 민주당과 국민참여당, 창조한국당, 진보정당인 민주노동당과 진보신당 등 야 5당의 선거연합이 가장 완벽하게 이루어진 곳은 인천광역시와 경기도 고양시였다. 여기서 자유주의-진보 연합은 단체장과 지방의원 선거 모두 완벽한 승리를 거두었다. 경상남도, 충청남도, 충청북도, 강원도 등 연합이 부분적으로 이루어진 곳에서도 광역단체장 선거를 이겼다. 광역단체장 후보를 중심으로 불완전하게 연합했던 서울시와 경기도에서는 민주당이 기초단체장과 지방의회를 휩쓸었지만 자유주의 정당의 광역단체장 후보는 둘 다 패배했다. 자유주의 정당과 진보정당의 연합정치는, 베버의 말에 기대면 신념윤리가 아니라 책임윤리에 따른 정치행위였다. 결과에 상관하지 않고 순수한 신념을 밀고 나가려는 동기가 아니라 "예측할 수 있는 범위 안의 결과"에 대해 책임을 지려는 윤리의식의 산물이었던 것이다.

　연합정치의 구체적 방법은 여러 가지가 있을 수 있으며 어떤 방법이 효과적인지는 선거제도에 따라 달라진다. 만약 국민의 정당지지율에 비례해서 국회의석을 나누는 독일식 선거제도를 도입한다면 연합하기가 한결 자연스럽고 수월해질 것이다. 진보정당과 자유주의 정당이 각자 후보를 내고 정책을 발표해 선거를 치른 다음 그 결과를 가지고 연합하면 된다. 보수 기민연(CDU)과 자유민주당(FDP)의 중도보수연정, 사회민주당(SPD)과 자유민주당의 중도진보연정, 사민당과 녹색당의 진보연정, 사민당과 기민연의 대연정 등 전후 독일 정치에서는 다양한 성격의 연합정부가 국가를 운영하고 있다. 결선투표제도가 있는 프랑스에서는 모든 정당이 후보를 내고 선거를 치른다. 과반수 득표자가 없으면 1위와 2위가 결선투표를 치른다. 결선투표를 앞두고 진보와 보수, 중도 각 정파들이 다양한 선거연합을 형성한다.

그러나 우리나라와 같이 결선투표 없이 1위 득표자가 대통령과 국회의원에 당선되는 제도를 가진 곳에서는 효과적인 연합을 하려면 반드시 선거 전에 해야만 한다. 연합 없이 선거를 해서 대통령 선거에서 지고 국회의원 선거에서도 지면 선거 후에 연합을 해도 위력이 없기 때문이다. 선거 전 연합도 여러 수준에서 할 수 있다. 유사한 이념과 노선을 가진 정당들끼리, 또는 동일한 정치적 이해관계에 놓인 정당들이 후보만 단일화하는 후보연합을 할 수 있다. 정책연합과 후보단일화를 함께 이루는 선거연합도 가능하다. 정책연합과 후보단일화뿐만 아니라 승리할 경우 정부를 함께 운영하는 정치연합을 할 수도 있다. 그리고 가장 높은 수준의 연합형태는 자유주의 정파와 진보정파가 하나의 조직으로 통합하여 진보자유주의 연합정당을 만드는 방법이다.

이 가운데 어느 것이 다른 것보다 훌륭하다는 규범적 판단을 내리기는 어렵다. 결국 깨지기는 했지만 1997년의 DJP연합과 2002년의 노무현-정몽준 단일화는 권력분점을 통한 연합정부 수립을 전제로 후보연합을 한 것이다. 2010년 6월 지방선거 야권연대는 온전하게 실현하지는 못했지만 정책연합을 바탕으로 연합지방정부 수립에 합의하고 후보단일화와 선거연합을 시도한 사례였다. 단순한 후보단일화에서부터 정책연합과 연합정부 수립을 전제로 한 선거연합, 그리고 자유주의자와 진보주의자들이 하나의 조직으로 통합을 이루는 연합정당까지, 연합정치는 다양한 수준에서 이루어질 수 있다.

그렇다면 무엇이 연합정치의 형식과 수준을 결정하는 것일까? 진보주의와 자유주의 진영 정치인과 정당의 당원들이 신념윤리와 책임윤리의 조화를 어디까지 이루어낼 수 있는지, 그리고 국민들이 그 정치연합을 얼마나 우호적으로 받아들이는가에 달려 있다. 정치인들이 진보-자유주의 정치연합을 제대로 만들어내지 못할 경우, 국가주의-보수주의 정당의 승리라는 '예측 가능한 최악의 결과'를 막을 책임은 유권자에게 넘어간다. 유권자들은 그런 결과를 막기 위해 자기가 진정 지지하는 후보를 버리고 당선 가능성이 있는 후보에게 전략적 투표를 할 수도 있다. 이것이 소위 '사표(死票) 방지 심리'에 따른 몰아주기 투표다. 유권자들이 이렇게 한다면 진보-자유주의 진영에서 상대적으로 가장 강력한 정당인 민주당이 이익을 얻게 될 것이다. 그러나 어떤 시민들은 정치인들의 책임윤리 부재를 비판하고 책임을 묻기 위해서 투표를 하지 않거나 심지어는 보수정당 후보에게 표를 던질 수도 있다.

이러한 정치연합이 이념과 노선을 중심으로 이루어져야 할 정당정치의 기본 원리를 훼손한다는 지적이 있다. 누군가에 대한 반대를 하기 위해 무조건 뭉치는 '묻지마 연대'라는 비판도 있다. 자유주의 정당에 비해 열세에 놓인 진보정당과 진보지식인들이 주로 이런 비판을 한다. 그 자체로서는 일리가 있는 비판과 지적이다. 특히 신념윤리에 입각해서 정치에 임하면 그렇게 주장할 수 있다. 그러나 정치는 단순히 신념을 표출하기 위한 공간으로 존재하는 것이 아니다. 그것은 합법적 폭력을 보유한 국가권력과 관계를 맺는 행위이다. 제2장에서 살펴본 로크의 말을 기억하자. "사회계약은 어느 한 사람이나 추상적인 공동체가 아니라 사회의 다수파에게 권력을 양도하는 것"이다. 권력을 정당하게 양도받는 다수파가 오직 하나의 이념으로 뭉쳐진 집단이어야만 할 합당한 이유는 없다. 서로 다르지만 유사한 여러 이념의 절충을 통해 권력을 양도받을 다수파를 형성하는 것을 부당하다고 볼 근거도 없다.

진보의 힘이 '순수'에서 나오는 것일까? 그렇지 않다. 진보의 힘은 '섞임'에서 나온다. 진보를 추동하는 근본적인 힘은 인간의 보편적 이성이다. 사회의 진보는 인간 이성의 발전과 함께 이루어진다. 하나의 이념이 전일적으로 지배하는 사회에서 이성이 성장할 수 없는 것처럼, 하나의 이념이 전일적으로 지배하는 정치조직에서도 이성의 힘이 자라기는 어렵다. 다양성을 내포하지 않고서는 정당도 정치도 국가도 인간도 성장하지 못한다. 이념과 정치문화의 '섞임'을 통해 진보의 힘을 키우는 것이 연합정치이다. 연합정치가 지지를 받는 것은 국민들이 그 속에서 정치인의 책임의식을 보기 때문이다. 신념윤리에 투철한 정치인은 존경의 대상이 될 수 있지만, 책임윤리에 투철한 정치인은 믿음의 대상이 된다.

4년 중임 대통령제든 내각제든 또는 분권형 대통령제든 개헌이 이루어졌다고 하자. 아울러 대통령제일 경우 결선투표제를 도입하고 국회의원 선거구제도 함께 독일식으로 개편했다고 하자. 현행 선거제도가 아니라 새로운 선거제도를 실시하는 경우에도 연합정치는 필요하다. 사회가 복잡해지고 국민의 정치적 소망과 요구가 다양해졌으며 정치지형이 다당제 구조로 되어 있기 때문이다. 이런 상황에서는 대통령 결선투표를 해야 할 가능성이 매우 높다. 국회 역시 어느 정당도 단독 과반수 의석을 차지하지 못할 것이다. 대통령 결선투표를 할 때 3등 이하 후보는 결선에 진출한 후보와 정책과 정치에 대한 조건을 걸고 자연스럽게 연합하게 된다. 국회에서는 선거가 끝난 후에 정당들은 입법을 위한 원내 다수파 연합을 형성하게 될 것이다. 현행 선거제도가 지속되든 새로운 선거제도를 도입하든, 연합정치는 우리나라 정치의 피할 수 없는 과제가 되었다.

훌륭한 국가를 생각한다

나는 사람들 사이에 정의를 수립하는 국가를 원한다. 국민 한 사람 한 사람을 수단이 아니라 목적으로 대하는 국가, 국민을 국민이기 이전에 인간으로 존중하는 국가, 그런 국가가 훌륭하다고 생각한다. 나는 부당한 특권과 반칙을 용납하거나 방관하지 않으며 선량한 시민 한 사람도 절망 속에 내버려두지 않는 국가에서 살고 싶다. 그런 국가에서 개인으로서 훌륭한 삶을 살려면 우리들 각자는 "먼저 인간이고 그 다음에 국민이어야 한다"고 믿는다. "법에 대한 존경심보다는 먼저 정의에 대한 존경심을 기르는" 시민이어야 한다고 생각한다.[1] 그래야만 훌륭한 국가를 만들 수 있고 훌륭한 국가에서 살 합당한 자격이 있다고 믿기 때문이다. 그러나 아직 그런 나라가 되지 못했다고 해서 대한민국을 비하하거나 사회를 냉담하게 대하지는 않는다.

우리 모두는 국가 안에서 국가와 관계를 맺으며 산다. 누구도 국가를 떠나서는 삶을 영위할 수 없다. 그래서 국가가 훌륭하지 않으면 시민의 삶도 훌륭하기 어려운 것이다. 세상 그 무엇도 국가를 대신하지 못한다. 우리에게는 능력 있는 국가가 필요하다.[2] 정통성 있는 권력이 서지 않으면, 강력하고 능력 있는 주권국가가 아니면 그 무엇도 시민을 보호하고 사람들 사이에 정의를 세울 수 없다. 그 어떤 기업조직이나 시민단체도 국가의 빈자리를 대신 채우지는 못한다. 훌륭한 국가에서 살고 싶다면 좋은 정당, 민주적인 정치, 효율적인 행정을 실현하는 일에 시민들이 더 큰 관심을 가지고 능동적으로 참여해야 한다.

어떤 훌륭한 지도자가 나타나서 정의를 실현할 능력 있는 국가를 만들어주기를 기대하는 것은 헛된 일이다. 아무리 뛰어난 개인도 혼자 힘으로 훌륭한 국가를 만들지는 못한다. 훌륭한 국가를 만드는 것은 주권자인 시민들이다. 어떤 시민인가? 자신이 민주공화국 주권자라는 사실에 대해서 대통령이 된 것과 똑같은 무게의 자부심을 느끼는 시민이다. 주권자로서 마땅히 누려야 할 권리가 무엇이며 어떤 의무를 수행해야 하는지 잘 아는 시민, 자신의 삶을 스스로 설계하고 책임지면서 공동체의 선을 이루기 위해 타인과 연대하고 행동할 줄 아는 시민이다. 그런 시민이라야 훌륭한 국가를 만드는 데 기여할 수 있다.

훌륭한 국가는 외부 침략과 내부 범죄의 위협에서 국민의 생명과 재산을 보호한다. 그러나 단지 안보와 치안을 잘한다고 해서 훌륭한 국가라고 할 수는 없다. 기껏해야 유능한 안보국가(安保國家)일 뿐이다. 훌륭한 국가는 국민의 물질적 생활을 풍요롭게 만든다. 그러나 물질적 부의 증진만으로 훌륭한 국가가 될 수 있는 것은 아니다. 고작

해야 자본주의 발전국가(發展國家)에 지나지 않는다. 훌륭한 국가는 만인에게 자유를 보장한다. 그러나 그것만으로는 계급지배의 도구라는 비난을 모면한 민주국가(民主國家)가 될 수는 있을지언정 훌륭한 국가라고 하기는 어렵다. 훌륭한 국가는 실업과 빈곤, 질병, 고령, 재해와 같은 사회적 위험에서도 시민을 적극 보호한다. 시민들이 스스로 연대하여 자신을 지킬 수 있도록 돕는다. 그런데 안보와 경제 발전과 민주주의를 토대로 삼지 않고 만들 수 있는 복지국가(福祉國家)는 없다.[3] 이 네 가지 국가는 서로 다르지만 상호 배척하지 않는다. 훌륭한 국가는 네 가지 모두여야 한다. 대한민국은 그 모든 것을 실현하는 데 필요한 정치적 절차와 제도를 가지고 있다.

개정신판을 내기 위해 글을 손보면서 직업정치를 떠나 시민이 된 지식인의 시각을 더하려고 노력했다. 그러나 정치와 정치인의 결함을 들추어내고 비판하는 것만이 지식인의 책무라고 생각하지는 않는다. 나는 '악마성이 내재한 국가폭력'과 관계를 맺고 '그 폭력이 가져오는 특수한 결과'에 책임을 져야 하는 직업정치인의 삶을 경험해보았다. 정치인은 보통 시민들과 차원이 다른 사람이 아니다. 사익을 완전히 버리고 오로지 공익을 실현하는 데만 전력을 다하는 정치인은 찾아보기 어렵다. 공익 실현에는 아무 관심 없이 오로지 권력과 사익만 탐하는 정치인도 마찬가지로 흔하지 않다. 그들은 모두 나름의 신념을 지니고 자기가 옳다고 믿는 방식으로 그 신념을 실현하려고 노력하면서 자신의 정치행위가 가져올 예측 가능한 결과에 대해 책임을 지려는 의지를 많든 적든 가지고 있다. 그들은 또한 공익에 봉사해야 한다는 사명감과 권력을 얻고 싶어 하는 개인적 욕망 사이에서 번민하고

방황한다. 정치를 혐오스러운 직업으로 비하하고 정치인을 싸잡아 도둑놈 사기꾼으로 매도하는 것은 합리적인 태도가 아니다. 그렇게 하면 주로 공익 실현을 추구하는 사람은 직업정치를 떠나게 되고 권력을 좇는 사람이 정치와 국가를 장악할 가능성이 높아지기 때문이다. 악화(惡貨)가 양화(良貨)를, 위조화폐가 진짜화폐를 시장에서 몰아내게 된다는 것이다.

"이게 나라냐!" "이것이 국가란 말인가?" 광장에서 촛불을 들고 박근혜 대통령 탄핵을 요구한 시민들은 그렇게 물었다. 이것은 민주공화국 대한민국의 국가운영 시스템에 대한 최소한의 믿음이 무너진 현실에 대한 개탄이었다. 박근혜 정부는 시민의 생명을 보호하지 못했다. 세월호 참사와 메르스 사태가 그랬다. 박근혜 대통령은 300명이 넘는 아이들과 어른들이 세월호 선실에 갇힌 채 바다에 가라앉는 상황에서 출근도 하지 않은 채 머리카락을 다듬으면서, 또는 업무와 아무 관련 없는 여가활동을 하면서 시간을 보냈다. 남북교류와 관련한 법률을 위반하면서 개성공단을 전격 폐쇄함으로써 남북관계를 냉전시대로 후퇴시키고 한반도에 일촉즉발의 전쟁 분위기를 조성했다. 국민의 경제생활을 풍요롭게 만들지도 못했다. 경제성장률은 민주화 이후 여섯 정부 가운데 가장 낮았으며 부당한 차별과 고용불안에 눈물 흘리는 비정규직 노동자의 고통을 철저하게 외면했다. 박근혜 대통령은 최순실 등 비선 측근들과 공모해 대규모 부정부패를 저지르고 부당한 인사전횡을 일삼았으며 정부조직의 활동을 마비시켰다. 대법원장과 고위 법관을 사찰하고 집권당을 사유화하며 언론을 장악 통제함으로써 삼권을 분립시킨 헌법을 파괴했다. 누리과정 예산을 둘러싼 정부와 지방교육청의 갈등에서 드러난 것처럼 국가의 사회복지정책에 대해 극히 무책임한 태도를 보였다. 안보국가, 발전국가, 민주국가, 복지국가 등 어떤 측면에서도 성의 있는 노력을 하지 않았으며 의미 있는 성과를 남기지 못했다.

나는 시민들의 개탄에 공감한다. 오늘의 대한민국은 국가다운 국가가 아니다. 시민들의 탄식을 불러온 것은 국가를 대신해서 행동하는 정부, 대통령과 정부를 이끄는 사람들의 도덕적 타락과 정치적·행정적 무능이었다. 그렇지만 나는 우리나라의 앞날을 비관적으로 보지는 않는다. 이 모든 일들은 불가피하게 거쳐야 할 여정일지도 모른다고 생각한다. 우리는 처음에 우리 힘만으로 민주공화국을 세운 게 아니었기 때문이다. 1919년 대한민국 임시정부 헌장에서 처음으로 민주공화국 수립을 선포한 지 거의 30년 만에, 미군정 아래서 미국과 국제사회의 후견을 받아 헌법을 채택하고 정부를 세웠다. 서유럽 민중은 민주주의를 세우는 과정에서 엄청나게 긴 세월 동안 투쟁했다. 수많은 사람들이 죽고 다치고 박해를 당하면서 싸웠다. 숱한 좌절과 실패 끝에 민주주의혁명을 성공시켰고, 그렇게 성공한 혁명이 반혁명과 왕정복고에 휩쓸려 사라지는 것을 보았음에도, 굴하지 않고 다시 일어나 민주주의를 세웠다.

그러나 우리는 왕을 내쫓고 신분제도를 뒤엎는 민주주의혁명을 한 적이 없다. 그게 무엇인지 잘 모르는 상태에서 민주공화국을 세운 다음에야 민주주의를 운영하는 데 필요한 지식을 배우고 경험을 쌓았다. 역사는 귀한 것을 거저 주는 법이 없다. 남들이 민주주의를 세우기 위해 치렀던 희생과 비용을 우리는 민주공화국을 세운 후 오랜 세월 동안 치러야 했다. 나는 2009년에 낸 책에서 이것을 가리켜 '후불제민주주의'라고 한 적이 있다. 4·19혁명에서 스러졌던 청년 학생들, 유신시대에 목숨을 잃거나 옥고를 치렀던 대학생과 지식인 종교인들, 5·18광주민중항쟁 희생자들, 1987년 6월민주항쟁 때 최루탄과 경찰봉에 맞았던 시민들, 광우병 촛불시위와 박근혜 대통령 탄핵 요구 촛불시위에 나섰던 시민들, 그들이 쏟았던 수고와 희생은 모두 우리가 처음 민주공화국을 세울 때 미리 치르지 않았던 비용을 후불한 것이라는 이야기다.

2016년 가을과 겨울의 촛불집회는 단순히 박근혜 대통령의 탄핵을 요구하는 집회가 아니었다. 즉각 하야 즉각 탄핵을 외친 시민들의 함성에는 민주공화국의 질서와 운영을 바로세우라는 요구와 함께 대한민국을 더 훌륭한 국가로 만들자는 의지가 들어 있었다. 대통령 탄핵의 정치적 소용돌이가 가라앉으면 곧바로 국민경제의 활력 회복과 서민생활의 향상, 한반도 평화, 양극화 해소, 고용 안정과 비정규직 차별 철폐, 사회적 약자를 위한 복지정책의 강화를 요구하는 시민들의 목소리가 광장에 울려 퍼지게 될 것이다. 국민들은 민주적인 정부를 세우는 데 머물지 않고 유능한 민주정부, 모든 시민을 공정하게 대하고 사람들 사이에 정의를 수립하는 정부를 요구하고 나설 것이다. 민주주의는 단순한 절차와 제도의 집합이 아니다. 민주주의는 절차와 제도를 대하는 의식과 태도를 포함한다. 국가와 사회에 대한 시민들의 소망과 요구를 정부가 편견 없이 경청하고 그것을 실현하기 위해 최선을 다할 때, 국민은 민주주의를 포기해서는 안 될 가치 있는 것으로 인정하고 기꺼이 정치에 참여할 것이다. 온갖 우여곡절을 겪으면서도 대한민국은 그런 방향으로 움직여가는 중이라고 나는 믿는다.

나는 이 책에 두 가지 소망을 담았다. 첫째, 국가에 대해서 상충하는 요구와 기대를 가진 국민들이 다른 견해를 가진 사람들의 생각을 더 잘 이해하도록 돕고 싶었다. 사람은 누구나 낯선 것을 보면 경계심과 적의를 품는다. 서로를 더 잘 안다면 국가권력을 둘러싼 정치적 쟁투가 불가피하게 수반하는 증오와 적대감이 줄어들 것이다. 이책을 쓰기 위해 여러 성향의 국가론 서적을 읽으면서 나부터도 국가에 대해 나와 다른 생각을 하는 사람들을 더 잘 이해하게 되었다. 독자들도 같은 경험을 하게 되기를 바란다.

둘째, 진지한 정치적 관심을 북돋우는 데 기여하고 싶었다. 베버는 직업정치인을 두 종류로 나누었다. 하나는 정치를 '위해서' 사는 사람, 다른 하나는 정치에 '의존해서' 사는 사람이다.[4] 그러나 정치를 '위해서' 정치를 하는 사람도 정치가 내포한 권력투쟁을 피해갈 수 없다. 그런 정치인도 때로는 마키아벨리의 권모술수를 써야 한다. 그러나 민주주의 국가의 정치에서는 그 어떤 권모술수도 국민의 요구와 의지를 이기지 못한다. 한때 국민을 속여서 승리한다고 해도 얼마 가지 않아 모든 것이 드러나게 된다. 정치인이 국민의 요구를 파악하고 국민의 의지를 대표하려면 소통하고 교감해야 한다. 마찬가지로 시민들도 정부와 정당, 정치인에게 자신의 요구를 투영하려면 진지한 관심을 가지고 적극적인 태도로 정치인을 관찰하고 정치에 참여해야 한다.

국가의 본질과 기능, 정치인과 시민의 역할에 대해 큰 가르침을 남겨준 스승들에게, 그들의 책을 우리말로 옮기거나 직접 책을 쓴 지식인들에게 감사드린다. 나는 그분들 모두에게 빚을 졌다. 모쪼록 내가 그분들의 사상과 철학과 이론을 잘못 해석하고 그릇되게 인용한 일이 없기를 빈다.

제1장 │ 국가란 무엇인가 1 ─ 합법적 폭력

1 「용산 철거민 사망사건 개요」, 용산참사 진상규명 및 재개발제도 개선위원회 홈페이지
   (http://mbout.jinbo.net) 자료실.
2 한나라당 신지호 의원의 국회 행정안전위원회 발언, 『폴리뉴스』, 2009. 1. 21.
3 변창흠, 「도시재개발사업의 올바른 정책방향과 제도개선과제」, 2009. 2. 4. 용산참사
   진상규명 및 재개발제도 개선위원회 홈페이지 자료실의 「용산참사 배경─재개발 뉴타
   운 분석 토론회 자료집」.
4 도돌이의 블로그, 「용산참사와 국가폭력」, 2009. 10. 23. http://bestaff.blog.me/
   91713112.
5 조국, 「입 닥치고 시키는 대로 하는 게 MB식 법치」, 2009. 10. 14. 용산국민법정
   (mbout.jinbo.net/court/) 자료실.
6 '인민'은 사회구성원 일반을 지칭하는 말로 이미 오래전부터 존재했던 우리말이다. 『조
   선왕조실록』에는 '국민'이 163회, '백성'이 1,718회 등장하는 반면, '인민'은 2,504회
   등장한다고 한다. 그러다 19세기 루소의 자유주의가 일본을 통해 동아시아로 유입될
   때 '인민'은 국가에 대립하여 존재하는 자유로운 사람들을 일컫는 말이 되었다. 3·1운
   동 이듬해인 1920년에 나온 『개벽』 창간호는 루소의 사상을 소개하면서 자유와 자율의
   주체로 '인민'을 사용했다. 대한민국 헌법초안을 작성했던 유진오 선생은 "국가라 해도
   함부로 침범할 수 없는 자유와 권리의 주체로서의 사람"을 지칭하는 데 '인민'이라는
   말이 적절하다고 주장했다. 이 책에서 번역문을 인용할 때 '인민'이라고 쓴 것을 그대
   로 살렸다. 이데올로기를 이유로 거부하기에는 '인민'이 민주주의, 민권과 관련하여 뿌
   리 깊고 소중한 우리말 개념이라고 생각해서였다.
7 토마스 홉스 지음, 진석용 옮김, 『리바이어던』, 나남, 2008, 168~175쪽.
8 같은 책, 177~178쪽.
9 같은 책, 232~234쪽.
10 같은 책, 245~247쪽.

11 홉스의 생애에 대해서는 브리태니커 백과사전을 참조했다.

12 이지선, 「출구 안 보이는 소말리아 내전」, 『경향신문』, 2011. 2. 1.

13 버트런드 러셀 지음, 이순희 옮김, 『왜 사람들은 싸우는가』, 비아북, 2010, 56~59쪽. 이 책의 원래 제목은 '사회 재건의 원칙'Principles of Social Reconstruction이다. 1915년과 1916년에 걸쳐 영국 각지를 돌며 강연한 내용을 토대로 집필한 것인데, 1917년 미국 출판사가 러셀의 허락을 구하지도 않고서 'Why Men Fight?'로 제목을 바꾸었다고 한다. 러셀은 여기서 의식적인 목적보다 충동이 인간의 행동에 더 큰 영향을 미친다는 점을 강조하면서 창조의 충동으로 소유의 충동을 극복해야 한다고 역설했다.

14 카야노 도시히토 지음, 김은주 옮김, 『국가란 무엇인가』, 산눈출판사, 2010, 24쪽.

15 니콜로 마키아벨리 지음, 강정인 · 엄관용 옮김, 『군주론』, 살림, 2005, 168~196쪽.

16 같은 책, 154~155쪽.

17 문화유전자의 개념에 대해서는 리처드 도킨스 지음, 홍영남 옮김, 『이기적 유전자』, 을유문화사, 2006, 제11장 참조.

18 박명림, 『한국전쟁의 발발과 기원 II』, 나남, 2008, 884쪽. 박명림 교수는 독보적인 한국전쟁 전문연구자로 김대중 대통령의 대북정책을 자문한 인물로 알려져 있다.

19 박명림, 『한국전쟁의 발발과 기원 I』, 나남, 2008, 28~29쪽.

20 한홍구 교수는 국민개병제의 역사를 서술하면서 한국을 '병영국가'로 규정했다. 물론 그런 측면이 있는 것은 사실이지만, 명실상부한 병영국가는 '선군정치'라는 구호 아래 군부가 국가의 중요한 의사결정을 좌우하면서 사회 전체를 군사조직처럼 운영하는 북한에 더 어울리는 말이다. 한홍구, 「찬란한 병영국가의 탄생」, 『한겨레21』 제397호, 2002. 2. 20.

21 박명림, 『한국전쟁의 발발과 기원 II』, 나남, 2008, 881~882쪽.

제2장 | 국가란 무엇인가 2─공공재 공급자

1 존 로크 지음, 이극찬 옮김, 『시민정부론』, 연세대학교출판부, 1970, 139쪽. 이 책은 로크가 1690년에 쓴 『정부론』Two Treaties of Government의 두 번째 논문인 「An Essay concerning the true original, extent, and end of civil government」를 번역한 것이다.

2 같은 책, 143쪽.

3 같은 책, 185쪽.

4 존 로크의 생애에 관해서는 브리태니커 백과사전을 참조했다.

5 애덤 스미스 지음, 김수행 옮김, 『국부론』 상, 비봉출판사, 2010, 552쪽.

6 애덤 스미스 지음, 김수행 옮김, 『국부론』 하, 비봉출판사, 2010, 853쪽.

7 같은 책, 866쪽.

8 같은 책, 875쪽.

9 같은 책, 891쪽.

10 스미스의 생애에 대해서는 브리태니커 백과사전을 참조했다.

11 내시의 논문은 경제학과 대학원생 중에서도 수학에 뛰어난 사람이나 이해할 수 있다. 보통의 독자라면 러셀 크로우가 주연한 영화 〈뷰티풀 마인드〉(2001)를 보는 편이 나을 것이다. 이 영화에서 지도교수는 내시에게 이렇게 말한다. "자네가 200년 된 이론을 무너뜨렸다는 걸 아는가?"

12 장 자크 루소 지음, 방곤 옮김, 『사회계약론』, 2006, 신원문화사, 22쪽.

13 같은 책, 108~109쪽. 오늘날 '국민의 큰 머슴'이 되겠노라는 구호를 내세우는 공직 선거 후보자가 흔히 있는데, 그 구호의 지적 소유권이 루소에게 있다는 것을 그들 자신도 모르고 있을 것이다. 국민에게 고용되어 주권자를 대리해서 권한을 행사하는 사람을 우리말로 '머슴'이라고 한다.

14 같은 책, 155~156쪽.

15 루소의 생애에 관해서는 한국어판 위키백과를 참조했다.

16 해럴드 J. 라스키 지음, 김영국 옮김, 『국가란 무엇인가』, 두레, 1983, 17쪽. 이 책은 서점에서 구할 수 없어 국회도서관에서 대출했다. 그런데 속표지를 보니 정치에 뛰어들기 전에 동아일보 해직기자였던 이부영 씨가 나중에 한겨레신문 사장을 했지만 당시에는 역시 해직언론인이었던 고 송건호 선생에게 선물한 책이었다. 송건호 선생이 타계하신 후 국회도서관에 기증했던 소장도서 가운데 하나였던 것이다. 전두환 정권의 폭압통치가 국민을 무던히도 괴롭혔던 1980년대 중반, 모두들 국가가 무엇인지 고민했던 흔적이 이렇게 남아 있는 것을 보니 감회가 새로웠다.

17 같은 책, 18~19쪽.

18 존 스튜어트 밀 지음, 서병훈 옮김, 『자유론』, 책세상, 2010, 32쪽.

19 같은 책, 36~37쪽.

20 같은 책, 102~103쪽.

21 밀의 생애에 대해서는 브리태니커 백과사전을 참조했다.

22 존 스튜어트 밀, 앞의 책, 15쪽.

23 헨리 데이빗 소로우 지음, 강승영 옮김, 『시민의 불복종』, 이레, 1999, 9쪽.

24 같은 책, 47~48쪽.

25 같은 책, 32쪽.

26 같은 책, 41쪽.

제3장 │ 국가란 무엇인가 3—계급지배의 도구

1 이 책에서는 마르크스주의 국가론에 대해 '공산당선언'을 중심으로 원형(prototype)을 살펴보며, 후기 마르크스주의자들이 국가기구와 상부구조, 국가의 상대적 자율성에 대해 논의한 바는 생략했다. 각각의 국가론을 주장하는 이들의 근본적 관점을 비교하는 것이 목적이므로, 자유주의 국가론과 국가주의 국가론도 역시 원형을 중심으로 비교했다.

2 변증법적 유물론과 역사적 유물론의 개념은 브리태니커 백과사전의 해당 항목을 참조했다.

3 칼 마르크스 · 프리드리히 엥겔스 지음, 강유원 옮김, 『공산당선언』, 이론과실천, 2010, 11쪽.

4 같은 책, 37쪽.

5 브리태니커 백과사전, '역사적 유물론' 항목과 칼 마르크스 지음, 김호균 옮김, 『정치경제학 비판 요강 1』, 2007, 그린비, 독일 사회주의통일당 중앙위원회 부설 마르크스-레닌주의연구소의 독일어판 서문 참조.

6 칼 마르크스 · 프리드리히 엥겔스, 앞의 책, 39쪽.

7 같은 책, 41쪽.

8 칼 포퍼 지음, 이한구 옮김, 『열린사회와 그 적들 II』, 민음사, 1989, 173~174쪽.

9 같은 책, 124~125쪽.

제4장 │ 누가 다스려야 하는가

1 앨빈 토플러 지음, 이규행 감역, 『권력이동』, 한국경제신문사, 1990, 35~42쪽.

2 집단주의와 전체주의를 지독하게 미워했던 포퍼는 전체주의 철학의 원조로 플라톤과 헤겔을 지목했다. 『열린사회와 그 적들』이라는 책은 사실 마르크스가 아니라 플라톤과 헤겔을 비판한 책이다. 포퍼는 플라톤이 쓴 책을 직접 분석하면서 비판했지만, 헤겔에 대해서는 신랄한 풍자와 독설로 악명 높은 사회주의자 버나드 쇼를 인용해 비판했다.

헤겔의 저서는 워낙 난해한 것이어서 포퍼도 자신이 없었거나 아니면 자기가 하고 싶은 말을 버나드 쇼가 먼저 해버린 탓일 것이다. 쇼보다 더 강력하게 비판을 할 능력이 없다고 느껴서 그랬을 수도 있다. 플라톤의 원전을 이해하고 분석하는 데 어려움을 느끼는 나는, 포퍼가 쇼를 차용했던 것과 마찬가지로 포퍼의 말을 빌려 플라톤의 '현자통치론'을 소개한다.

3 칼 포퍼 지음, 이한구 옮김, 『열린사회와 그 적들 I』, 민음사, 2006, 154~155쪽.

4 같은 책, 169쪽.

5 같은 책, 220쪽.

6 같은 책, 242쪽.

7 2010년 한국에서 선풍적 인기를 누렸던 『정의란 무엇인가』 마지막 장에서 마이클 샌델 교수도 비슷한 견해를 피력한 바 있다. 마이클 샌델 지음, 이창신 옮김, 『정의란 무엇인가』, 김영사, 2010, 371쪽 참조.

8 이혜경, 『맹자, 진정한 보수주의자의 길』, 그린비, 2008, 89~90쪽.

9 『맹자』, 양혜왕 상 7, 이혜경, 앞의 책, 171쪽에서 재인용.

10 『맹자』, 진심 상 13, 같은 책, 132쪽에서 재인용.

11 『맹자』, 양혜왕 하 8, 같은 책, 237쪽에서 재인용.

12 플라톤 지음, 박종현 옮김, 『국가·정체』, 서광사, 1997, 82~84쪽.

13 칼 포퍼 지음, 이한구 옮김, 『열린사회와 그 적들 I』, 민음사, 2006, 204~205쪽.

14 『일요신문』이 2014년 6월 24일 보도한 여론조사 결과를 참고했다.

15 권력남용 행태를 지칭하는 것으로 널리 쓰이는 이 용어는 1980년대 윤흥길 선생이 발표한 소설 「완장」에서 유래했다. 윤흥길, 「완장」, 현대문학, 2002 참조.

16 베터니 휴즈 지음, 강경이 옮김, 『아테네의 변명』, 도서출판옥당, 2012. 휴즈는 소크라테스 재판 당시 아테네의 정치사회 상황과 재판에 임한 소크라테스의 태도를 영화처럼 실감나게 그려놓았다. 아테네를 여행하려는 사람에게 여행안내서와 함께 이 책을 읽기를 권한다. 아크로폴리스 언덕의 신전과 아레오파고스 언덕, 레스토랑과 카페가 즐비한 플라카 지구의 거리가 다른 느낌으로 다가올 것이다.

제5장 │ 애국심은 고귀한 감정인가

1 카야노 도시히토 지음, 김은주 옮김, 『국가란 무엇인가』, 산눈출판사, 2010, 149쪽.

2 백제 궁녀가 실제 그렇게 많았는지는 매우 의심스럽다. 삼국을 통일한 신라의 권력자

와 역사가들이 의자왕을 여색을 밝힌 방탕한 왕으로 모략하여 백제의 정통성을 훼손하려고 조작한 것일 수도 있다. 낙화암의 전설에서 눈여겨볼 것은 오히려 백제의 궁녀들이 붙잡혀 신라로 끌려가기보다는 차라리 죽음을 선택했다는 사실이다. 방탕하고 무능한 임금의 궁녀들이었다면 과연 그런 선택을 했을지 의문이다.

3 에르네스트 르낭 지음, 신행선 옮김, 『민족이란 무엇인가』, 책세상, 2002, 21∼22쪽.

4 피히테의 생애에 대해서는 브리태니커 백과사전을 참조했다.

5 요한 고트리프 피히테 지음, 황문수 옮김, 『독일 국민에게 고함』, 범우사, 2007, 150쪽.

6 같은 책, 81쪽.

7 같은 책, 25쪽.

8 같은 책, 195쪽.

9 같은 책, 209∼211쪽.

10 레프 톨스토이 지음, 조윤정 옮김, 『국가는 폭력이다』, 달팽이출판, 2008, 29쪽. 이 책은 톨스토이가 쓴 산문들을 묶은 것이다.

11 같은 책, 57∼58쪽.

12 같은 책, 51쪽.

13 다카하시 데쓰야 지음, 이목 옮김, 『국가와 희생』, 책과함께, 2008, 117쪽.

14 르낭은 프랑스 국민들 사이에 널리 알려진 인물이다. 르낭은 사상적으로 매우 자유분방했기 때문에 자유주의자, 공화주의자, 왕정복고주의자, 심지어는 인종주의자 중에도 그를 추종하는 사람들이 있었다. 르낭을 자유주의자로 규정한 것은 『민족이란 무엇인가』에서 표명한 견해와 관련하여 제한적 의미를 가진다는 점을 밝혀둔다.

15 알자스와 로렌 지역의 독일 병합은 프랑스 국민들에게 깊은 슬픔과 분노를 안겨주었다. 알퐁스 도데(Alphonse Dodet)의 소설 「마지막 수업」은 그 감정을 드러낸 대표적인 문학작품이다.

16 에르네스트 르낭, 앞의 책, 61쪽.

17 같은 책, 48∼49쪽.

18 같은 책, 75쪽.

19 같은 책, 83∼84쪽.

20 같은 책, 81쪽.

21 같은 책, 44∼45쪽.

제6장 | 혁명이냐 개량이냐

1 이 표현은 최인훈 선생의 소설 『광장』에서 가져왔다.

2 카야노 도시히토 지음, 김은주 옮김, 『국가란 무엇인가』, 산눈출판사, 2010, 47쪽.

3 같은 책, 169쪽.

4 『뉴시스』, 2016년 12월 13일 보도.

5 같은 책, 230쪽.

6 해롤드 J. 라스키 지음, 김영국 옮김, 『국가란 무엇인가』, 두레, 1983, 44쪽.

7 같은 책, 56~60쪽.

8 같은 책, 78쪽.

9 같은 책, 64~66쪽. 라스키는 민주적 사회주의자였다. 그러나 국가가 계급관계에 기반
   을 두며 자본주의가 성숙하면 필연적으로 공산주의 혁명이 일어난다는 마르크스의 교
   의에 정면으로 맞서는 것을 극도로 주저했다. 그래서인지 입헌민주주의를 실시하는 산
   업국가에서 프롤레타리아혁명이 일어나기란 사실상 불가능하다는 논리를 펴면서도 쟁
   점이 무엇인지를 분명하게 드러내지 않았다. 여기서 제시한 사회혁명의 세 가지 조건
   은 그가 하나로 뭉뚱그려 제시한 것을 셋으로 정밀하게 나누어 해석해본 것임을 밝혀
   둔다.

10 테다 스코치폴 지음, 한창수 · 김현택 옮김, 『국가와 사회혁명』, 까치글방, 1981,
    299~310쪽.

11 레프 톨스토이 지음, 조윤정 옮김, 『국가는 폭력이다』, 달팽이출판, 2008, 197~198쪽.
    톨스토이는 혁명뿐만 아니라 개혁에 대해서도 모두 굴뚝 비유를 썼다. 겨울이 매우 춥
    고 긴 러시아에서는 실내 난방이 생존 여부를 좌우하는 중대사였기 때문일 것이다.

12 같은 책, 199쪽.

13 같은 책, 226쪽.

14 칼 포퍼 지음, 이한구 옮김, 『열린사회와 그 적들 I』, 민음사, 2006, 263~266, 273~274
    쪽.

15 같은 책, 268~269쪽.

16 칼 포퍼 지음, 이한구 옮김, 『열린사회와 그 적들 II』, 민음사, 1989, 179~180쪽.

17 같은 책, 187쪽.

18 같은 책, 181~182쪽.

19 칼 포퍼 지음, 『열린사회와 그 적들 I』, 331쪽.

20 같은 책, 209쪽.

21 칼 포퍼 지음, 이한구 옮김, 『열린사회와 그 적들 II』, 민음사, 1989, 217∼218쪽.

22 포퍼의 생애에 대해서는 한국어 위키백과를 참조했다.

23 하이에크의 생애에 대해서는 브리태니커 백과사전을 참조했다.

24 프리드리히 A. 하이에크 지음, 김이석 옮김, 『노예의 길』, 나남출판, 2006, 50쪽.

25 같은 책, 55쪽.

26 같은 책, 79쪽.

27 같은 책, 101쪽.

28 같은 책, 104쪽.

29 같은 책, 107쪽.

30 같은 책, 293∼295쪽.

31 같은 책, 225∼226쪽.

32 같은 책, 239∼240쪽.

33 같은 책, 121쪽.

34 같은 책, 122쪽.

35 같은 책, 133쪽.

36 같은 책, 158쪽.

37 같은 책, 81∼82쪽.

38 같은 책, 288쪽.

39 관심이 있는 독자는 졸저 『유시민의 경제학카페』 제2부 「저축도 때로 악덕이 된다」를 참조하시오.

40 프리드리히 A. 하이에크, 앞의 책, 286∼287쪽.

41 같은 책, 296쪽.

제7장 | 진보정치란 무엇인가

1 진보와 보수의 개념에 대한 베블런의 견해는 『유한계급론』 제8장 「생산활동의 면제와 보수주의」를 발췌, 요약한 것이다. 소스타인 베블런 · 한성안 지음, 『유한계급론』, 2008, 지만지, 95∼135쪽 참조.

2 이 표현은 1992년 제14대 국회의원 총선 때 김영삼 씨의 3당 합당을 비판하면서 부산에서 출마한 노무현 후보가 썼던 선거구호에서 따온 것이다. 그는 정치자금을 마련하기 위해 백범 김구 선생이 쓴 '大鵬逆風飛 生魚逆水泳'(큰 새는 바람을 거슬러 날고,

살아 있는 물고기는 물살을 거슬러 헤엄친다)이라는 글씨 복사본을 지인들에게 팔았던 적이 있다.

3 베블런의 생애와 『유한계급론』에 대해서는 졸저 『청춘의 독서』, 웅진지식하우스, 2009, 제11장 「우리는 왜 부자가 되려 하는가」를 참조하시오.

4 김상봉, 「낡은 진보와 이별하라」, 『르몽드 디플로마티크』 한국어판, 제23호, 2010. 8. 6.

5 박명림 · 김상봉, 『다음 국가를 말하다』, 웅진지식하우스, 2011, 235쪽.

6 E. H. 카 지음, 박성수 옮김, 『역사란 무엇인가』, 민지사, 1983, 170쪽. 카의 생애와 역사이론에 관심이 있는 독자는 졸저 『청춘의 독서』, 웅진지식하우스, 2009, 제14장 「역사의 진보를 믿어도 될까」를 참조하시오.

7 같은 책, 223쪽.

8 이남곡, 『진보를 연찬하다』, 초록호미, 2009, 25~36쪽.

9 막스 베버 지음, 전성우 옮김, 『직업으로서의 정치』, 나남, 2009, 20~26쪽.

10 마이클 샌델 지음, 『정의란 무엇인가』, 371쪽.

11 아리스토텔레스 지음, 천병희 옮김, 『정치학』, 도서출판 숲, 2009, 15쪽.

12 같은 책, 20~22쪽.

13 같은 책, 167쪽.

14 같은 책, 367~368쪽.

15 같은 책, 403쪽.

16 헨리 데이빗 소로우 지음, 강승영 옮김, 『시민의 불복종』, 이레, 1999, 12쪽.

17 같은 책, 57~58쪽.

18 프랑수아-자비에 메랭 지음, 강봉화 · 심창학 옮김, 『복지국가』, 한길사, 2000, 17쪽.

19 같은 책, 19~20쪽.

20 같은 책, 27쪽.

제8장 | 국가의 도덕적 이상은 무엇인가

1 라인홀트 니버 지음, 이한우 옮김, 『도덕적 인간과 비도덕적 사회』, 문예출판사, 2006, 35쪽.

2 같은 책, 81쪽.

3 같은 책, 345쪽.

4 마이클 샌델 지음, 『정의란 무엇인가』, 263쪽.

5 같은 책, 273쪽.

6 대한민국 헌법 제10조.

7 대한민국 헌법 제12조.

8 대한민국 헌법 제14조.

9 대한민국 헌법 제15조.

10 대한민국 헌법 제17조~제22조.

11 대한민국 헌법 제31조~제32조.

12 대한민국 헌법 제34조~제35조.

13 대한민국 헌법 제36조.

14 박명림·김상봉 지음, 『다음 국가를 말하다』, 웅진지식하우스, 2011, 102쪽.

15 대한민국 헌법 제41조와 제67조.

16 대한민국 헌법 제40조.

17 대한민국 헌법 제66조.

18 대한민국 헌법 제76조~제77조.

19 대한민국 헌법 제8조.

20 대한민국 헌법 제15조와 제23조.

21 대한민국 헌법 제119조와 제126조.

22 대한민국 헌법 제11조.

23 대한민국 헌법 제31조~제33조.

24 대한민국 헌법 제119조.

25 대한민국 헌법 제121조.

26 대한민국 헌법 제123조~124조.

27 대한민국 헌법 제34조~제35조.

28 대한민국 헌법 제38조~제39조.

29 라인홀트 니버, 앞의 책, 272쪽.

제 9 장 │ 정치인은 어떤 도덕법을 따라야 하는가

1 임마누엘 칸트 지음, 정명오 옮김, 『순수이성비판/실천이성비판』, 동서문화사, 2010, 535쪽.

2 같은 책, 536쪽.

3 마이클 샌델 지음, 『정의란 무엇인가』, 153~155쪽.

4 임마누엘 칸트, 앞의 책, 600쪽.

5 마이클 샌델, 앞의 책, 158쪽.

6 같은 책, 168~169쪽에서 재인용.

7 같은 책, 171쪽에서 재인용.

8 임마누엘 칸트, 앞의 책, 538쪽.

9 같은 책, 540쪽.

10 막스 베버 지음, 『직업으로서의 정치』, 22쪽.

11 같은 책, 106~107쪽.

12 바이마르공화국의 역사에 대해서는 위키백과를 참조했다.

13 막스 베버, 앞의 책, 139~140쪽.

14 같은 책, 121~122쪽.

15 같은 책, 135~137쪽.

16 박명림, 『한국전쟁의 발발과 기원 II』, 나남, 2008, 896~897쪽.

17 베른슈타인의 생애에 대해서는 「노동운동에서 이론과 실천의 문제」, 에두아르트 베른
    슈타인 지음, 강신준 옮김, 『사회주의의 전제와 사민당의 과제』, 한길사, 1999, 21~49
    쪽을 참조했다.

18 같은 책, 265~266쪽.

19 에두아르트 베른슈타인 지음, 송병헌 옮김, 『사회주의란 무엇인가』, 책세상, 2002,
    104~105쪽.

20 에두아르트 베른슈타인 지음, 강신준 옮김, 『사회주의의 전제와 사민당의 과제』, 한길
    사, 1999, 52쪽.

21 에두아르트 베른슈타인 지음, 『사회주의란 무엇인가』, 98~99쪽.

22 에두아르트 베른슈타인 지음, 『사회주의의 전제와 사민당의 과제』, 250~251쪽.

23 같은 책, 259쪽.

24 같은 책, 261쪽.

25 같은 책, 274~275쪽.

26 같은 책, 351쪽.

27 박상훈, 『정치의 발견』, 폴리테이아, 2011, 12~13쪽.

28 박주호, 「노대통령, 권력은 시장으로 넘어갔다」, 『국민일보』, 2005. 5. 17.

맺음말 | 훌륭한 국가를 생각한다

1   헨리 데이빗 소로우 지음, 강승영 옮김, 『시민의 불복종』, 이레, 1999, 13쪽.

2   프랜시스 후쿠야마 지음, 안진환 옮김, 『강한 국가의 조건』, 황금가지, 2005, 168~169
     쪽.

3   안보국가, 발전국가, 민주국가, 복지국가라는 연속적 개념은 박명림 교수에게 들은 것
     이다. 박명림·유시민 대담, 「진보대통합, 국가관부터 통일해라」, 『시사인』 제182호,
     2011. 3. 12.

4   막스 베버 지음, 『직업으로서의 정치』, 38~42쪽.

찾아보기

ㄱ

갑신정변 · 207

갑오농민전쟁 · 179, 207

개량주의 · 158, 286~291, 296

개량주의자 · 95, 286, 290

개발독재 · 260

개인주의 · 185

개인주의자 · 185

경향성 · 270~272, 276

고전적 자유주의 · 79, 197, 226

고전적 자유주의자 · 29, 197

공동선 · 63, 184, 185, 188, 196, 234,
    243, 281

공리주의 · 274

공적 부조 · 231~233

공적 부조제도 · 231, 232

광신주의 · 262

국가주의 국가론 · 28, 43, 46, 47, 49, 50,
    55, 56, 58, 62, 79, 84, 86, 126, 219,
    229, 260, 296

국민건강보험 · 230, 231

권영길 · 298, 299

급진주의 · 172

김대중 · 230, 231, 297, 298, 301

김상봉 · 212~216, 219

김영삼 · 230, 297

김일성 · 47, 282

ㄴ

나치 · 47, 141, 145, 182
    나치당 · 279, 303
    나치주의자 · 189

내시, 존 · 63

노무현 · 230, 298~302, 305

노태우 · 50, 180, 230, 297

농노제 · 168

뉴딜정책 · 195, 196

니버, 라인홀트 · 238, 240~242, 262, 278
    『도덕적 인간과 비도덕적 사회』 ·
    241

ㄷ

다윈, 찰스 로버트 · 35, 205
    『종의 기원』 · 35

대숙청 · 171, 290

대의민주주의 · 77, 123, 125

디드로, 드니 · 67

ㄹ

라스키, 해럴드 J. · 68, 163, 164, 180, 198, 204
러셀, 버트런드 · 38, 119
러시아혁명 · 165, 168
레닌, 블라디미르 일리치 · 93, 94, 159, 289
로크, 존 · 29, 55~59, 65, 70, 71, 84, 215, 223, 228, 260, 307
　　『시민정부론』· 57~59
루소, 장 자크 · 64~68, 70, 84, 86, 97, 141, 197, 260, 294
　　『사회계약론』· 68
　　『인간 불평등 기원론』· 67
루즈벨트, 프랭클린 · 195, 196
르낭, 에르네스트 · 135, 146~151, 153

ㅁ

마르크스, 카를 · 29, 84~92, 94, 96, 98, 158, 160~162, 172, 176, 183, 195, 198, 199, 208, 223, 224, 228, 260, 285, 286, 288, 292
　　『공산당선언』· 84, 228, 288
　　『정치경제학 비판 요강』· 88
마르크스주의 · 29, 38, 50, 87, 92~99, 100, 181, 195, 204, 219, 226, 227, 260, 275, 286, 288, 291
　　마르크스주의자 · 86~88, 95, 99, 126, 152, 285, 286, 288, 289
마르크스주의 국가론 · 29, 38, 50, 87, 92~95, 97~99, 204, 219, 226, 227,

260
마오쩌둥 · 96, 171, 196
마키아벨리, 니콜라 · 40, 42, 43, 46, 47, 55, 117, 315
　　『군주론』· 42
맬서스, 토머스 로버트 · 35
　　『인구론』· 35
맹자 · 106, 109~111, 119, 220
　　『맹자』· 112
메랭, 프랑수아 자비에 · 227
목적론적 국가론 · 29, 100, 108, 111, 224~228
무바라크, 호스니 · 40
무솔리니, 베니토 · 47, 196, 283
문화대혁명 · 168, 171
민주국가 · 311
민주적 간섭주의 · 175, 184
민주정치 · 225
민주주의 · 37~39, 43, 44, 46, 57, 65, 66, 75, 78, 90, 99, 114~120, 123~125, 161, 165, 176~178, 181, 183, 188, 192, 198, 204, 214, 223, 224, 226, 228, 229, 244, 249, 254, 261, 279, 286, 287, 290, 292~294, 311, 313~315
민주주의혁명 · 313
밀, 존 스튜어트 · 55, 69~74, 78, 84, 141, 185, 197, 223, 228, 260, 294
　　『여성의 종속』· 74
　　『자유론』· 69, 74, 185
　　『정치경제학 원리』· 74

ㅂ

바이마르공화국 · 95, 278, 279, 281, 285,
    289, 290, 303
박근혜 · 41, 46, 50, 116, 117, 122~124,
    246, 283, 284, 299~301, 312, 314
박명림 · 44, 282
박상훈 · 295
    『정치의 발견』 · 295
박정희 · 46~48, 50, 120, 141, 230, 260
박헌영 · 282
발전국가 · 311, 313
방만한 자본주의 · 174, 175
법치주의 · 54, 57, 58, 65, 66, 68, 70, 75,
    116, 119, 215, 226
베르사유 강화조약 · 279
베른슈타인, 에두아르트 · 95, 269, 285~
    294, 296
베버, 막스 · 218, 268, 277~280, 282,
    285, 286, 294~296, 304, 315
    『직업으로서의 정치』 · 277
베블런, 소스타인 · 204~206, 208~210,
    212, 213, 216
    『유한계급론』 · 205
벤담, 제러미 · 274
병영국가 · 45
보편 서비스 · 232, 233
복지국가 · 226~230, 233, 311, 313
복지국가론 · 226~230, 234
부르주아 · 94, 99
    부르주아계급 · 86, 163, 214
    부르주아사회 · 90
부르주아지(유산계급) · 85, 86, 90, 93,

159, 161, 176, 208, 214, 292
불법파견 · 255
비스마르크 · 229, 230
비창조적 흥분상태 · 278, 279, 285
빌헬름 황제 · 278

ㅅ

사회개량 · 172, 262, 286, 289
사회계약론 · 35, 44, 56, 64, 70
사회민주당 · 95, 181, 211, 279, 285,
    286, 288~291, 293, 304
사회민주주의 · 68, 184, 229, 291
사회민주주의자 · 152
사회주의자탄압법 · 229, 285
산재보험 · 299, 230
샌델, 마이클 · 219, 271
    『정의란 무엇인가』 · 219
서브프라임 모기지 · 194
세계금융위기 · 194
소로, 헨리 데이비드 · 74~77, 224, 225
    「시민정부에 대한 저항」 · 76
소말리아 · 35, 36
소비에트연방 · 170, 289, 290
소크라테스 · 112, 113, 123, 124
수정주의 · 286~291
수정주의자 · 286, 288
스미스, 애덤 · 55, 57, 59~64, 88, 175,
    191, 197, 223, 228, 260
    『국부론』 · 63
스코치폴, 테다 · 166
스탈린 · 47, 168, 171, 182, 196, 291

스탈린주의자 · 289

스파르타쿠스 · 179

시민의 불복종 · 76

신념윤리 · 269, 280~283, 291, 296,
    297, 304, 306, 307

신념윤리가 · 280, 282, 283

신념정치가 · 279

신약 · 31~33

신자유주의 · 29, 79, 92, 98, 99, 197,
    297, 302

신자유주의자 · 173

신정국가 · 262

신좌파 · 211, 260

심상정 · 295

ㅇ

아리스토텔레스 · 29, 118, 220~226,
    228, 242, 243, 246

안보국가 · 310, 313

엥겔스, 프리드리히 · 84

역사적 유물론 · 85, 88, 181

연방준비제도 · 195

왕도정치론 · 110, 113

용산참사 · 7, 24, 27, 28, 78

유물변증법(변증법적 유물론) · 85

유토피아적 공학 · 170~173, 177, 178,
    184, 192, 198

유토피아주의 · 172

유한계급 · 208~210

윤리적 역설 · 281, 285

이남곡 · 216, 217

『진보를 연찬하다』 · 217

이념형 보수 · 46, 49, 50, 124, 204, 219,
    260, 296, 298

이념형 진보 · 260

이승만 · 41, 46~48, 50, 120

이집트혁명 · 11

인플레이션 · 194, 195

일당독재 · 95, 168, 262

ㅈ

자본주의 · 45, 86, 87, 89, 90, 92, 93, 95,
    96, 98, 99, 100, 126, 160, 162, 168,
    174~176, 183, 193, 195, 212~216,
    219, 251, 285~288, 290, 311

자본주의사회 · 89, 93, 95, 98, 175, 198,
    205, 209

자유의 역설 · 174

자유주의 국가론 · 28, 50, 55, 56, 58, 62,
    69, 74, 75, 77~79, 86, 204, 219,
    224~228, 260, 261

자유지상주의 · 71, 188, 192

장제스 · 196

전두환 · 41, 46~48, 50, 115, 120, 180,
    230, 260

전제군주제 · 32, 33, 35, 40, 41, 54, 56

절대주의 · 261, 262

점진적 공학 · 170, 172~174, 178, 179,
    181, 188, 192, 198

정언명령 · 273

제1차 세계대전 · 38, 142, 289

제2제국 · 229, 278

제2차 세계대전 · 160, 196, 260, 291

제헌의회 · 278

주권재민 · 46, 57, 119, 123, 177, 226,

중국혁명 · 166, 168

중우정치 · 118, 123~125

직접민주주의 · 123

진보자유주의 · 79, 259, 261, 305

진보자유주의자 · 79, 234, 261, 262

진보정치 · 94, 100, 205, 214, 218, 219,
225, 226, 238, 259, 262, 263, 284

    진보정치세력 · 214, 226, 297, 303

    진보정치운동 · 263

    진보정치인 · 279

ㅊ

차우셰스쿠, 니콜라에 · 47

차은택 · 122

참주정치 · 225

책임윤리 · 269, 280~282, 294~296,
298, 304, 306, 307

철인왕 · 108, 243

철인정치 · 225, 226

초인플레이션 · 195, 290

최대 다수의 최대 행복 · 274

최순실 · 7, 117, 122, 312

최적의 사유습성 · 205

ㅋ

카, 에드워드 · 216, 217

칸트, 임마누엘 · 67, 136, 186, 268, 269

~277, 280~282, 294~296

    순수이성 · 271, 272, 274, 275

    『순수이성비판』· 270

케인즈, 존 메이너드 · 183, 189, 193~
195, 197

    케인즈주의 · 184, 197, 198

    『고용, 이자 및 화폐에 관한 일반
이론』· 183

ㅌ

텔로스 · 106, 107, 220~223, 250

토플러, 앨빈 · 105, 106

톨스토이, 레프 니콜라예비치 · 76, 135,
142~144, 150~153, 167~170

트라시마코스 · 111~113

ㅍ

포퍼, 카를 · 92~94, 99, 108, 114, 115,
121, 170~182, 184, 188, 192, 198,
199, 204, 215, 223, 226, 228, 243,
254

    『열린사회와 그 적들』· 171, 182

프랑스대혁명 · 92, 159, 166, 168

프롤레타리아 · 286

    프롤레타리아계급 · 90, 171

    프롤레타리아혁명 · 91~93, 198,
288

프롤레타리아트(무산계급) · 84, 85, 89,
90, 161, 214, 286, 289

플라톤 · 29, 104, 106~114, 117~119,

171, 172, 182, 183, 220, 223~226, 242, 243

『국가』· 112, 113

피히테, 요한 고트리프 · 134~142, 146~148, 150, 151

『독일 국민에게 고함』· 136

ㅎ

하이에크, 프리드리히 A. · 29, 181~193, 195~198, 204, 226, 228, 257

『노예의 길』· 183

한국전쟁 · 10, 44, 45, 132, 147, 282

혁명적 마르크스주의 · 279, 285, 286

홀로코스트 · 145

홉스, 토마스 · 28~35, 37, 38, 40~44, 46, 55, 56, 58, 59, 72, 84, 86, 111, 117, 136, 162, 223, 224, 229, 244, 260

『리바이어던』· 29, 34, 35, 38, 58

후불제민주주의 · 314

흄, 데이비드 · 62

『도덕감정론』· 62

히틀러, 아돌프 · 47, 115, 141, 182, 194, 196, 279, 283, 290

14개조 혁신정강 · 207

3·1운동 · 207, 247

386세대 · 211

4·13호헌선언 · 180

4·19혁명 · 10, 41, 47, 66, 314

5·16군사쿠데타 · 10

5·18광주민중항쟁 · 10, 41, 66, 314

68혁명 세대 · 211

6월 민주항쟁 · 11, 66, 152